「失われた10年」を超えて［I］ 経済危機の教訓

東京大学社会科学研究所──［編］

東京大学出版会

Beyond the 'Lost Decade' Volume 1:
The Lessons of Economic Crisis
Institute of Social Science, The University of Tokyo, ed.
University of Tokyo Press, 2005
ISBN4-13-030204-3

「失われた 10 年」を超えて I
経済危機の教訓

●

目 次

目次

序章　「失われた10年」の意味　橘川武郎　1

1. 本シリーズのねらいと構成 ………………………………………………… 1
2. グローバライゼーションのインパクト …………………………………… 2
3. 本シリーズの方法上の特徴 ………………………………………………… 4
4. 「失われた10年」の重み …………………………………………………… 4
5. 日本経済の構造変化と企業体制の変容 …………………………………… 6
6. 本巻のねらいと構成 ………………………………………………………… 8

I　危機の実相

1章　経済危機の本質　脆弱な金融システムと頑強な生産システム　橘川武郎　15

1. はじめに …………………………………………………………………… 15
2. 日本経済の局面変化 ……………………………………………………… 17
   - 2.1　石油危機後の「成功」　17
   - 2.2　バブル景気以降の「失敗」　20
3. 「成功」と「失敗」を説明する議論とその限界 ……………………… 22
   - 3.1　「成功」説明モデルと「失敗」の説明の失敗　22
   - 3.2　「失敗」を説明する議論の特徴と問題点　24
4. 橋本寿朗の日本経済・企業再生論の検討 ……………………………… 28
   - 4.1　『デフレの進行をどう読むか』　28
   - 4.2　雇用保障付き期限付き賃金カット案の問題点　30
5. 危機についての一貫性ある説明モデル ………………………………… 33
   - 5.1　危機の本質　33
   - 5.2　再生の処方箋とその実現可能性　35
6. おわりに …………………………………………………………………… 37

2章　金融危機を生んだ構造　銀行の所有構造にみるガバナンスの欠如
　　　　花崎正晴・Yupana Wiwattanakantang・相馬利行　41

1. はじめに …………………………………………………………………… 41
2. 銀行のコーポレート・ガバナンス ……………………………………… 45
   - 2.1　コーポレート・ガバナンスの標準的な見方　45

2.2　銀行業における競争の重要性　45
　　2.3　金融当局の役割　47
　　2.4　資本市場の機能　48
　3.　銀行の株式所有構造について ································· 48
　　3.1　データ　49
　　3.2　所有構造　49
　4.　大株主と貸出行動 ··· 55
　　4.1　モラル・ハザードと大株主のモニタリング　55
　　4.2　銀行経営のモニターとしての保険会社，銀行，非金融法人　56
　　4.3　大株主と貸出行動　58
　5.　推計モデルと推計手法 ····································· 59
　6.　実証結果 ··· 61
　　6.1　所有構造が貸出行動とパフォーマンスに与える影響　61
　　6.2　バブルの影響　65
　　6.3　不動産融資の影響　66
　7.　おわりに ··· 68

3章　「産業空洞化」・サービス経済化と中小企業問題　　橘川武郎　75

　1.　はじめに ··· 75
　2.　中小企業をめぐるパラダイムの転換 ························· 76
　　2.1　「二重構造パラダイム」から「産業集積パラダイム」へ　76
　　2.2　産業集積が有する経済合理性　78
　3.　日本の中小企業をめぐる構造的問題 ························· 81
　　3.1　「産業空洞化」　81
　　3.2　開業率の低迷　83
　　3.3　信用力の後退　85
　4.　「産業空洞化」の実態 ····································· 86
　　4.1　国際分業の深化　86
　　4.2　産業集積の対応　88
　5.　中小企業再生のシナリオ ··································· 92
　　5.1　市場・集積間のリンケージ機能の更新　92
　　5.2　資源補完ネットワークの構築　94

  5.3 地方版メインバンクシステムの形成 95
6. サービス経済化とそれへの対応：長浜市の事例 …………………… 97
7. おわりに ………………………………………………………………… 99

II　改革の地平

4章　規制改革の成果とその課題　経済成長への長い助走
小川　昭・松村敏弘　105

1. 「成長への助走期間」としての 1990 年代 ……………………………… 105
2. 全国規模での規制改革 ………………………………………………… 106
  2.1 規制改革の歩み 106
  2.2 実体経済への影響 111
3. 地域を限定した規制改革 ……………………………………………… 114
  3.1 パイロット自治体制度 114
  3.2 構造改革特区 116
4. 公益事業における規制改革とその効果 ……………………………… 125
  4.1 自然独占市場と競争の創造 126
  4.2 電気通信産業における規制改革 129
  4.3 電力および都市ガス産業における規制改革 132
  4.4 今後の課題 135
5. 改革成功への長い道程 ………………………………………………… 137

5章　雇用システムの継続と変化　知的熟練と成果主義
中村圭介　145

1. 労働をめぐる諸変化 …………………………………………………… 145
2. 知的熟練と生産システム ……………………………………………… 150
  2.1 知的熟練と生産管理 150
  2.2 持続と進化 153
  2.3 外部人材と動揺 159
3. 仕事管理と成果主義 …………………………………………………… 161
  3.1 ホワイトカラーの生産性 161
  3.2 仕事管理 163
  3.3 成果主義的報酬制度 166

3.4　影　響　168
　4. むすび ……………………………………………………………………… 170

6章　逆機能に陥った日本型生活保障システム　　　　　　大沢真理　175

　1. はじめに ……………………………………………………………………… 175
　2. 日本型生活保障システムの座標 …………………………………………… 176
　3. ネガティブ・スパイラルの日本的発現 …………………………………… 185
　　3.1　雇用パフォーマンス　187
　　3.2　非正規化　190
　　3.3　自営業ルネサンスの例外　192
　　3.4　税・社会保障負担　193
　　3.5　自己防衛による問題の悪化　195
　4. むすびにかえて：自殺大国ニッポン ……………………………………… 198

Ⅲ　国際的文脈の変化

7章　「アジア化」する日本経済　生産・消費の地域化と新たな国際分業体制
　　　　　　　　　　　　　　　　　　　　　　　　　　　　末廣　昭　205

　1. はじめに ……………………………………………………………………… 205
　2. アジア化するアジア：貿易と投資 ………………………………………… 207
　　2.1　貿易の域内依存率の上昇　207
　　2.2　世界の直接投資と東アジア域内の動き　208
　3. 3つの白書にみる「アジア」の位置づけ ………………………………… 210
　　3.1　アジア・太平洋地域への関心　210
　　3.2　地域統合の対象としての「東アジア」　213
　4. 東アジアの経済ブームと日本企業の進出 ………………………………… 215
　　4.1　プラザ合意以後の直接投資ラッシュ　215
　　4.2　日本製造企業の生産・輸出体制と製品のライフサイクル　218
　　4.3　経済のバブル化と日本金融機関　220
　5. 通貨危機後の日本の東アジア関与 ………………………………………… 222
　　5.1　アジア通貨危機への日本の対応　222
　　5.2　FTA・EPAの推進と「ASEAN＋3」の枠組み　226

- 6. 中国の台頭と新たな国際分業の形成 …………………………………… 227
  - 6.1 投資の新しい動向：拡大する東アジア向けと停滞する欧米向け　227
  - 6.2 カラーテレビとパソコンにみる生産・輸出体制の変容　228
  - 6.3 新しい「貿易のトライアングル」と国際分業体制　232
- 7. おわりに：「東アジア・コミュニティ」の可能性 …………………… 234

終章　企業の社会的役割とその限界　　　　　　　橘川武郎　241

- 1. 本巻が明らかにしたもの ………………………………………………… 241
- 2. 経済危機の教訓 …………………………………………………………… 243
- 3. 日本経済・企業再生へのシナリオ ……………………………………… 245
  - 3.1 問われていた問題　245
  - 3.2 金融システムの改革　246
  - 3.3 国際分業の深化　250
  - 3.4 サービス経済化への対応　250
- 4. 企業中心社会の黄昏と「会社主義」論 ………………………………… 253
- 5. おわりに …………………………………………………………………… 254

あとがき　257

経済関係年表　261

索　引　265

序章
「失われた10年」の意味

●

橘川武郎

1. 本シリーズのねらいと構成

　日本にとって1990年代は，経済の停滞と政治の迷走とによって特徴づけられる「低迷の10年」であっただけでなく，危機に陥った従来の社会システムを改革する機会を逸した「失われた10年」でもあったと言われている．その1990年代が終り，2000年代にはいって，すでに6年の歳月が経過した．しかし，今日になっても，諸改革の必要性が声高に叫ばれる状況に変りはない．このような閉塞状況が継続しているのは，①改革が進展していないか，それとも，②改革が進展しているにもかかわらずそのことが社会的に認知されていないか，のいずれかである．①であるか②であるかは，領域ごとに異なるであろう．

　改革が進展していない領域では，打ち出された改革の処方箋の妥当性を検証することが重要である．改革策は，1990年代の日本で生じた事態を正確に理解したうえで，提起されたものだったか．選択肢の設定・選定や改革の手順は，適切だったか．我々は，これらの論点に切り込まなければならない．

　改革が進展しているにもかかわらずそれが社会的に認知されていない領域では，改革の成果を評価し，その意味について発信することが求められる．このような評価・発信は，当該分野での改革を深化させるうえで，大きな意味をもつ．

　本シリーズ『「失われた10年」を超えて』は，上記のような状況認識に立って，1990年代以降の日本社会の変容・不変容を実証的に分析し，そこで行わ

れた対応行動・制度変更を論理一貫性ある視座から評価して，ありうべき選択肢と改革の筋道を改めて明示しようとするものである．1990年代以降の日本で，現実には何が変わり，何が変わらなかったか．変化への対応は適切だったか．また，求められていた対応がなされなかったとすれば，それはなぜか．逆に，変える必要のないものまで変えようとしなかったか．本シリーズは，これら一連の問いに答えを導こうとするものであるが，そのような作業は，重要な社会的意義を有する．と言うのは，今日の日本では，ありうべき選択肢と改革の筋道を的確に設定したうえで，社会システムの再構築をめざして自覚的な選択を行うことが，あらゆる領域において不可欠で緊急の課題となっているからである．

本シリーズは，「失われた10年」の危機的様相が集中的に現出した経済・企業システムについて検討する第Ⅰ巻（『「失われた10年」を超えてⅠ：経済危機の教訓』）と，政治システムを主たる分析対象とし，制度変更と変化の担い手に光を当てる第Ⅱ巻（『「失われた10年」を超えてⅡ：「小泉改革」への時代』）とによって，構成される．第Ⅰ巻の序章（この章）は本シリーズ全体の序章，第Ⅰ巻の結論は本巻の終章で，第Ⅱ巻の結論および本シリーズ全体のまとめは第Ⅱ巻の序章で，それぞれ提示される．

2. グローバライゼーションのインパクト

本シリーズを刊行するにあたって我々は，1990年代の日本において，グローバライゼーション（globalization）が基底的なインパクトをもったという視点に立つ．グローバライゼーションの本質は市場原理の拡張にある．グローバライゼーションが進行する状況下，1990年代の日本では，それまで市場原理の作用をある程度抑制し，結果として経済の高成長をもたらしてきた様々な社会システムが動揺をきたすことになった．本シリーズでは，主要な社会システムである経済システムと政治システムを取り上げ，それらの内部で何が起き，何が起きなかったかを検証する．

経済システムに関しては，生活不安の中心的な原因となっている雇用不安をもたらした企業体制（中小企業を含む）の危機とともに，金融の機能不全と公

共部門の非効率性に示されるシステム全体の危機を問題にする．政治システムに関しては，経済停滞下の日本で顕在化した脆弱政権下の戦略的ジレンマ（脆弱政権下では政策改革が妥協的になり，妥協的な政策改革は社会経済状況を改善せずに脆弱政権を再生産するというジレンマ）と，そのジレンマの打開（小泉政権の登場）に光を当てる．

これらの社会システムの危機を克服し再生への道を切り拓くためには，適切な担い手が，問題解決の方策と筋道に関して体系的，自覚的な選択を行い，それを実行しなければならない．ここで注目すべき点は，グローバライゼーションが，問題解決の担い手のあり方にもインパクトを与えたことである．

グローバライゼーションは国民国家の枠組みに影響を及ぼし，国内市場に基盤をおく企業や日本の行政機構などの社会的機能を低下させた．企業や政府による従来型の問題対応には限界が生じ，代って，新たに登場したNPOやNGOの出番が広がった．生活保障システムの再構築に関して，NPOやNGOによるセーフティネットの編成・機能についての国際的な経験交流が重要な役割をはたすようになったことは，グローバライゼーションが担い手のあり方にインパクトを与えた端的な事例である．

本シリーズでは，日本の既存の社会システムに再編を迫り，問題解決の担い手にも変化をもたらしたグローバライゼーションのインパクトに注目する．ただし，我々が銘記しなければならない点は，日本は，グローバライゼーションの一方的な受け手では，決してないことである．日本は，世界有数の貿易黒字国・資本輸出国であり，グローバライゼーションを推進する国際機関の主要なメンバー国でもある．この面では，日本は，欧米先進諸国とともにグローバライゼーションの推進者ともなっている．本シリーズは，直接的には日本を対象にして，「ありうべき選択肢と改革の筋道を改めて明示しようとするものである」が，そこで得られたインプリケーションは，「あるべきグローバライゼーション」を進めるうえで有用なメッセージとなる可能性が高い．本来，グローバライゼーションに対しては受動的にではなく能動的に対処すべきであり，本シリーズも，この姿勢を堅持したい．

3. 本シリーズの方法上の特徴

　本シリーズの研究方法上の特徴としては，2つの点を指摘することができる．それは，実証性と論理一貫性である．

　「失われた10年」と呼ばれた1990年代以降，日本社会が直面することになった危機の本質を理解し，その解決策を見出すためには，まず，実際に何が起き，何が起きなかったかをみきわめることから出発しなければならない．また，提示された危機克服の処方箋が適切であったか否かを判定するためには，その内容と実行プロセス，帰結について，濃密な観察を行う必要がある．本シリーズは，このような見地に立ち，実証性に重きをおいて諸問題に接近する．そして，具体的な問題解決策を提示する場合にも，それが実態に即したものである点を，とくに重視する．

　一方，本シリーズが論理一貫性を強調するのは，1990年代以降の日本について否定的な評価が支配的である現在の状況と，日本的諸システムに対する肯定的な評価に満ち溢れていた1980年代までの状況とが，あまりに対照的だからである．社会科学に携わる学徒として，このような評価の場当たり的急転換を放置することは許されない．日本の社会システムに関して，1980年代までと1990年代からとを一貫した論理で説明しうる視座を提示することは，日本の社会科学者が等しく負うべき重大な責務なのである．

4.「失われた10年」の重み

　本シリーズは，東京大学社会科学研究所が2000年度から2004年度にかけて取り組んだ全所的研究プロジェクト「失われた10年？　90年代日本をとらえなおす」（英語タイトル：The Lost Decade?: Re-appraising Contemporary Japan)[1]の研究成果を集大成したものである．我々が，「失われた10年」と呼ばれる日本の1990年代に注目するのはなぜだろうか．この問いへの暫定的な答えとしては，1990年代に日本経済が経験した低迷が，歴史的にみてきわめ

---

[1] このプロジェクトの経過について詳しくは，東京大学社会科学研究所（2000-2005）参照.

て深刻な意味をもつ点を指摘することができる．

表序-1が示すように，1973年に発生した石油危機を転機にして，日本経済の高度成長は終焉し，低成長時代が始まった．しかし，ここで注目すべき点は，石油危機後も1980年代いっぱいまでは，日本の経済成長率が，欧米先進諸国

表序-1 年平均実質経済成長率（国内総生産ベース）の国際比較（1965～97年）

(単位：％)

期間 国名	1965～70	1970～75	1975～80	1980～85	1985～90	1990～95	1995～97
日 本	11.5	4.6	5.0(4.8)	3.7	4.5	1.4	2.4
アメリカ	3.2	2.5	3.4(3.2)	2.5	2.6	1.9	3.8
西ドイツ	4.5	2.4	3.3(—)	1.2	3.3	3.7	1.7
イギリス	2.6	2.4	2.2(1.8)	2.0	3.3	1.3	2.8
フランス	5.3	3.7	3.2(3.1)	1.5	3.2	1.1	1.9
イタリア	7.3	3.5	4.6(4.5)	1.5	3.0	1.1	1.1

出所：1980年以前は，総務庁統計局編（1991）．1975～80年平均のカッコ内と1980年以降は，総務庁統計局編（1999）．
注：1. —は不明．
2. 西ドイツの1990年以降は，旧東ドイツを含む．
3. 1998年以降については，同種のデータが発表されなくなった．

表序-2 経済成長率の国際比較 (単位：％)

	アメリカ			イギリス			ドイツ			日本		
	期間	総額	1人当たり額	期間	総額	1人当たり額	期間	総額	1人当たり額	期間	総額	1人当たり額
1	1800→1840	52.3	13.5	1801/11→1831/41	32.1	14.5						
2	1834～43→1869～78	49.7	13.9	1831/41→1861/71	23.8	10.3						
3				1861/71→1891/1901	38.6	23.3	1850～59→1880～89	26.7	16.4	1874～79→1895～1904	39.2	27.3
4	1869～78→1879～88	87.2	50.2	1870～79→1880～89	29.8	16.1	1870～79→1880～89	19.1	8.3			
5	1879～88→1889～98	34.8	9.4	1880～89→1890～99	36.9	23.5	1880～89→1890～99	37.4	23.6	1885～89→1890～99	27.6	19.4
6	1889～98→1899～1908	57.1	31.4	1890～99→1900～09	19.2	7.6	1890～99→1900～09	29.2	12.1	1890～99→1900～09	23.4	10.7
7	1899～1908→1909～18	33.4	10.9	1900～09→1910～19	11.5	3.2	1900～09→1910～13	27.8	11.8	1900～09→1910～19	33.2	17.7
8	1909～18→1919～28	38.0	19.6	1910～19→1920～29	7.3	2.5	1910～13→1925～29	—	4.4	1910～19→1920～29	38.3	21.5
9	1919～28→1929～38	3.5	△7.2	1920～29→1930～39	22.7	17.6	1925～29→1930～38	19.3	11.9	1920～29→1930～39	41.1	22.7
10	1925～29→1950～54	33.2	19.2	1925～29→1950～54	16.3	11.3	1925～29→1950～54	26.5	12.5	1925～29→1950～54	18.5	3.8
11	1950～54→1963～67	42.1	20.8	1950～54→1963～67	34.9	27.8	1950～54→1963～67	83.2	63.2	1952～53→1963～67	143.3	119.7
12	1963～67→1970～72	42.2	28.5	1963～67→1970～72	26.8	20.5	1963～67→1970～72	59.3	46.1	1963～67→1970～72	178.4	147.5

出所：安藤良雄編（1975）．
注：1. 期間の表示は，1801/11→1831/41は1801年および1811年の平均と1831年および1841年の平均とのあいだの30年間を示し，1870～79→1880～89は1870年から1879年までの10年間平均と1880年から1889年までの10年間平均とのあいだの10年間を示す．成長率は10年単位率のパーセント表示で，複利計算．即ち，初年の数値をY_0，t年後の数値をY_t，10年単位成長率をrとすると，$Y_t = Y_0(1+r)^{t/10}$．したがってrを年成長率r^1に換算するには$r^1 = \sqrt[10]{1+r} - 1$．国民総生産，国内総生産，国民純生産，国民所得の実質額によるが，国，時期によって混っている．
2. ドイツの1950～72年は，西ドイツのみ．

のそれに比べて高率を維持したことである．この相対的高成長は，1990年代にはいると終りを告げた．ここにひとまず，日本経済にとっての「失われた10年」の深刻な意味を見出すことができる．

しかし，「失われた10年」の重みは，その程度でとどまるものではない．

表序-2は，アメリカ・イギリス・ドイツ・日本の10年ごとの経済成長率を，石油危機直前の1972年まで長期にわたって比較したものである．この表の7の欄からわかるように，1900年代から1910年代にかけての日本の10年平均経済成長率は，当時，世界の経済発展をリードしていたアメリカのそれと比べて，「総額」ではわずかに及ばなかったものの（日本33.2％，アメリカ33.4％），「1人当たり額」では大きく凌駕した（日本17.7％，アメリカ10.9％）．この時以来，日本の平均経済成長率は，第2次世界大戦の敗北の影響でデータが欠落している1940年代を除いて，アメリカ・イギリス・ドイツ[2]の平均経済成長率を，「総額」でも「1人当たり額」でも，一貫して上回るようになった．そして，日本経済の相対的高成長は，1972年時点でも顕著であった．

つまり，表序-2と表序-1を接合すれば，日本経済の主要資本主義諸国中での相対的高成長は，1910年代に始まり，第2次大戦敗北直後の一時期を除いて，1980年代までほぼ一貫して継続したことがわかる．この約4分の3世紀にわたる長期の相対的高成長を終焉させたものこそ，ほかならぬ1990年代の日本経済の低迷であった．「失われた10年」の歴史的意味は，きわめて重く，きわめて深刻なのである．

5．日本経済の構造変化と企業体制の変容

我々が「失われた10年」に注目するより本質的な理由は，日本社会をめぐる長期的な構造変化が1990年代に集中して顕在化した点に求めることができる．相対的高成長の終焉をもたらした日本経済の低迷も，以下のような構造変化と密接に関連していた．

第1の構造変化は，日本の金融システムが動揺したことである．「失われた

---

[2] 表序-2中の1950～72年のドイツは，西ドイツのことをさす．

10年」を象徴するキーワードは，「不良債権」であった．このことは，1990年代の日本の経済危機の本質が金融危機であったことを示している．1997年（平成9年）には北海道拓殖銀行と山一證券が，1998年には日本長期信用銀行と日本債権信用銀行があいついで経営破綻して，さながら「平成金融恐慌」の様相を呈したことは，記憶に新しい．

第2の変化は，雇用が不安定化したことである．「失われた10年」を経た2002年8月には日本の完全失業率は，5.5％という「労働力調査」開始以来最悪の水準に達した（総務省統計局 2002a）．失業問題は，いわゆる「リストラ」で職を失った中高年層のあいだで，とくに深刻であった．「リストラ」とは，再構築を意味する英語，「リストラクチャリング（restructuring）」の略語であり，1990年代以降の日本では，会社の経営を再建するために行われる人員削減をさす，特別な意味で使われるようになった．

第3の変化は，中国をはじめとする東・東南アジア諸国の工業化により，国際分業のあり方が変ったことである．日本の製造業が，中国等の製造業に競争で敗れ衰退に向かっているとの危機感をこめて，「産業の空洞化」[3]という言葉が使われるようになったのも，1990年代のことである．新しい国際分業のあり方に対応しえない日本の製造業者，つまり，付加価値の高い部品を製造できない製造業者の多くは，廃業に追い込まれた．国際分業の変化は，とくに中小企業にとって，大きな脅威となったのである．

第4の変化は，経済全体のなかでサービス業のウエートが増大する，サービス経済化が進行したことである．日本の産業別就業人口をみると，サービス業を含む第3次産業の比率が徐々に高まり，2000年には64.3％に達したことがわかる（総務省統計局 2002b）．

第5の変化は，少子高齢化が本格的に始まったことである．今後日本の人口は，2006年をピークにして，それ以降減少すると言われている．また，2000年に17.4％だった65歳以上の人口の割合は，2050年には2倍強の35.7％になると見込まれている（以上，国立社会保障・人口問題研究所 2002）．

1990年代には，経済面でこれらの構造変化が進行するなかで，日本の企業

3）　本巻の第3章で詳しく検討するように，「産業の空洞化」という表現は，正確なものとは言えない．

体制も変容を迫られることになった．企業体制は，A所有・経営関係，B労使関係，C企業間関係，D政府・企業間関係の4つの側面に大きく区分することができるが，Aではアメリカ型コーポレート・ガバナンスの強化が，Bでは日本的雇用慣行の見直しが，Cでは系列関係や株式相互持合いの後退が，Dでは規制のあり方の組替えが，観察された．1970年代後半から1980年代にかけて「世界の優等生」と高く評価された日本型企業体制は，1990年代以降の時期には「世界の落第生」と酷評されるにいたり，その根本的な改変の必要性が喧伝されるようになったのである．

6. 本巻のねらいと構成

2巻シリーズ『「失われた10年」を超えて』の第Ⅰ巻に当たる本巻『経済危機の教訓』では，1990年代に顕在化した日本の経済・企業システムをめぐる諸問題について光を当て，それらを解決する道筋を展望する．取り上げる問題は，日本の企業体制，金融システム，中小企業，規制改革，雇用慣行，生活保障システム，アジアでの経済的役割であり，いずれも，日本経済が今日直面する危機の本質を理解するうえで，欠かすことのできない重要な論点である．

本巻では，これらの問題を，第Ⅰ部「危機の実相」，第Ⅱ部「改革の地平」，第Ⅲ部「国際的文脈の変化」，という3つの部分に分けて論じる．日本経済の危機の実相に目を向ける第Ⅰ部は，第1章～第3章の3つの章によって構成される．

第1章「経済危機の本質」（橘川武郎）では，1973年の石油危機以後の30年間にわたる日本経済の局面変化をあとづけたうえで，企業体制をめぐる既存学説の批判的レビューを行う．この章のねらいは，1990年代に顕在化した日本経済の危機の本質を明らかにすること，さらには，30年間の激しい局面変化を一貫した論理で説明する統一的な視座を提示することにある．そこでは，危機の本質は金融危機であるという見方とともに，30年のあいだ生産システムは一貫して頑強で，金融システムは一貫して脆弱であったとする新しい説明モデルが示される．

第2章「金融危機を生んだ構造」（花崎正晴・Yupana Wiwattanakantang・相

馬利行）では，1990年代後半に深刻さを増した日本の金融システム危機が発生した理由を，銀行の所有構造の視角から掘り下げる．そこでは，日本の銀行は同業者や保険会社を株主に据えることによって，金融業界が全体として暗黙のうちに結託ないしは共謀して，「経営が堅固に囲い込まれた状態（managerial entrenchment）」を形作ってきたことが明らかにされる．日本で深刻な金融危機が発生した要因の1つとして，バブル期の無謀ともいえる貸出増とバブル崩壊後のリストラクチャリングの遅れがあげられるが，その背景には，このようなエントレンチメントの問題が存在したのである．

第3章「「産業空洞化」・サービス経済化と中小企業問題」（橘川武郎）では，主として大企業を分析する本巻の他の章とは異なり，中小企業を取り上げる．日本では，1990年代から2000年代にかけて，二重構造パラダイムから産業集積パラダイムへの転換と要約できる中小企業観の一大変化が生じたが，その同じ時期に，a「産業空洞化」，b開業率の低迷，c信用力の後退，という中小企業をめぐる3つの構造的問題も顕在化した．この章では，aに対しては市場と集積をつなぐリンケージ機能の更新，bに対しては創業に不可欠な経営資源の不足分を補完するネットワークの構築，cに対しては地方版メインバンク・システムの形成が，問題解決策になりうることが示されるが，それらの方策は，サービス経済化への対応という面でも重要な意味をもつと言える．

本巻の第Ⅱ部では，経済危機の時代にいかなる改革がどのように行われたか（あるいは，行われなかったか）に光を当てる．第Ⅱ部は第4章・第5章・第6章によって構成されるが，これらの章は，検討対象とする分野における改革の進展度合いが大きいものから順に並べられている．

第4章「規制改革の成果とその課題」（小川昭・松村敏弘）では，1990年代以降の日本における規制改革の流れを概観したうえで，その成果と問題点を，公益産業の自由化や特区制度の導入などを分析対象にして検証する．この領域に関してみれば，1990年代は，改革が着実に進み始めた「成長への助走期間」と評価することができる．ただし，注意を要するのは，進行しているのが当初言われていたような「規制緩和」ではなく，より良い規制への組替え，つまり「規制改革」である点である．現実には規制改革が進んでいる分野とそうでない分野が並存しており，この章では，そのような違いが生じた理由を解明する

とともに，今後のあるべき規制改革の方向性を展望する．

第5章「雇用システムの継続と変化」(中村圭介)では，失業率の上昇と高止まりに示される労働市場の変容と，労働組合員数の減少や春闘の崩壊にみられる労使関係の激変をふまえたうえで，①工場で働くブルーカラーの熟練にいかなる変化が生じたか，②雇用システム改革の柱としてホワイトカラーに導入された成果主義は何を変え，人事管理にどのような影響を与えたか，という2点を論じる．ブルーカラーとホワイトカラーとを区別して分析する点に特徴があり，そうすることによって，「日本的雇用」をめぐる既存の議論の多くが有していたあいまいさを克服することに成功している．また，雇用慣行や人事管理が企業のパフォーマンスに直接的な影響を及ぼすという「思いこみ」に対しても，批判の矢を向けている．

第6章「逆機能に陥った日本型生活保障システム」(大沢真理)では，1990年代に明確化した生活保障システムの破綻を照射する．日本の生活保障システムにおいては，高度経済成長期以来，「男性稼ぎ主」型の家族と企業というジェンダーを基軸とする2つのサブシステムが大きな役割をはたしてきた．しかし，1990年代以降，家族と企業に支えられた従来型の生活保障システムは，「安全で豊かな日本」の「良さ」や「強み」を支える柱どころか，不安をあおる逆機能の状況に陥ってしまった．この章では，生活保障システムの破綻がもたらした「少子高齢化のスパイラル」のメカニズムを解明するとともに，サービス経済化に続く知識集約経済化と関連づけて日本型生活保障システムの未来像を考察する．

本巻の第Ⅲ部では，日本経済をめぐる国際的文脈の変化に目を向ける．第Ⅲ部は第7章のみから成るが，その第7章「「アジア化」する日本経済」(末廣昭)では，1985年のプラザ合意から2002年の「東アジア・コミュニティ構想」提唱までの時期を検討対象とし，アジアにおける日本の経済的役割の変化をあとづける．そこでは，日本政府の対東アジア政策と日本企業の対東アジア進出に注目して分析が進められ，東アジア域内での経済相互依存度の高まり(「アジア化するアジア」)と水平的・相互補完的な国際分業の進展が明らかにされる．日本の「地域としてのアジア」への関与が本格化したのは，1997年の通貨危機後のことであるが，皮肉にもこの時期には，中国の急速な台頭，ア

ジア域内での分業の変化などにより，かつてのような日本中心の国際経済秩序の構築は困難になったのである．

　終章の「企業の社会的役割とその限界」（橘川武郎）は，本巻の結論に当たる部分である．まず，第1章～第7章の分析結果を確認したうえで，それをふまえて，日本経済や日本企業が直面する危機を克服するためのシナリオを明示する．その際に焦点を合わせるのは，金融システム危機，「産業空洞化」，サービス経済化などの諸問題をいかに克服するかという論点である．終章では，①構造・制度の問題，②戦略の問題，③企業社会の限界，という3つの観点から第Ⅰ巻全体の内容を総括する．そして最後に，「失われた10年」以降の日本では，社会システム全体のなかに占める経済システムや企業システムのウエートが後退したことに言及し，本シリーズの第Ⅱ巻『「小泉改革」への時代』への橋渡しとする．

　以上が，『「失われた10年」を超えてⅠ：経済危機の教訓』の構成と，各章の概要である．

参照文献

安藤良雄編（1975），『近代日本経済史要覧』東京大学出版会．
国立社会保障・人口問題研究所（2002），『日本の将来推計人口（平成14年1月推計）』．
総務省統計局（2002a），『労働力調査』．
総務省統計局（2002b），『平成12年（2000年）国勢調査第2次基本集計結果』．
総務庁統計局編（1991），『国際統計要覧』（1991年版）．
総務庁統計局編（1999），『世界の統計』（1999年版）．
東京大学社会科学研究所（2000-2005），『東京大学社会科学研究所年報』No.37～42．

I

危機の実相

1章
経済危機の本質
脆弱な金融システムと頑強な生産システム

●

橘川武郎

1. はじめに

　本章では，1973年の石油危機から今日までの30年余を検討対象にして，1990年代に発生した日本経済の危機の本質を明らかにする．

　20世紀最後のdecade＝1990年代は，日本経済や日本企業にとっての「失われた10年」だったと言われる．日本経済は，1910年代から4分の3世紀のあいだ，第2次世界大戦敗北直後の一時期を除きほぼ一貫して，資本主義諸国のなかで相対的高成長をとげてきた．しかし，1990年代にはいると，サミット参加諸国中の「優等生」から一挙に「落第生」に転落した．1997～98年に北海道拓殖銀行・山一證券・日本長期信用銀行・日本債権信用銀行の経営破綻という形で現出した「平成金融恐慌」は，70年前の1927年に起きた「昭和金融恐慌」に比肩するものと言われた．また，1990年代末の日本では，敗戦直後の1949年にドッジラインによって生じて以来，50年ぶりに本格的なデフレーションが発生した．日本経済は，20世紀の末葉に大きな構造変化に直面したのである．

　日本経済の変化を目の当たりにして混乱に陥ったのは，それを研究対象としている経済学者や経営学者たちである．バブル経済のさなか，日本の経済システムや日本的経営がいかに素晴らしいかを熱く語っていた論者の多くは，バブルがはじけてからしばらくすると，いつのまにか，日本の経済システムや日本的経営を「諸悪の根源」として攻撃するようになっていた．また，そこまで

「変身」することはさすがに気がひけたのか，バブル崩壊とともに沈黙を決め込んだ者も少なくなかった．1990年代の現実は，経済学者や経営学者に，そのレーゾンデートルを問うような厳しい挑戦状を突きつけたのである．

しかし，経済システムや企業経営の進路だけでなく，日本社会全体が今後進むべき道を正確に展望するためには，問題が凝縮された形で顕在化した1990年代に何が起き，何が起きなかったかを実証的に解明することが必要不可欠である．そして，1980年代までの日本肯定論と1990年代からの日本否定論を乗り越えて，日本社会の過去と現在について，論理一貫性をもった説明モデルを構築することが求められている．

本章は，以上のような問題意識にもとづいて，まず第2節で，石油危機以降の日本経済の変化をあとづけ，それが，バブル景気を境にして，「成功」から「失敗」へ局面を大きく転換させたことを明らかにする．続いて第3節で，日本経済の「成功」を説明した理論モデルが「失敗」の局面を説明できないでいること，および「失敗」を説明した諸文献の多くが問題解決の道筋を明示しえないでいることを確認する．さらに第4節では，問題解決の方向性を打ち出した1冊の研究書に目を向け，その到達点と限界を明らかにする．

これらの作業をふまえて本章の第5節では，日本経済の局面変化を一貫した論理で説明することに挑戦し，石油危機から今日までの30余年間について，生産システムの一貫した健全性と，金融システムの一貫した脆弱性という，新たな説明原理を提示する．この説明原理からは，1990年代の日本経済の危機の本質は金融危機であるという見解が導かれる．そして，その見解にもとづけば，危機克服の基本的な処方箋は，生産システムの継続と金融システムの改革に求められることになる．

このような処方箋に対しては，(1)制度的補完（生産システムと金融システムとの相互依存性），(2)金融システムの混乱，(3)産業空洞化，(4)サービス経済化，を重視する立場からの疑問ないし反論が予想される．本章の第5節では，(1)に関して，制度的補完の部分性を指摘し，生産システムの継続と金融システムの改革という処方箋が実現可能であると主張する．そして，第6節では，残りの(2)，(3)，(4)に関して，本巻の他の章での分析をふまえて終章で再論することを確認する．

2. 日本経済の局面変化

2.1 石油危機後の「成功」

　日本経済が実現した世界史に類例をみない高度成長は，1973-74年の第1次石油危機によって終焉した．石油危機後の20世紀最後の4半世紀は，日本型企業体制[1]の強さと弱さのいずれもが顕在化した時代であり，通常それは，1980年代末のバブル景気を分岐点にして，それ以前の日本経済にとっての「成功」の局面と，それ以後の「失敗」の局面とに二分される．

　1973年は，日本経済が大きく転換した年であった．まず，同年2月に，1971年のニクソンショック以来動揺していたIMF（国際通貨基金）体制が最終的に崩壊し，従来の1ドル＝360円の固定為替相場制は歴史的使命を終えて，変動為替相場制に道を譲ることになった．続いて，1973年10月には第4次中東戦争に端を発した第1次石油危機が発生し，原油価格が急騰して，日本経済の高度成長は，終わりを告げた．前掲した表序-1は，日本経済が第1次石油危機以降，「低成長時代」にはいったことを示している．

　1973～74年の第1次石油危機に続いて，1978～80年にも第2次石油危機が発生した．これは，1978年12月のイラン革命に端を発したものであり，この際にも原油価格の大幅上昇が引き起こされた．第2次石油危機は日本経済の低成長時代を長期化させたが，それでも，その衝撃の度合いは，第1次石油危機に比較すれば小さかった．なぜなら，第2次石油危機当時は，国民的な規模での省エネルギー，脱石油の運動が進行しており，さまざまな面で第1次石油危機の学習効果が働いたからである．

　ここで注目すべき点は，表序-1からわかるように，第1次石油危機後も1980年代いっぱいまでは，日本の経済成長率が，それ以前の時期に比べれば絶対的に低下したものの，欧米先進諸国のそれに比べれば高率を維持したことである．この相対的高成長という事実に注目すれば，1970年代半ばから1980年代末までの日本の経済成長のあり方は，「低成長」と概括するよりは，「安定

---

[1]　本巻の序章で述べたように，企業体制は，所有・経営関係，労使関係，企業間関係，政府・企業間関係，の4つの側面に大きく区分することができる．

成長」とみなす方が適切であろう．

　第1次石油危機後も日本経済が安定成長をとげたのは，良好な労使関係と継続的な企業間関係に支えられた日本の企業が，長期的な視野に立つ経営戦略を展開し，省エネルギー等の市場のニーズに合致した製品の開発，生産工程の徹底的な効率化や高度化，などで成果をあげたからである．このため，国際競争力を強めた日本企業および企業体制に対する国際的な関心は，経済成長率が低下した石油危機後の時期に，むしろ急速に高まった．「ジャパン・アズ・ナンバー・ワン」という表現が登場したのも，日本企業が石油危機を克服するプロセスにおいてであった（Vogel 1979）．

　しかし，日本企業の競争優位は，海外において必ずしも高い評価を得たばかりではなかった．各国の市場で日本製品がシェアを高めるにつれて，日本の貿易収支の黒字幅は拡大し（表1-1），とくに欧米諸国とのあいだで貿易摩擦が顕在化するようになった．貿易摩擦の拡大は，1981年に始まった自動車の対米輸出自主規制のような経済問題に対する政治の介入をしばしばもたらし，一部には，ジャパン・バッシング（日本たたき）と呼ばれる事態さえ生じた．日本の企業は，貿易摩擦を回避するため，海外直接投資にふみきるという，新しい対応を示した．そして，1980年代半ばから進行した急速な円高は，日本企業の海外進出に拍車をかけた．

表1-1　貿易収支・経常収支の国際比較（1970～2003年）

（単位：百万米ドル）

年　次	日　本	アメリカ	イギリス	ドイツ	フランス	イタリア
1970年	+3,960	+2,590	-5	+5,690	+258	-381
1975	+4,940	+8,900	-7,272	+16,910	+1,129	-1,149
1980	+2,130	-25,500	+3,343	+8,890	-13,419	-16,934
1985	+55,990	-122,160	-3,954	+28,580	-5,276	-6,083
1990	+63,580	-108,120	-32,500	+71,710	-13,667	+723
1995	+111,040	-109,470	-14,290	-26,960	+10,840	+25,076
2000	+119,660	-413,440	-36,220	-25,220	+18,580	-5,781
2003	+136,220	-530,660	-33,460	+53,510	+4,380	-21,942

出所：1990年以前は総務庁統計局編（1991），1995年以降は総務省統計研修所編（2005）．
注：1. 暦年ベースのデータである．
　　2. 1990年以前は貿易収支，1995年以降は経常収支．
　　3. +は黒字，-は赤字．
　　4. 1990年以前のドイツは西ドイツ．

急速な円高のきっかけとなったのは，1985年9月にアメリカ・ニューヨークのプラザホテルで開催された先進5ヵ国蔵相会議（G5）が，国際協調による円高誘導を決めたことであった．この「プラザ合意」以降20世紀末までの時期に日本経済は，円高不況からバブル景気を経てバブル崩壊にいたる激しい変転を示した．その激動ぶりは，日本の経済成長率の推移を示した図1-1から読み取ることができる．

　「プラザ合意」による急速な円高の進行は，日本の輸出の増勢を鈍らせ，生産活動の停滞を招いた．このため，1985年から1986年にかけて「円高不況」と呼ばれる状況が現出したが，円高不況は，鉄鋼，造船，石油化学などの素材型産業にとくに深刻な打撃をもたらした．この結果，1986年度における日本の名目経済成長率は4％台，実質経済成長率は3％以下にまで落ち込んだ（図1-1）．

　しかし，1986年後半になると，日本の景気は急速に好転した．これは，可処分所得の増大を反映して個人消費が堅調に推移したこと，公定歩合の引下げや公共投資の拡大などの景気浮揚策が積極的に展開されたこと，円高・原油安・金利安のトリプルメリットを受けて輸出依存度が高くない企業の収益が増大したこと，輸出依存度が高い企業も海外直接投資を急速に推進して業績の回復に取り組んだこと，などによるものであった．1986年後半に始まった好景

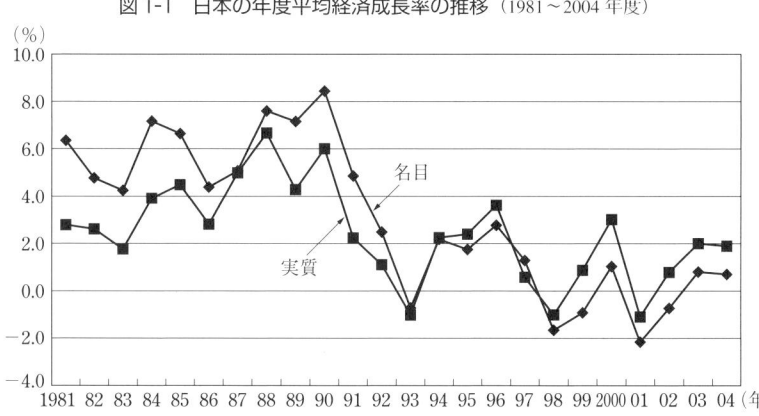

図1-1　日本の年度平均経済成長率の推移（1981～2004年度）

出所：2000年度以前は内閣府経済社会総合研究所国民経済計算部編（2004），2001年度以降は，内閣府（2005）．

気は長期化し，継続期間の長さの点では，戦後最長だったいざなぎ景気（1965〜70年）に迫る勢いを示した．日本の名目経済成長率は，1987〜90年度には，4年連続して5％の大台を上回った．また，実質経済成長率も，1987〜88年度と1990年度には5％以上の水準に達したのである（以上，図1-1）．

2.2 バブル景気以降の「失敗」

長期にわたる好況を謳歌していた日本経済は，やがて，「成功」の局面から「失敗」の局面へ，大きく舵を切ることになった．1988年頃から景気は過熱気味となり，地価主導の資産インフレーションが顕著になった．地価の高騰を背景にして株式などの金融資産も暴騰し，バブル景気の様相を呈したのである．

投機色を強めた日本の景気は，1990年代にはいると，暗転することになった．1990年10月の株価暴落をきっかけとして，バブル景気は，一挙に崩壊に向かった．

バブル崩壊前の好景気が長期化したように，崩壊後の不況局面も長期化した．地価の急落や株価の低落に象徴される資産デフレーションが進行し，設備投資は冷え込んだ．人員削減を意味する企業の「リストラクチャリング」の本格化は，雇用不安を高め，防衛的な貯蓄志向が高まるなかで，個人消費支出も伸び悩んだ．日本の経済成長率は，名目ベースでは1992年度以降，実質ベースでは1991年度以降，長期にわたり低迷するようになった（図1-1）．

前掲した表序-1は，1965〜97年の先進各国の経済成長率を，2〜5年ごとに比較したものである[2]．この表からわかるように，日本の経済成長率は1980年代後半まで欧米先進諸国と比べて高率を維持したが，1990年代にはいると状況は一変した．日本は，経済成長率の点で，アメリカその他の諸国の後塵を拝するようになったのである．

それでも，1996年度には，日本の経済成長率は若干上向き（図1-1），長期不況克服の期待が一時的ではあれ高まった．しかし，1997年11月に北海道拓殖銀行と山一證券，1998年10月に日本長期信用銀行，1998年12月に日本債権信用銀行があいついで経営破綻したことに示されるように，深刻な金融不安

---

[2] 総務庁（省）統計局が毎年刊行する『世界の統計』では，1998年以降の時期について，このデータを掲載しなくなった．

が発生し，不況克服の期待を吹き飛ばしてしまった．1999年3月には，日本を代表する自動車メーカーである日産自動車が，事実上，フランスのルノーの傘下にはいることが発表され，「第2の敗戦」という言葉がさかんに使われるなど，日本経済をおおう暗雲は，1990年代が終っても取り払われることはなかった．

1999年度からは日本の消費者物価が長期にわたって下落するようになり（総務省統計局 2004），1990年代初頭以来の資産デフレーションに加えて，一般的なデフレーションが発生した．また，2002年8月には日本の完全失業率が，5.5%という「労働力調査」開始以来最悪の水準に達した（総務省統計局 2002）．

図1-1にあるように，日本の経済成長率は，名目ベースでは1998～99年度と2001～2002年度の2度にわたって2年連続マイナスを記録し，実質ベースでも1993年度に続いて1998年度と2001年度にゼロを下回った．また，表1-2が示すように，経済成長率面に関する先進資本主義諸国中での日本の相対的劣位は，1997年以降いっそう顕著になった．

不況局面が長期化するなかで，戦後日本の経済成長を支えたさまざまなシステムの「制度疲労」が問題視されるようになった．産業政策や中間組織にかかわる事柄（系列取引，メインバンク制等），日本的経営を特徴づける要因（終身雇用や年功制等）などが批判の槍玉にあがり，システムのリストラクチャリング（再構築）を進めるためには，思い切った規制緩和が必要だという声が高まった．対日貿易の赤字拡大に悩むアメリカが，1989年に始まった日米構造

表1-2 実質経済成長率の国際比較（1997～2003年） （単位：%）

年次	日本	アメリカ	イギリス	ドイツ	フランス	イタリア	カナダ
1997年	1.8	4.5	3.3	1.5	1.9	2.0	4.2
1998	−1.2	4.2	3.1	1.8	3.5	1.8	4.1
1999	0.2	4.4	2.8	2.1	3.1	1.6	5.5
2000	2.8	3.7	3.8	2.9	3.8	3.0	5.3
2001	0.4	0.8	2.1	0.8	2.1	1.8	1.9
2002	−0.3	1.9	1.7	0.2	1.2	0.4	3.3
2003	2.5	3.0	2.1	−0.1	0.5	0.3	1.7

出所：総務省統計研修所編（2005）．
注：暦年ベースのデータである．

協議などを通じて「外圧」をかけたことも，結果的には規制緩和を促進する役割をはたした．ただし，1990年代にはいると，アメリカ経済が日本経済より良好なパフォーマンスを示すようになった（前掲表序-1）ため，アメリカ国内では，日本企業に対する1970年代後半～1980年代のような警戒感は，かげをひそめるにいたった．アメリカのマスコミでは，日本を無視するという意味合いの「ジャパン・パッシング」や「ジャパン・ナッシング」等の言葉が，さかんに使われるようになったのである．

　この節で振り返ったように，日本経済は，1980年代末～90年代初頭のバブル景気を転換点にして，大きな局面変化をとげた．それは，ひとまず，「成功」の局面から「失敗」の局面への大転換と言えるものであった．

3．「成功」と「失敗」を説明する議論とその限界

3.1　「成功」説明モデルと「失敗」の説明の失敗

　別の機会に詳しく検討した（橘川 2006）ように，前節で概観した日本経済の局面転換に関し，論理一貫性をもって説明した議論は，今日までのところ登場していない．本節では，橘川（2006）の2つの結論を紹介する．

　第1の結論は，日本経済の「成功」を説明しようとした理論モデルは，「失敗」を説明することに失敗していることである．このような理論モデルの代表的なものとしては，チャンドラー＝森川英正の経営者企業論，青木昌彦の二重の利害裁定モデル，伊丹敬之の人本主義論，馬場宏二の会社主義論，の4つをあげることができる．

　A.D.チャンドラー Jr.の所説（Chandler 1990）をふまえて森川英正が主張した経営者企業論は，経営者企業を株主ではない専門経営者がトップレベルの意思決定を行う企業と定義づけたうえで，アメリカと異なり石油危機後の時期にも日本で経営者企業が支配的であったことが，日本経済の「成功」をもたらしたと主張した（森川 1981；森川 1991）．しかし，1990年代以降の時期には，株主主権型の資本主義に大きく舵をきり，経営者資本主義からの逸脱を決定的なものにしたアメリカ経済の方が，基本的には経営者資本主義を維持した日本

よりも，良好なパフォーマンスを示すようになった．このような状況変化のもとで，経営者資本主義論の説得力は大きく後退した．

　青木昌彦によって提唱された二重の利害裁定モデルの基本的な命題は，「日本企業の意思決定は，所有者の利害の一方的なコントロールに従うというよりは，金融（所有）的な利害と従業員の利害との二重のコントロール（影響）に従っている」（青木 1993, 268），というものである．ここで青木が言及する「金融（所有）的な利害」とは，端的に言えば，メインバンクの利害のことをさす．青木は，戦後の日本企業のコーポレート・ガバナンスを，メインバンクをモニターとする状態依存型のガバナンス構造[3]と理解したうえで，それが，インサイダー・コントロールの弊害を抑えながら企業メンバーの努力を引き出す面でも，モニタリング費用を節約する面でも，有効性を発揮したという議論を展開した（青木 1996；青木・関口 1996）[4]．しかし，このようなメインバンクのモニタリング能力を高く評価する状態依存型ガバナンス論は，不良債権の累積により，1997年以降，日本で金融機関の破綻があいつぐようになると，急速にその影響力を喪失するにいたった．

　伊丹敬之の人本主義論は，「ヒトが経済活動のもっとも本源的かつ稀少な資源であることを強調し，その資源の提供者たちのネットワークのあり方に企業システムの編成のあり方の基本を求めようとする考え方」（伊丹 1987, 29-30）であり，意欲的な参加，協力の促進，長期的視野の保有，情報効率の向上，という4つのメリットをもつ人本主義企業システム（伊丹 1987, 99）が支配的であることが，日本経済の「成功」をもたらしたと説明した．伊丹の場合には，1990年代以降の時期にも一貫して人本主義の旗を掲げ続けており，その姿勢

---

[3]　メインバンクをモニターとする状態依存型のガバナンス構造とは，青木昌彦が日本企業のコーポレート・ガバナンスの特徴として析出した概念であり，「企業のパフォーマンスが好調ならば，経営者および従業員集団が経営権を掌握し，メインバンクは派遣役員や決済口座等を通してモニタリングするのみである」が，「企業が財務危機に陥れば経営権はメインバンクに移り破綻処理が行われる」（伊藤秀史 2002, v）仕組みのことである．

[4]　利害裁定モデルに立つ青木昌彦は，1990年代半ばごろから，「二重のコントロール」（二重の利害裁定）のうちの従業員の利害によるコントロールに対する関心を急速に後退させ，メインバンクによるコントロールを重点的に論じるようになった（青木 1996；青木・関口 1996）．

は敬服に値する[5]．しかし，日本経済の「失敗」への転換について伊丹が語る，「人本主義のオーバーラン」（伊丹 2000）という説明があいまいであることは，否定できない．

馬場宏二は，日本で観察される会社主義を，「資本主義的競争と共同体的あるいは社会主義的関係との精妙な結合」と特徴づけたうえで，戦後日本の会社主義企業では，所有者支配が弱い，従業員集団内部の格差や断絶が少ない，現場主義が強い，取引関係が長期化する，という4つの特徴がみられ，それらの特徴はいずれも生産力上昇の契機となったと論じた（馬場 1991, 71-73）．会社主義論は，1990年代初頭には大いに注目されたが，その後，日本経済の長期低迷やヨーロッパにおける社会主義崩壊の影響もあってか，急速に勢いを失った．

このように，主として企業統治の観点から日本経済の「成功」の局面を説明しようとした4つの理論モデルは，1990年代以降に生じた日本経済の「失敗」の局面を説明することに成功していない．なお，これらのうち会社主義論については，本巻の終章で，さらに立ち入った検討を加える[6]．

3.2 「失敗」を説明する議論の特徴と問題点

橘川（2006）の第2の結論は，日本経済の「失敗」を説明した諸文献の多くが，問題解決の道筋を明示しえないでいることである．本節においてここまで

---

[5] 筆者（橘川武郎）がこのように考えるのは，後述するように，日本の生産システムは今日でも基本的には健全性を維持しているという評価にもとづくものである．
[6] 本巻の終章で会社主義論について再論するのは，馬場宏二が会社主義論を打ち出したのは，東京大学社会科学研究所が1980年代終りから1990年代初頭にかけて取り組んだ全体研究「現代日本社会」（東京大学社会科学研究所編 1991-92）のなかにおいてだったからである．東京大学社会科学研究所の「現代日本社会」に続く全体研究「20世紀システム」（東京大学社会科学研究所編 1998）は，会社主義についてほとんど論及しなかった．したがって，「現代日本社会」の次の次，「20世紀システム」の次の全所的研究にあたる「失われた10年？　90年代日本をとらえなおす」の成果をまとめた本シリーズ『「失われた10年」を超えて』は，どこかで，1990年代以降の日本の現実をふまえて会社主義論を総括すべきである．終章で会社主義論についてやや詳しく検討するのは，このような事情による．なお，会社主義論の意義について論じたものに，工藤（2005）がある．

みてきたように，1980年代から1990年代初頭にかけての時期には，日本経済の「成功」を論じた説明モデルが次々と登場した．その裏返しのように，2000年代にはいると，日本経済の「失敗」を論じた研究書があいついで刊行された．この項では，それらのうち貝塚・財務省財務総合政策研究所編（2002），伊藤秀史編（2002），大阪市立大学経済研究所・植田編（2003），寺西（2003）の4冊に対するコメントを要約する．

貝塚・財務省財務総合政策研究所編（2002）の特徴は，その網羅性と論理一貫性追求の姿勢にある．後者の点に関して同書は，日本型経済システムを構成する諸サブシステムのうち金融システム・一般産業における産業政策・サービス産業における産業政策は1990年代より前から効率向上の役割を終えていたのに対して，企業経営・企業間関係・雇用システムは1990年代にはいるころから機能不全に陥ったとする見方を示した（貝塚・原田 2002）．

しかし，貝塚・財務省財務総合政策研究所編（2002）には，体系性の欠如および企業行動分析の不十分性という問題点がある．前者の点は，メインバンクのモニタリング機能が高度経済成長期から揺らいでいたとする第3章（堀内 2002）の記述と，同機能が1970年代の不況局面で典型的に機能したとする第1章（宮島 2002）の記述との矛盾に，端的な形で示されている．この矛盾によって，貝塚・財務省財務総合政策研究所編（2002）が有する論理一貫性の追求というメリットが損なわれている印象は否めない．

伊藤秀史編（2002）の特徴は，日本企業の理念型に関する既存の理解に疑問を提示し，企業行動と企業モデルに焦点を合わせて分析を進めた点に求めることができる．1990年代に日本企業が迷走した原因については，当初，企業統治構造の不備がさかんに指摘されたが，やがて，同じような企業統治構造をとっていても業績に大きな差が生じる同一産業内企業間格差（いわゆる「勝ち組」と「負け組」の格差）が注目を集めるようになり，最近では研究の焦点が，企業統治構造のあり方から，企業行動のあり方，あるいはそれを決定づける戦略的意思決定のあり方へシフトした．本書には，このような最近の研究動向が反映されている．

しかし，伊藤秀史編（2002）の場合には，体系性の欠如が貝塚・財務省財務総合政策研究所編（2002）の場合よりも，さらに著しい．同書の第3章（宮

島・青木 2002）と第 4 章（河村・広田 2002）は，1990 年代の日本企業において，従来のメインバンク主導の状態依存型ガバナンスが後退し，それに代って自律的ガバナンスの役割が拡大したことを強調しているが，第 5 章（小佐野・堀 2002）は，同じ対象について，あいかわらず状態依存型ガバナンスに焦点を合わせた分析を行っている．また，伊藤秀史編（2002）には，歴史的視点の欠落という問題点も存在する．

　大阪市立大学経済研究所・植田編（2003）の特徴は，実証性の高さと歴史的視点の導入にある[7]．後者の点では，たとえば同書のⅢ章（李 2003）は，生産管理体制の再編を論じるにあたって，日本の鉄鋼企業にライン・アンド・スタッフ制が導入される直前の 1950 年代にまでさかのぼって検討を加えた．

　しかし，大阪市立大学経済研究所・植田編（2003）も，体系性の欠如という問題点を共有している．同書は，『日本企業システムの再編』という書名であるにもかかわらず日本企業システムとは何かを明示していないし，1990 年代とはどういう時代であったかを概括していない．このため，大阪市立大学経済研究所・植田編（2003）が有する歴史的視点の導入というメリットが損なわれている印象は否定できないのである．

　寺西（2003）は，本項で取り上げた他の 3 冊の研究書とは異なり寺西重郎による単著であり，そのこともあって，きわめて体系的な議論を展開している．同書は，経済システムが，A 政府と市場・民間との役割分担，B 民間部門の経済活動，C 政府と民間のインターフェイス，にそれぞれかかわる 3 つのサブシステムから構成されるととらえたうえで，A 市場メカニズム＋B 企業の大株主支配と銀行の在来産業金融＋C 中間組織としての地域経済圏という組み合わせから成る「明治大正経済システム」と，A 規制を中心とする政府介入＋B 日本型企業システムと銀行中心の金融システム＋C 産業利害の調整システムという組み合わせから成る「高度成長期経済システム」とが，明治以降の日本で出現した 2 つの注目すべき経済システムであると結論づけた．同書によれば，最近の日本における経済システムの動揺は，長期にわたって存在した外生的要因が消滅した（①明治以来の欧米諸国へのキャッチアップの完了，②アジア諸国の

7）　大阪市立大学経済研究所・植田編（2003）に対する筆者の見解について詳しくは，橘川（2004）参照．

経済成長による「日本＝アジア唯一の工業化国」という地理的条件の崩壊，③従来の政府介入容認の時代の終了＝新自由主義の台頭）新しい状況に対して，既存の高度成長期経済システムが対応できなかったことによって生じた．このように長期にわたる歴史的視点を採用していることも，寺西（2003）の大きな特徴である．

しかし，寺西（2003）には，肝心の高度成長期経済システムに関する歴史認識が必ずしも正確でないという問題点がある．端的に言えば，政府と市場・民間との役割分担(A)について，規制を中心とする政府介入を過大評価しているのである．現実には，高度経済成長のプロセスでは市場メカニズムが総じて有効に機能したし，成長のエンジンとなったのは民間企業の活力であった（橘川 1995；橋本 2001）．この点に関しては，寺西（2003）における民間部門の経済活動(B)についての分析内容が問題になる．さすがに筆者が金融史研究の第一人者であるだけあって，同書では，金融セクターに関してきわめて説得力ある議論が展開されている．しかし，それと比べて，事業会社の経営行動に関する分析は手薄である．他の多くの産業とは異なり，金融業は，高度成長期に強い規制のもとにおかれた．同書が高度成長期経済システムに関して政府介入を過大評価することになったのは，金融セクターに重点をおいて分析を進めたこと（事業会社の経営行動を十分には掘り下げなかったこと）の必然的な帰結だとみなすことができる．

本項ではここまで，1990年代以降の日本経済の「失敗」を説明した4冊の研究書に論評を加えてきたが，それらをふまえると，日本の経済システムや企業システムをめぐる研究の到達点に関して，やや厳しい評価を下さざるをえない．端的に言えば，「失われた10年」を経て，今日，日本の経済システムや企業システムが直面する問題の全体像が必ずしも明確に把握されていないし，したがって，その問題を解決する道筋も明示されていないのである．

このような状況が現出したのは，次のような2つの事情によるものである．

1つは，研究書としての体系性の欠如である．この点は，取り上げた4冊のうち貝塚・財務省財務総合政策研究所編（2002），伊藤秀史編（2002），大阪市立大学経済研究所・植田編（2003）についてあてはまる．これら3冊は，興味深い多数の事実を発見，提示してはいるものの，全体像を明らかにすることに

は成功していないのである．

いま1つは，企業行動の等閑視である．この点は，貝塚・財務省財務総合政策研究所編（2002）と寺西（2003）についてあてはまる．すでに述べたように，企業活動の分析は，日本型経済システムを論じる際に避けて通ることができない重要な課題である．4冊のなかで唯一，優れた体系性を誇る寺西（2003）が，日本の経済システムの改革方策について必ずしも説得力ある議論を展開することができなかったのは，企業行動に十分な光を当てなかったために，高度成長期経済システムに関して政府介入を過大評価する特徴づけを行ったからにほかならない．

4．橋本寿朗の日本経済・企業再生論の検討

4.1 『デフレの進行をどう読むか』

前節では，日本経済の「成功」を説明した理論モデルが「失敗」の局面を説明できないでいること，および「失敗」を説明した諸文献の多くが問題解決の道筋を明示しえないでいることを確認した．ところで，日本経済の「失敗」を論じた研究書のなかには，企業行動に光を当て問題解決策を掲げているものも，数は少ないが存在する．その代表的なものは，橋本寿朗の『デフレの進行をどう読むか』（橋本 2002）である[8]．

2002年1月に急逝した橋本は，橋本（2002）において，①2001年時点で進行しているデフレ局面は世界史的重大性を有していること，②デフレ下の日本で作用する利潤圧縮メカニズムを雇用保障付き期限付き賃金カットで解消する必要があること，③サービス経済化が進行するもとでも日本はあくまで製造業の発展に力を注ぐべきであり，いわゆる産業空洞化もこれまでのところさほど懸念するにはあたらないこと，などのメッセージを発した[9]．このうち①でデフレの重大性を指摘し，③で産業空洞化の過大評価を批判した点は，橋本の慧

---

[8] このほか，注目すべき業績として，本章の執筆時期の直前に刊行された宮本ほか（2003）が存在する．

[9] 橋本（2002）に対する筆者の見解について詳しくは，橘川（2003a）参照．

眼と言える．とくにデフレの進行は，日本企業の投資意欲を後退させた点で，「失われた10年」の根本的原因とも言えるものであった．

　BNPパリバの日本におけるチーフエコノミストである河野龍太郎は，1990年代初頭から日本経済が長期にわたって低迷するようになった最大の原因は，本来，投資主体であるはずの企業部門が資産デフレとデフレとによって，貯蓄主体となったことあるとして，次のように述べている．

　「90年代前半には，バブル崩壊による資産価格の下落により，企業の保有資産の時価総額の減少が続く一方，名目値で固定されている負債は，相対的に過剰となるため，負債の返済が優先され設備投資が抑制された．90年代後半には，資産デフレにデフレが加わったために企業部門の債務返済が加速し，総需要への縮小圧力はさらに強まった．どの企業にも売上水準や利益水準に対して，望ましい債務水準が存在するが，デフレによって売上や利益が減少すると，名目値で固定されている負債は相対的に過剰になる．企業は実質債務の増大を抑えようとして，キャッシュフローを設備投資ではなく債務返済に振り向ける．こうして，成長の第一エンジンである設備投資が一向に回復せず，日本経済が自律回復力を失ってしまったのである」（河野 2002, 2）．

　河野の指摘にもあるとおり，バブル経済崩壊後の日本企業においては，デフレ下で，「投資抑制メカニズム」とでも呼ぶべきものが広い範囲で作用した．そして，それが，日本経済の長期低迷を引き起こしたのである．

　このような事情をふまえれば，橋本（2002）がデフレの重大性を指摘したことは，評価に値する．しかし，同書が，上記の②にあるように，雇用保障付き期限付き賃金カットを提案したことには，大いに問題がある．

　橋本（2002）には「見落された利潤圧縮メカニズム」という副題がついている．このことからもわかるように，同書での橋本の最大の強調点は，「利潤圧縮メカニズム」の析出にある．

　橋本によれば，「利潤圧縮メカニズム」とは，「利潤が労働分配の増加によって圧縮される事態」（橋本 2002, 91）のことであり，したがって，「利潤圧縮メカニズム」を克服するためには，労働分配率を抑え込むことが肝要になる．

1990年代における日本経済の長期低迷の基本的な原因が「利潤圧縮メカニズム」にあると考える橋本は，労働分配率抑制に力点をおいて，長期低迷から脱却する決定的な方策を，労使協調による雇用保障付き期限付き名目賃金切下げに求める．この「利潤圧縮メカニズム」の析出と労使協調による名目賃金切下げの提唱こそ，橋本（2002）の眼目だとみなすことができる．

4.2 雇用保障付き期限付き賃金カット案の問題点

ここで取り上げた橋本による「利潤圧縮メカニズム」の析出と雇用保障付き期限付き賃金カットの提案に対しては，それぞれ以下のような疑問が残る．

まず，「利潤圧縮メカニズム」の析出に対しては，それが，人件費の上昇を過大に評価しているのではないかという疑問である．橋本の議論によれば，「利潤圧縮メカニズム」をもたらした基本的要因は労働分配率の上昇であるが，その労働分配率とは，付加価値額に対する人件費の比率のことである．つまり，労働分配率の上昇は人件費の増大と付加価値額の減少という2つの要因によって生じうるわけである．橋本は，これら2つの要因について分析を加えており，人件費の増大に関しては既存の雇用慣行の継続を，付加価値額の減少に関しては投資効率の低下と労働装備率の伸び悩みを，それぞれ指摘している．そして，これらのうち労働装備率の伸び悩みは，設備投資の低迷および産業構造の変化（サービス経済化の進行）によってもたらされた，と述べている．

以上の諸原因のうち，橋本が決定的に重視するのは，日本型雇用慣行を起因とする人件費の増大である．そのことは，「利潤圧縮メカニズムは労使関係に起因し，資本主義システムの根幹にかかわる問題である」（橋本 2002，106）という記述からも，明らかに読み取ることができる．つまり，橋本は，労働分配率上昇の要因として，付加価値額の減少を人件費の増大ほどには重視しないわけであるが，その理由は必ずしも明確ではない．上述したように，橋本が指摘した付加価値額減少の原因は，(1)投資効率の低下，(2)設備投資の低迷，(3)サービス経済化の進行，の3点である．このうち(1)の投資効率の低下について橋本は，日本企業のR＆D投資の非効率性に多少言及している（橋本 2002，116）だけで，掘り下げた議論を展開していない．(2)の設備投資の低迷についての橋本の説明は，企業利益の圧縮と設備投資の低迷とがそれぞれ互いの原因

になっており，一種の循環論法に陥っている[10]．(3)のサービス経済化の進行が重要であることは事実認識としては首肯しうるが，終章で述べるように，サービス経済化の進行を付加価値生産性の低下と無批判に結びつけることには，問題がある．このように橋本による「利潤圧縮メカニズム」の析出においては，付加価値額減少に関して十分に説得力ある議論が展開されていないのであり，そのことは，結局，労働分配率上昇の原因としての付加価値額減少要因の過小評価，別言すれば，人件費増大要因の過大評価につながっているのである．

次に，雇用保障付き期限付き賃金カットの提案に対しては，それが「ボタンの掛け違え」をもたらし，デフレ気分をさらにあおるのではないかという疑問である．たとえば，橋本は，賃金カットの突破口として公務員給与の引下げを遂行することを強調している（橋本 2002, 109）が，この提案は，城山三郎の小説『男子の本懐』で詳しく描かれた浜口雄幸・第 2 次若槻禮次郎内閣による官吏減俸の故事を，想起させる．両内閣で大蔵大臣をつとめた井上準之助によって断行されたこの官吏減俸は，おりから広がりつつあった昭和恐慌下のデフレマインドをさらに深刻化させたと言われている．

筆者（橘川）は，日本経済再生の過程で，公務員給与の引下げも含めて労使協調による賃金カットが結果として行われることは，大いにありうると考えている．しかし，橋本のように，それを前面に掲げて最優先課題と位置づけることは，問題解決へのシークエンス（手順）の観点からみて，適切とは言えないであろう．筆者は，2003 年の春闘を振り返って，連合総研発行の月刊誌に次のような文章を寄せたことがある．

「2003 年の春闘では，主として経営者側から，まず賃金引下げを先行させて，景気回復を図るべきだという主張が，さかんに繰り返されている．なかには，

---

10) 橋本寿朗は，橋本（2002, 99）で，「企業利潤率の伸び率と設備投資の伸び率は強い相関関係を持った（中略）つまり，企業収益率の低迷が企業の設備投資を抑制し，設備投資の低迷が労働装備率の伸び率を制約し，それが付加価値生産性の伸び率の低さを規定するという悪循環を見いだすことができる」，と述べている．付加価値生産性の伸び悩みは，労働分配率の上昇＝企業利益の圧縮を意味する．つまり，橋本の議論では，企業利益の圧縮と設備投資の低迷とがそれぞれ互いの原因として想定されているのである．

『賃下げ』こそ雇用保障の最大の妙薬だとする，一見，もっともそうに聞こえる議論もある．たしかに，1970年代のスタグフレーション（インフレと不況の同時発生）が発生した局面では，賃上げを抑制し雇用確保を最優先させる日本型雇用調整が威力を発揮し，日本経済が『石油危機克服の優等生』となったという，注目すべき事実が観察された．しかし，今回の『賃下げ先行』景気回復論には，その時とは違うあやうさとあやしさが満ち満ちている．

あやうさとあやしさの最大の原因は，『賃下げ』がいかに雇用保障につながるのかという将来展望が示されていない点，別の言い方をすれば，経営者側が従業員の将来の生活保障につながる適切な投資プランを提示していない点に求めることができる．1970年代の場合には，企業は一定規模の設備投資を維持し，そのことが職場での生産性向上運動とも結びついて，石油危機の克服のみならず国際的にみた日本経済の相対的高成長にもつながった．しかし，昨今の『賃下げ先行』論は，具体的な投資プランをともなうものではない．これでは，『賃下げ』が雇用保障につながるのだといくら言われても，にわかにそれを信じることはできないのである」（橘川 2003b, 4）．

雇用保障付き期限付き賃金カットは，きちんとした投資プランとセットで打ち出されなければならない．そうでなければ，「雇用保障」も「期限」も，画に描いた餅になりかねない．労使協調により賃金カットを行うためには，労働者を安心させる投資プランが必要なのであり，「安心なくして賃金カットなし」と言うべきなのである[11]．

---

11) 労働分配率の上昇を問題にし，雇用保障付き期限付き賃金カットを提案した橋本寿朗は，問題解決の鍵が，労働分配率の分母に当たる付加価値額を増加させることにあるのではなく，分子に当たる人件費を減少させることにあると考えたのであろう．しかし，ここで指摘したように，人件費削減を突破口とするやり方は，事態を深刻化させる可能性が高く，問題解決の手順としては適切ではない．突破口とすべきは付加価値額の増加の方であり，そのためにはまず，妥当な投資プランが提示されるべきである．

5. 危機についての一貫性ある説明モデル

5.1 危機の本質

　日本経済再生の方策を明示するためには，日本企業が採用すべき事業戦略，遂行すべき投資プランを明らかにする必要がある．また，それを示すためには，前提作業として，日本経済の「成功」の局面と「失敗」の局面とを一貫した論理で説明することが重要である．この項では，その作業に取り組み，1990年代以降日本経済が直面することになった危機の本質について考察する．

　今日に続く日本の経済危機の直接的な要因が，事業会社の側からみれば債務の累積，銀行の側からみれば不良債権の累積にあることは，よく知られているとおりである．これらの2つの「累積」は，事業会社における金融上のノウハウの不足，銀行におけるモニタリング能力の欠如によってもたらされた．

　1980年代には，主要産業の強い国際競争力を根拠にした輸出超過の本格化によって，貿易収支の黒字幅が拡大し，大量の資金が日本の金融市場に流れ込んだ．このような新たな状況のもとで，多くの事業会社は，銀行融資に依存してきた資金調達のあり方を，エクイティ・ファイナンスを重視する方向に転換し始めた．この転換は，1980年代後半のバブル景気の時期に顕在化し，「財テク」という言葉が，日本の実業界で最も重要なキーワードの1つとなった．

　しかし，金融上のノウハウの不足が災いして，多くの事業会社の「財テク」は失敗に終った．その典型と言えるのが，1997年に経営破綻した東京食品と，1998年に大きな損失を出したヤクルトのケースである．これら両社の場合には，本業の業績は良好だったのであり，ファイナンス部門のみの失敗が会社全体に大きなダメージを与えた．「財テク」の失敗は，多くの事業会社に債務の累積をもたらす要因になったのである．

　一方，銀行は，金融市場への資金の流入と事業会社の間接金融依存からの脱却という状況変化を受けて，新たな資金の貸出先を探す必要に迫られた．結果的に銀行は，十分なモニタリングを行わないまま，土地を担保にした危険な融資を遂行することになった．この危険な融資が，1990年代初頭のバブル経済の崩壊後，不良債権の累積という結果を招来したことは，よく知られた事実で

これらの事情から，1990年代に顕在化した日本の危機は，①輸出超過による資金余剰の発生，②事業会社における金融上のノウハウの不足，③銀行におけるモニタリング能力の欠如，という3つの要因によって引き起こされたと言うことができる．このうち①の要因は，日本経済史の文脈の中では，比較的新しい現象である．工業化が始まった明治時代から後述するような生産システムの革新が生じた1960年代の半ばにいたるまで，日本経済は，ほぼ一貫して，貿易収支の赤字基調に悩まされ続けた．比喩的な表現を用いるならば，1990年代の日本で生じた危機は，「成金の悲劇」だったと言えなくもない．長年にわたってカネ不足に悩まされてきた日本経済は，突然，大量のカネを手に入れてそれを管理する術を知らず，右往左往しているうちに落し穴にはまってしまったのである．

ところで，上記の③のように日本の銀行に関してモニタリング能力の欠如を強調する筆者の議論は，日本のメインバンクを優れたモニターとみなす，青木昌彦らが展開する通説的なメインバンク・システム論ないし状態依存型ガバナンス論（青木 1996 ; 青木・関口 1996）と，真っ向から対立するものである．ここで，直視する必要があるのは，メインバンクのモニタリング能力を高く評価する青木らの状態依存型ガバナンス論が，1997年以降，日本で金融機関の破綻があいつぐようになると，急速にその影響力を失うにいたった現実である．青木らは，モニタリング能力に優れるはずのメインバンクがなぜ1990年代に不良債権の大量累積に苦しめられるようになったかを，説得力ある形で説明することができなかった．日本のメインバンクに関しては，青木らの立論とは逆に，バブル経済に突入するはるか以前の高度経済成長期から，モニタリング機能を十分に発揮していなかったと把握する方が正確であろう（日髙・橘川 1998 ; 堀内 2002）．

ここまでの検討結果は，1990年代に顕在化した日本の危機の本質が，経済システム全般（あるいは企業システム全般）の危機ではなく，金融システム（あるいは企業金融のシステム）の危機であることを，強く示唆している．1990年代においても日本の経常収支の大幅黒字が継続した（表1-1）ことを考え合わせると，金融システムが危機に陥る一方で，生産システムは基本的には

健全であり続けている可能性が高いのである[12].

　そうであるとすれば，生産システムと金融システムとを一括視して，日本の経済システムや企業システムが，石油危機後1980年代までは「成功」したが，1990年代以降は「失敗」したと概括する通説的な見解は，正確さに欠けるものだと言わざるをえない．現実には，生産システムに関しては石油危機〜1980年代の局面と1990年代以降の局面を通じて「成功」が継続し，金融システムに関しては石油危機〜1980年代と1990年代以降の両局面を通じて一貫して「失敗」が続いたと言うべきである．このような正確な歴史認識を導入することによってはじめて，2つの局面を整合的，統一的に論述する説明モデルの構築が可能になる．

5.2　再生の処方箋とその実現可能性

　1990年代以降の日本が直面した危機の本質が金融システムの危機であり，当該期にも生産システムは健全であり続けたという見方に立てば，導き出される危機への処方箋＝日本経済再生へのシナリオは，金融システムの改革と生産システムの継続ということになる．以下では，このシナリオの妥当性について，多少掘り下げて考察を加える．

　金融システムの改革と生産システムの継続というシナリオに対しては，制度的補完[13]を強調する立場からの反論が予想される．つまり，金融システムと生産システムとは密接不可分の関係にあり，両者を分割して取り扱うことは不可能だという反論である．

　しかし，この反論は，戦後の日本における経済史と経営史の現実を等閑視したものである．ここでは，2つの証左をあげておこう．

　第1は，生産システムの革新が進行した1960年代の歴史的経験である．

　第2次世界大戦後の日本においては，1949年の「外国為替及外国貿易管理

---

[12]　宮本ほか（2003）も，非価格競争力での優位確保による「ものつくり」システムの堅持や，アジアで必要な資源節約的・労働節約的技術の発展を担う役割の発揮を強調している点からみて，1990年代以降の時期にも，日本の「生産システムは基本的には健全であり続けている」との見方に立っていると，評価することができる．

[13]　制度的補完の考え方については，たとえば，伊藤元重（1996, 203）参照．

法」や 1950 年の「外資に関する法律」により，長期にわたって輸入統制と外資規制が実行された．しかし，日本が徐々に「経済大国」化するにつれて，これらの諸規制を撤廃し，開放経済体制へ移行することは，国際関係上，避けて通ることができない課題となった．1964 年の IMF 8 条国移行と OECD 加盟は，日本が輸入統制や外資規制から脱却し，開放経済体制へ突入する画期となった．これと前後して，1960 年からは貿易・為替の自由化が，1967 年からは資本取引の自由化が，それぞれ本格的に推進された．

開放体制への移行にあたって日本の国内では，外国商品や外国資本の脅威を強調し，貿易自由化や資本自由化を「第 2 の黒船襲来」とみなす論調が強まった（有沢監修 1976, 477-480）．多くの日本企業では，強い危機感を共有した労使双方が，会社の生き残りをかけて，互いに協力しながら生産性の向上に取り組むようになった．神戸製鋼，松下電器，小松製作所，トヨタ自動車，日本レイヨンなどで，あいついで QC サークルが形成された事実は，このことを端的に示している（法政大学情報センター編ほか 1995）．

日本では，高度経済成長の前半期（1950 年代後半〜1960 年代前半）においてさえ，景気の過熱が輸入の増大をもたらし，それによって生じた国際収支の逼迫に対処するため，3〜4 年ごとに金融引締めが行われて景気が落ち込む，いわゆる「国際収支の天井」と呼ばれる現象が繰り返されていた．しかし，この「国際収支の天井」は，1960 年代半ばに取り除かれることになった．貿易・資本の自由化に対する危機感を背景にした労使一体の生産性向上運動の展開，およびそれと結びついた大型化投資の進展によって，1960 年代を通じて，日本の主要産業の国際競争力はむしろ強まった．「国際収支の天井」が 1960 年代半ばに取り払われたのはこのような状況変化をふまえたものであった．

1960 年代の日本経済や日本企業をめぐって生起した状況変化の核心は労使関係の変容と生産システムの変化に求めることができるが，その間にも，銀行融資に依存する日本企業の間接金融システムは，大きな変化をみせなかった．1960 年代の経験は，金融システムを継続しつつ，生産システムを改革することが可能であることを伝えている．

第 2 は，トヨタの企業金融面での改革である．2 度の石油危機が発生した 1970 年代以降，トヨタは徐々に，資金調達面での銀行融資への依存度を低下

させ，エクイティ・ファイナンスのノウハウを蓄積した．このような企業金融面での改革に取り組みながら同社は，いわゆる「トヨタ生産システム」を一貫して堅持した．トヨタの事例は，生産システムを継続しつつ，金融システムを改革することが可能であることを示している．

これら2つの事例は，「金融システムと生産システムとは密接不可分の関係にあり，両者を分割して取り扱うことは不可能だ」という議論が成り立たないことを，雄弁に物語っている．制度的補完は存在するとしてもその作用は部分的であり，金融システムの改革と生産システムの継続というシナリオは，実現可能なものなのである．

6. おわりに

金融システムの改革と生産システムの継続という処方箋が実現可能だとしても，具体的にその処方箋を実行することに関しては，さらに次のような疑問が生じるであろう．

(a) 混乱している金融システムをどのように改革するか．
(b) 日本の生産システムが健全であると言っても，日本の製造業は，中国をはじめとするアジア諸国の追上げに直面しており，産業の空洞化は避けられないのではないか．
(c) 日本経済のサービス化が進み製造業のウエートが下がっているのであるから，生産システムのもつ重要性は後退しており，生産システムの維持を強調しても意味がないのではないか．

これらの疑問に答えることは，そのまま，日本経済再生の方策を明示することにつながる．本巻の第2章以下の各章は，何らかの形でこの課題に取り組んでいる．(a)・(b)・(c)に対する回答は，それらの検討結果をふまえて，本巻の終章で示されるであろう．

参照文献

青木昌彦 (1993)，「日本企業の経済モデル序説」伊丹敬之・加護野忠男・伊藤元重編『日本の企業システム(1)』有斐閣.

青木昌彦 (1996)，「メインバンク・システムのモニタリング機能としての特質」青木昌彦・ヒュー＝パトリック編，白鳥正喜監訳，東銀リサーチインタナショナル訳『日本のメインバンク・システム』東洋経済新報社.

青木昌彦・関口格 (1996)，「状態依存型ガバナンス」青木昌彦・奥野正寛編著『経済システムの比較制度分析』東京大学出版会.

有沢広巳監修 (1976)，『昭和経済史』日本経済新聞社.

伊丹敬之 (1987)，『人本主義企業』筑摩書房.

伊丹敬之 (2000)，『経営の未来を見誤るな デジタル人本主義への道』日本経済新聞社.

伊藤秀史 (2002)，「はじめに」伊藤秀史編著 (2002).

伊藤秀史編著 (2002)，『日本企業変革期の選択』東洋経済新報社.

伊藤元重 (1996)，『市場主義』講談社.

大阪市立大学経済研究所・植田浩史編 (2003)，『日本企業システムの再編』東京大学出版会.

小佐野広・堀敬一 (2002)，「日本企業の資金調達とガバナンス」伊藤秀史編著 (2002).

貝塚啓明・財務省財務総合政策研究所編 (2002)，『再訪日本型経済システム』有斐閣.

貝塚啓明・原田泰 (2002)，「日本型経済システムの機能と限界」貝塚啓明・財務省財務総合政策研究所編 (2002) の序章.

河村耕平・広田真一 (2002)，「株主によるガバナンスは必要か？」伊藤秀史編著 (2002).

橘川武郎 (1995)，「戦後の経済成長と日本型企業経営」宮本又郎・阿部武司・宇田川勝・沢井実・橘川武郎『日本経営史』有斐閣.

橘川武郎 (2003a)，「橋本寿朗が遺したメッセージと日本経済再生の方向性：『戦後日本経済の成長構造』および『デフレの進行をどう読むか』へのコメント」東京大学『社会科学研究』第54巻第6号.

橘川武郎 (2003b)，「元気な企業，元気な地域が指し示す日本経済再生の方向性」連合総合生活開発研究所『連合総研レポート DIO』No.169, 2003年2月1日号.

橘川武郎 (2004)，「書評：大阪市立大学経済研究所・植田浩史編『日本企業システムの再編』」『経営史学』第38巻第4号.

橘川武郎 (2006)，「日本：研究の到達点と残された課題」工藤・橘川・フック編 (2006) 第3巻.

工藤章 (2005)，「現代日本の企業と企業体制：問題提起」工藤・橘川・フック編 (2005) 第1巻.

工藤章・橘川武郎・グレン＝フック編 (2005-06)，『現代日本企業』(全3巻) 有斐閣.

河野龍太郎 (2002)，「『失われた10年』の起源」*BNP Paribas Weekly Economic Report*, 第84号.

総務省統計局（2002），『労働力調査』.
総務省統計局（2004），『消費者物価指数（CPI）』.
総務省統計研修所編（2005），『世界の統計』（2005 年版）総務省統計局.
総務庁統計局編（1991），『国際統計要覧』（1991 年版）.
寺西重郎（2003），『日本の経済システム』岩波書店.
東京大学社会科学研究所編（1991-1992），『現代日本社会』（全 7 巻）東京大学出版会.
東京大学社会科学研究所編（1998），『20 世紀システム』（全 6 巻）東京大学出版会.
内閣府（2005），『平成 17 年 1-3 月期 GDP 1 次速報』（2005 年 5 月 17 日）.
内閣府経済社会総合研究所国民経済計算部編（2004），『国民経済計算年報』（2004 年版）.
橋本寿朗（2001），『戦後日本経済の成長構造』有斐閣.
橋本寿朗（2002），『デフレの進行をどう読むか』岩波書店.
馬場宏二（1991），「現代世界と日本会社主義」東京大学社会科学研究所編『現代日本社会 1 課題と視角』東京大学出版会.
日髙千景・橘川武郎（1998），「戦後日本のメインバンク・システムとコーポレート・ガバナンス」東京大学『社会科学研究』第 49 巻第 6 号.
法政大学情報センター編，宇田川勝・佐藤博樹・中村圭介・野中いずみ著（1995），『日本企業の品質管理』有斐閣.
堀内昭義（2002），「日本の金融システム」貝塚啓明・財務省財務総合政策研究所編（2002）.
宮島英昭（2002），「日本型企業経営・企業行動」貝塚啓明・財務省財務総合政策研究所編（2002）.
宮島英昭・青木英隆（2002），「日本企業における自律的ガバナンスの可能性」伊藤秀史編著（2002）.
宮本又郎・杉原薫・服部民夫・近藤光男・加護野忠男・猪木武徳・竹内洋（2003），『日本型資本主義　どうなるどうする戦略と組織と人材』有斐閣.
森川英正（1981），『日本経営史』日本経済新聞社.
森川英正（1991），「なぜ経営者企業が発展するのか？」森川英正編『経営者企業の時代』有斐閣.
李捷生（2003），「日本鉄鋼大企業における生産管理体制の再編」大阪市立大学経済研究所・植田浩史編（2003）.

Chandler, Jr., Alfred D. (1990), *Scale and Scope,* Cambridge, MA and London, UK : Harvard University Press.
Vogel, E. F. (1979), *Japan as Number One,* Cambridge, MA and London, UK : Harvard University Press.

2章
金融危機を生んだ構造
銀行の所有構造にみるガバナンスの欠如

●

花崎正晴
Yupana Wiwattanakantang
相馬利行

1. はじめに

　1990年代前半から近年に至るまで，日本はかつて経験したことのないほどの深刻な金融危機に直面した．この危機を，単純に銀行部門の問題として捉えるのは適当とは言えない．金融システムが実体経済に及ぼす影響の大きさを考慮すると，この金融危機は，日本経済の「失われた10年」を惹起した有力な要因の1つであるとみなすことができる．

　日本の金融危機の深刻さは，銀行部門が抱える多額の不良債権によって象徴される．アメリカなどと同様な定義に基づく不良債権は，リスク管理債権と呼ばれているが，その額は，1998年から2000年まではおよそ30兆円（GDPの約6％）で推移していたが，2002年3月末時点には42兆円（GDPの約8.4％）と跳ね上がっている．そして，この不良債権問題を主因として，1991年から2001年までのおよそ10年間で，176行もの金融機関が破綻することとなった．また，金融危機に対応するために，多額の公的資金が投入された．とくに，1995年3月から2002年3月までに，22.4兆円もの公的資金が預金保険機構を通じて使われた（Hanazaki and Horiuchi 2003）．

　日本で金融危機が発生し長期化した背景としてはさまざまな議論があるが，その1つとして不動産業，建設業，ノンバンクなどへの融資や，企業の財テクのための資金提供など銀行の積極的な貸出行動が挙げられる[1]．本章では，それらの現象を銀行業の所有構造と関連付けることによって，銀行のコーポレー

ト・ガバナンスがこの長引く金融危機にどう影響しているのか，とくに，銀行の大株主が貸出にどう影響を及ぼしていたのかという問題を分析する．従来，コーポレート・ガバナンスの重要な担い手である「委託されたモニター（delegated monitors）」としての銀行の役割に関しては数多く分析されてきた．しかし，銀行自体がどのように監視され規律付けがなされているのかということに関しては，必ずしも十分な研究がなされてこなかった．また，その数少ない研究も，「資本市場中心の金融システム（capital market-based system）」であるアメリカの実証研究がほとんどである[2]．La Porta, Lopez-de-Silanes, Shleifer, and Vishny（2002）や Caprio, Laeven, and Levine（2004）では，政府によって所有された銀行と家族支配された銀行の役割に焦点を当てた国際比較がなされている．これらの論文は，所有構造やガバナンスの役割が異なるなどの制度の違いも考慮に入れることの重要性を示している．その意味においても，「資本市場中心の金融システム（capital market-based system）」ではない，もう一方の「銀行中心の金融システム（bank-centered system）」を有する日本を分析対象とする研究が必要であると考える．われわれは，日本の銀行の大株主の所有構造と，貸出行動や業績との関係を分析することによって，銀行の大株主が銀行のガバナンスにどう影響しているのかという問題について分析する．

日本において銀行は，企業への単なる資金提供者としての役割を超えた存在であり，とくに，企業が財務危機に陥った際の銀行の果たすガバナンスの役割は，とてもユニークなものがあるとされている[3]．しかし，日本の銀行そのもののガバナンスがどうなっているのかは，ほとんど知られていない．

---

1) たとえば，Hamada（1995），Hoshi and Kashyap（1999），Ito（1999），Milhaupt（1999），Patrick（1999），Nakaso（2001），Kashyap（2002），Van Rixtel, Wiwattanakantang, Souma, and Suzuki（2003），および Hanazaki and Horiuchi（2004）を参照．

2) たとえば，Saunders, Strock, and Travlos（1990），Gorton and Rosen（1995），Knopf and Teall（1996），Demsetz, Saidenberg, and Strahan（1997），Anderson and Fraser（2000）を参照．

3) たとえば，Sheard（1989, 1994），Hoshi, Kashyap, and Scharfstein（1990），Prowse（1992），Flath（1993），Aoki and Patrick（1994），Kaplan（1994），Kaplan and Minton（1994），Kang and Shivdasani（1995, 1997），Morck and Nakamura（1999），Morck, Nakamura, and Shivdasani（2000）を参照．

本章でわれわれが大株主に注目するのは，大株主が銀行の破綻時のコストを引き受ける存在であり，銀行をモニタリングする強いインセンティブを持つと考えられるからである（たとえば，Dinc (2003))．日本において，大株主以外に，銀行をモニタリングする強いインセンティブを持つ経済主体が存在したであろうか．預金者は，預金が長らく事実上全額保護されていたので，モニターに熱心であったとは言えない．同様に，監督省庁は銀行の貸出債権を審査する能力に疑問があり，かつ国民の忠実なエージェントとして機能していたわけではないことから，信頼の出来るモニターであったとは考えられない（Hanazaki and Horiuchi 2001; Hanazaki and Horiuchi 2003）．事実，Horiuchi and Shimizu (2001) では，不良債権などのパフォーマンスでみる限り，天下りを受け入れている銀行が，受け入れていない銀行に比べて劣ることが示されている．

大株主による非金融法人のモニタリングの効果に関する研究は多々あるが，銀行のモニタリングの効果に関する研究は数少ない．たとえば，Knopf and Teall (1996) は，アメリカの貯蓄金融機関におけるリスクテイキング行動は，大株主が存在するほど少なくなると指摘する．Dinc (2003) や Anderson and Campbell (2004) においては，上位10株主全体による銀行のモニタリング効果が分析されている．われわれは，大株主の所有比率やタイプも考慮して，銀行の大株主によるモニタリングが，銀行行動に与える影響を分析する．また，Brickley, Lease, and Smith (1988) は，大株主が経営をモニタリングするインセンティブは，彼らが株主となっている企業との業務上のつながりの度合いにも影響を受けることを示した．われわれは，銀行との業務上のつながりの強さという点も考慮して仮説を導く．

また，日本の銀行の大株主が誰であるのかを調べるために，銀行の所有構造に関するデータを構築した．われわれのサンプルは1980年から2000年までの20年間に上場しているすべての銀行である．その結果，とりわけ銀行と保険会社が大株主として重要な位置を占め，長期にわたる安定的な株主であることがわかった．われわれは，銀行と保険会社は次の2つの理由から，信頼できるモニターとはなり得ないと考える．ひとつには，彼らは，自分たちが株式を所有する銀行と業務上のつながりを有している．たとえば，保険会社は，その銀行のオフィスに出向き，そこで保険を売るなどの機会を有している．また，銀

行は，自分が大株主である他の銀行に対して役員を派遣している．もうひとつには，銀行や保険会社は自らのガバナンスがそもそも脆弱である点が指摘できる．彼らは，金融機関の破綻を避けてきた各種の規制により守られてきたので，ガバナンス・メカニズムによる規律付けがなされていなかったと考えられる（Hanazaki and Horiuchi 2001）．

もし，銀行の経営者がしっかりとモニタリングされていなければ，彼らはどのような行動をとるのであろうか．多くの文献が指摘するのは，過大な貸付や危険な貸付などのリスキーな行動をとることによって，経営者は私的便益を増やそうとするというものである（Gorton and Rosen 1995; Knopf and Teall 1996）．過大な貸付を行うインセンティブは，人事システムにも関連する．日本の銀行の人事は，それぞれの行員がいかに貸付を増大したかに依存し，その貸付後のパフォーマンスには関連付けられてこなかった．われわれの実証結果は，貸出の伸びが高いほど銀行のパフォーマンスが低いことから，これらの貸出がリスクの高い行動であったことを示唆する．興味深いことには，上位3株主や上位5株主を銀行や保険会社が占有しているような銀行の方がそうでない銀行に比べて，貸出の伸びが高く業績が悪かった．これらの結果は，銀行や保険会社はモニタリングに積極的ではないというわれわれの議論を支持していると言える．

本章では，Brickley, Lease, and Smith（1988），Borokhovich, Brunarski, Harman, and Parrino（2004）や Almazan, Hartzell, and Starks（2004）が示したように，大株主のタイプによってモニタリングのインセンティブが異なるということにも焦点を当てている．そして，われわれは，日本の銀行業においても，大株主のタイプの違いがガバナンスにとって重要であることがわかった．

本章の構成は次のとおりである．第2節で銀行のコーポレート・ガバナンスに関して概観したのち，第3節では分析に使用するデータと銀行の所有構造に関して述べる．第4節では，大株主のモニタリングのインセンティブについて議論し，われわれの仮説を導出する．第5節では，推計するモデルと推計方法について述べる．第6節では，推計結果について議論し，最後に第7節でまとめを述べる．

2. 銀行のコーポレート・ガバナンス

2.1 コーポレート・ガバナンスの標準的な見方

　本節では，日本の金融危機の問題を，銀行経営に関するガバナンスの問題として考察する．Allen and Gale（2000）は，コーポレート・ガバナンスの具体的なメカニズムとして，次の諸点を挙げている．
① 取締役会
② 役員報酬
③ 企業コントロール市場
④ 金融機関による株式の集中的保有とモニタリング
⑤ 負債
⑥ 製品市場における競争

　これらは，株主あるいは資本市場の機能（①，②，③），金融機関の直接的あるいは間接的な機能（④，⑤），市場競争の機能（⑥）に大別できる．さらに，銀行業は，規制産業であることから，規制当局の役割が重要性を持つ．

2.2 銀行業における競争の重要性

　非金融産業においては，市場競争が経営の効率性を高めるという主張を支持する分析が多い（Nickell 1996；Nickell, Nicolitsas, and Dryden. 1997；Baily and Gersbach 1995, 等）．一方，銀行あるいは金融業における競争については，専門家の意見は分かれている．

　McKinnon（1973）やShaw（1973）をはじめとする有力な経済学者は，非金融産業に妥当していると思われる命題と同様なものを金融業にも適用し，金融システムにおける自由競争の重要性を主張してきた．すなわち，経済発展を促進するうえで，原則として自由な競争を許され，政府による介入を最小限にとどめる金融システムが，有効であるとされる．逆に，預金金利規制などの競争制限的な規制は，銀行に対する課税を意味し，金融仲介機能を縮小させ，結果として経済発展が阻害される．

　この議論では，借り手と貸し手との間の情報の非対称性などに起因する金融

市場に特有な問題が必ずしも考慮されていないという問題がある．また，Lindgren et al.（1996）が示しているように，1980年代から1990年代半ばにかけて，多くの国において金融自由化が進展した結果，銀行危機が顕在化したという事実は，上に紹介した自由競争の重要性に対する批判的議論を支持しているかにみえる．

　一方，Aoki（1994）およびHellmann, Murdock, and Stiglitz（1996）などは，情報生産者としての銀行に有効な機能を発揮させるためのインセンティブ体系はどうあるべきかという問題意識に基づき，金融業における競争制限がむしろ，銀行経営の効率性にポジティブな影響を及ぼすという議論を展開する．すなわち，銀行に一種のレントを与えるような競争制限的規制を施すことによって，銀行がモニタリングを実施するインセンティブを与えることができるというのである．このような状況においては，競争制限的規制は，銀行に対する課税ではなくて，逆にモニタリング機能を高めるための補助金を提供する仕組みであると理解することができる．

　もっとも，競争制限的規制を肯定する議論の弱点は，そのような規制の結果銀行に与えられるレントが銀行経営の効率化に結びつくか，それとも単に内部者利益の増大をもたらしているだけか，不明なことである．実際，銀行が多額の不良債権を抱えて経営のリストラクチャリングの必要性に迫られた場合，銀行経営者が速やかにそれに対応できるかどうかは，市場競争の程度と関連しているとも考えられる．

　また，1980年代から1990年代前半の日本では，金利自由化が10年程度かけて徐々に進められたことに象徴されるように，金融自由化の分野やスピードは，金融当局によって厳密にコントロールされてきたため，銀行業におけるコンテスタビリティーは総じて低いままであった．1996年の末に日本政府は，「金融ビッグバン構想」を発表したが，この構想自体，金融自由化がそれ以前の日本で遅々として進んでいなかったことを物語るものである．

　このように，1990年代までの日本の金融システム改革の変遷をみると，市場競争が金融システムの効率性を破壊したというストーリーの説得力は高くないように思われる．

2.3 金融当局の役割

　金融当局は銀行のコーポレート・ガバナンスに関して，制度上非常に重要な役割を担っている．本来金融当局は，預金者や投資家の忠実なエージェントとして銀行を監督する立場にあるが，その機能は効果的に発揮されているとは言い難い．

　その理由の1つは，金融当局にはたして銀行を適切にモニターする能力があるのかという問題である．日本における銀行中心の金融システムでは，銀行と借り手の企業とは長期継続的な顧客関係に基づき，金融取引を実施している．そのような債権債務関係の質的側面を，外部者でかつスポット的にしか情報を入手できない金融当局が適切に評価することは，事実上困難であると言わざるをえない（Hanazaki and Horiuchi 2003）．

　加えて，日本の金融当局の政策スタンスにもバイアスがあった．金融当局は，預金者や投資家の代理人という意識が希薄であり，銀行の経営者を支援する傾向がみられた．そのエージェンシー問題が，日本の金融危機に無視しえない悪影響を及ぼしていることを指摘したのが，Horiuchi and Shimizu（2001）である．

　彼らは，大蔵省（現財務省，以下同）から民間銀行への天下りと大蔵省による監督機能との関係に着目している．Aoki, Patrick, and Sheard（1994）は，銀行監督の役割を委託されたエージェントである金融当局に規律を与える仕組みとして，官僚機構から民間銀行への天下りを位置づけている．彼らの議論が正しければ，金融当局からの天下りと銀行のパフォーマンスとの間には少なくとも負の関係は存在しないはずである．

　しかし Horiuchi and Shimizu（2001）は，1980年代から1990年代前半の地方銀行のデータに基づく実証分析により，大蔵省からの天下りを受け入れている銀行の自己資本比率や不良債権比率で評価された健全性は，天下りを受け入れていない銀行に比べて劣っていることを明らかにしている．その結果は，大蔵省からの天下りが銀行経営の健全化に貢献していないどころか，むしろ受入れ銀行のリスクテイキング行動を助長してきたことを示していると考えられる．

2.4 資本市場の機能

　銀行経営を規律づける仕組みとして，市場競争の機能や金融当局の役割が有効に果たされていないとすれば，残りのメカニズムは株主あるいは金融資本市場の機能である．資本市場を資金の出し手と受け手の市場と広義に捉えれば，株主や一般債権者に加えて，銀行に対する最大の資金提供者として預金者の役割が重要となる．

　このような資本市場の機能を考察する際に，重要な要素が金融セーフティ・ネットの構造である．金融セーフティ・ネットとは，銀行の経営破綻に伴う損失を関係者の間で分配する社会的な仕組みである．特定の銀行破綻が金融システム全体の危機を惹起することのないように，政府が銀行預金を保護する仕組みを設定することなどが，典型的なものである．

　しかし，戦後の日本では近年に至るまで，預金者のみならず，株主や一般債権者といった銀行への資金提供者のほとんどが，銀行の経営破綻の損失からほぼ完全に免れてきた[4]．その結果，預金者をはじめ金融資本市場の投資家は，個別銀行の経営状態をモニターし，規律を与えるインセンティブを有する必要がなかった．したがって，資本市場から銀行経営への規律付けのメカニズムはきわめて微弱であったと言えよう．

　このように預金者や一般投資家のモニタリング機能が有効には働いてこなかったなか，以下の実証分析では，大株主の役割に焦点を当てる．

3. 銀行の株式所有構造について

　この節では，銀行の大株主が誰であるのかということと，銀行の株式がどの程度分散的にあるいは集中的に保有されているのかを明らかにする．これらの情報は，大株主が銀行経営者をモニタリングするインセンティブにとって決定

---

[4] 具体的に言えば，大蔵省は，銀行の実質的な経営破綻に際して，他の相対的に健全な銀行へ救済合併させる形で処理してきた．その結果，預金者ばかりではなくほとんどの資金提供者が損失を蒙ることを免れていた．1986年の住友銀行による平和相互銀行の吸収合併が典型例である．

的に重要な情報である（Demsetz and Lehn 1985；Barclay and Holderness 1989；Shleifer and Vishny 1997；Demsetz and Villalonga 2001）．

3.1 データ

われわれのサンプルは，日本で上場しているすべての銀行である．サンプル期間はバブル期とバブル崩壊期を含んだ1980年から2000年である．また，銀行の合併や破綻もあったので，アンバランスト・パネルデータである．銀行の数は年度によって93行から118行であり，都市銀行，信託銀行，長期信用銀行，地方銀行，第二地方銀行からなる．

各銀行の財務諸表データは，概ね日経NEEDSの金融データから得た．ただし，各銀行の株主データは，有価証券報告書から手作業で入力した．

3.2 所有構造

図2-1は，1980年から2000年における銀行の株主の所有比率の推移を示したものである．各銀行の株式の「所有者別状況」を各年度で単純平均して計算している．株主を，（国内の）金融機関，（国内の）非金融法人，外国法人等，そして個人その他の4つのタイプに分類している．銀行の株式を一番所有する

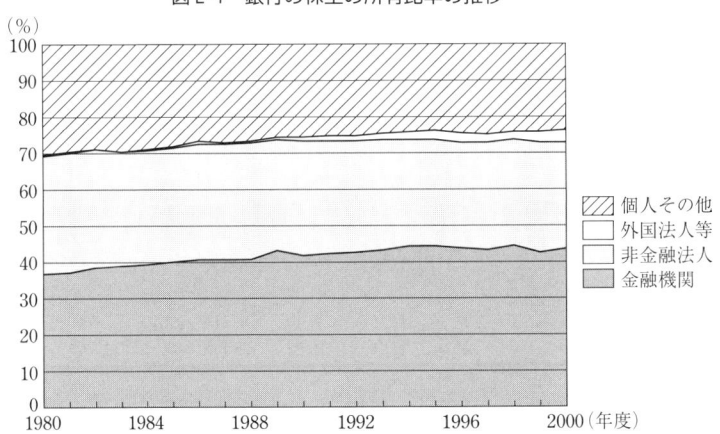

図2-1 銀行の株主の所有比率の推移

注：この図は1980年から2000年における銀行の株主の所有比率の推移を示したものである．各銀行の株式の「所有者別状況」を各年度で単純平均して計算している．
出所：大蔵省『有価証券報告書』．

主体は，銀行・生命保険会社・損害保険会社・証券会社を含む金融機関である．具体的には，1980年には37％，1990年には42％，2000年には44％と金融機関の所有比率は増加している．第2位の主体は，非金融法人である．彼らの所有比率は20年間およそ30％のまま変わっていない．3番目の主体は個人その他であるが，1980年の30％から2000年には24％へと下げている．また，外国法人等の所有比率は，日本の銀行においてはきわめて少ない．

次に，われわれは，株式の集中度を概観する．データの制約から，上位10に達しない株主については分析できなかった．表2-1は，筆頭株主，上位3株主，上位5株主，上位10株主における株式所有比率の平均値と中央値の推移を示している．他の先進国同様，日本の銀行の株式の集中度はそれほど高くはない（Caprio, Laeven, and Levine 2004）．1980年から2000年において，筆頭

表 2-1 株式所有集中度

年度	筆頭株主		上位3株主		上位5株主		上位10株主		銀行数
	平均値	中央値	平均値	中央値	平均値	中央値	平均値	中央値	
1980	5.36	4.81	13.14	11.86	18.74	17.38	28.54	26.85	93
1981	5.31	4.85	13.06	12.28	18.74	18.01	28.69	27.08	93
1982	5.34	5.00	13.16	12.49	18.93	18.17	28.98	27.55	95
1983	5.28	5.00	13.15	12.58	18.97	17.81	29.13	27.16	100
1984	5.20	5.00	13.04	12.69	18.90	17.73	29.19	27.01	101
1985	5.15	5.00	12.91	12.65	18.77	18.03	29.08	26.89	102
1986	5.13	4.99	12.74	12.32	18.60	18.11	28.92	26.84	104
1987	5.06	4.94	12.61	12.59	18.44	18.13	28.75	26.85	110
1988	5.08	4.89	12.64	12.54	18.45	18.29	28.72	27.66	113
1989	4.97	4.79	12.50	12.25	18.29	18.16	28.54	27.41	116
1990	5.02	4.88	12.66	12.26	18.52	18.25	28.80	27.36	118
1991	5.05	4.92	12.73	12.33	18.64	18.24	29.02	27.31	117
1992	4.97	4.91	12.69	12.58	18.67	18.25	29.13	27.46	118
1993	4.95	4.92	12.69	12.59	18.67	18.25	29.19	27.74	119
1994	5.44	4.86	13.12	12.46	19.12	18.23	29.65	28.00	119
1995	5.44	4.84	13.14	12.41	19.14	18.33	29.72	28.06	118
1996	5.45	4.91	13.07	12.21	18.92	17.89	29.33	27.72	119
1997	5.85	4.92	13.54	12.57	19.40	18.21	29.73	28.10	119
1998	6.69	4.94	14.38	12.47	20.24	17.45	30.45	27.77	115
1999	6.91	4.75	14.21	11.37	19.77	16.99	29.43	26.22	114
2000	7.67	4.42	14.69	11.15	20.12	16.76	29.55	26.03	107

注：この表は，筆頭株主，上位3株主，上位5株主，上位10株主までの，それぞれの累積の株式所有比率の推移を示している．値は％である．
出所：大蔵省『有価証券報告書』．

株主の所有比率の平均値は 4.95％ から 7.67％ までの幅があるが，中央値は約 5％ である．上位 3 株主の所有比率の平均値は 1980 年に 13.1％，1990 年に 12.7％，2000 年には 14.7％ である．また，上位 5 株主の所有比率の平均値は約 18.3％ から 20.2％ であり，上位 10 株主のそれは 28.5％ から 30.4％ までの範囲である．

表 2-2 は，銀行の上位 5 株主を銀行・保険会社・非金融法人・行員持株会・外国人投資家・その他の 6 つに分類し，各々のタイプの所有比率の平均値がどのように変化したのかを示している．ただし，保険会社は，生命保険会社と損害保険会社からなるが，そのほとんどが相互会社の生命保険会社である[5]．また，行員持株会は，自分の銀行の株式に投資することだけを目的に従業員によって設立されたものである．その他には，ノンバンクや証券会社，地方自治体，年金基金，個人が含まれる．なお，銀行と保険会社には，各企業の株式総数のそれぞれ 5％ と 10％ 以上を保有してはいけないという規制が存在する．

興味深いことに，銀行と保険会社（とくに，生命保険会社）が，上位 5 株主のなかで重要な位置を占めていることが分かる．同業者である銀行による所有比率の平均値は，1980 年で 8.08％，1990 年で 8.75％，2000 年で 11.47％ であり，保険会社のそれは，1980 年で 5.63％，1990 年で 5.28％，2000 年で 4.95％ であった．非金融法人は，上位 5 株主のなかでは，銀行や保険会社に比べてそれほど大きな存在ではない．彼らの所有比率は，1980 年で 3.03％，1990 年で 3.11％，2000 年で 1.91％ であった．これら 3 つのタイプ以外の株主の所有比率はきわめて低く，行員持株会，外国人投資家，その他の所有比率のそれぞれの中央値はいずれの年度においてもゼロであった．

銀行の業態別にみると，都市銀行，信託銀行，長期信用銀行で構成される「全国展開する銀行」（以下，全国銀行）と，地方銀行協会加盟行と第二地方銀行協会加盟行といった「地域を限定して活動する銀行」（以下，地域銀行）とでは，所有構造が異なっている．前者の全国銀行においては，保険会社が支配株主であり，それらの所有比率の平均値は，1980 年には 10.26％，1990 年に

---

5) 鹿野（2001）によると，2000 年 3 月時点で，46 社の生命保険会社のうち 16 社が相互会社である．その内 14 社が全生命保険会社の資産の 94％ のシェアを占めるほど規模が大きい．

表 2-2　上位 5 株主の所有比率の推移

パネル A：全銀行

年度	銀行	保険会社	非金融法人	行員持株会	外国人投資家	その他	銀行数
1980	8.08 (4.44)	5.63 (5.07)	3.03 (2.00)	1.46 (0.00)	0.00 (0.00)	0.47 (0.00)	93 93
1985	7.87 (5.13)	6.15 (5.20)	2.61 (0.00)	1.76 (0.00)	0.00 (0.00)	0.32 (0.00)	102 102
1990	8.75 (7.39)	5.28 (4.23)	3.11 (0.00)	1.08 (0.00)	0.00 (0.00)	0.25 (0.00)	118 118
1995	10.10 (8.61)	5.06 (4.21)	2.59 (0.00)	1.15 (0.00)	0.02 (0.00)	0.16 (0.00)	118 118
2000	11.47 (7.61)	4.95 (3.78)	1.91 (0.00)	1.45 (0.00)	0.07 (0.00)	0.20 (0.00)	107 107

パネル B：全国銀行

年度	銀行	保険会社	非金融法人	行員持株会	外国人投資家	その他	銀行数
1980	2.41 (0.00)	10.26 (10.76)	4.21 (4.12)	0.20 (0.00)	0.00 (0.00)	0.00 (0.00)	22 22
1985	2.34 (1.04)	10.86 (12.93)	3.99 (3.21)	0.00 (0.00)	0.00 (0.00)	0.00 (0.00)	22 22
1990	3.04 (2.43)	9.71 (11.20)	4.17 (2.91)	0.00 (0.00)	0.00 (0.00)	0.00 (0.00)	22 22
1995	6.59 (2.73)	8.95 (8.65)	3.49 (2.61)	0.00 (0.00)	0.00 (0.00)	0.00 (0.00)	21 21
2000	15.93 (6.27)	5.74 (5.59)	2.64 (1.93)	0.00 (0.00)	0.44 (0.00)	0.00 (0.00)	13 13

パネル C：地域銀行

年度	銀行	保険会社	非金融法人	行員持株会	外国人投資家	その他	銀行数
1980	9.83 (7.51)	4.19 (3.47)	2.67 (0.00)	1.85 (0.00)	0.00 (0.00)	0.62 (0.00)	71 71
1985	9.39 (7.65)	4.86 (4.28)	2.23 (0.00)	2.24 (0.00)	0.00 (0.00)	0.41 (0.00)	80 80
1990	10.05 (8.79)	4.26 (3.43)	2.86 (0.00)	1.32 (0.00)	0.00 (0.00)	0.31 (0.00)	96 96
1995	10.86 (9.69)	4.22 (3.87)	2.40 (0.00)	1.39 (0.00)	0.03 (0.00)	0.20 (0.00)	97 97
2000	10.85 (7.71)	4.85 (3.64)	1.81 (0.00)	1.66 (0.00)	0.02 (0.00)	0.23 (0.00)	94 94

注：この表は，銀行の上位5株主を銀行・保険会社・非金融法人・行員持株会・外国人投資家・その他に分類し，各々のタイプの所有比率の平均値がどのように変化したのかを示している．( )の数値は中央値を示す．値は％である．また，全国銀行とは，都市銀行，信託銀行，長期信用銀行，地域銀行とは，地方銀行協会加盟行と第二地方銀行協会加盟行である．
出所：大蔵省『有価証券報告書』．

は 9.71％，2000 年には 5.74％ であった．1994 年までは，保険会社に次いで非金融法人が第 2 位の株主であったが，その後は銀行と入れ替わっている．非金融法人の所有比率の平均値は，1980 年には 4.21％，1990 年には 4.17％，2000 年には 2.64％ であり，保険会社に比べれば，ずっと小さな比率である．

　他方，後者の地域銀行においては，同業者である他の銀行，とくに都市銀行が主要な株主であり，それらの所有比率の平均値は，1980 年には 9.83％，1990 年には 10.05％，2000 年には 10.85％ であった．面白いことに，地域銀行の大株主は全国銀行であるが，逆の関係は存在しない．地域銀行では，銀行を筆頭株主として，第 2 位株主は保険会社，第 3 位株主は非金融法人である[6]．

　行員持株会は，地域銀行の上位 5 株主までにはよく顔を出す存在である．それらの所有比率の平均値は，20 年間で 1.17％ から 2.46％ である．しかし，全国銀行の株主としては，1980 年から 1983 年には存在したが，それ以降は存在していない．

　銀行や保険会社が，銀行の大株主としてどれほど重要な存在であるのかを見るために，われわれは，上位 3 株主と上位 5 株主が銀行と保険会社だけで占められている銀行を調べた（表 2-3）．上位 3 株主が銀行と保険会社だけで占められている銀行は，1980 年で 41.9％，1990 年で 55.1％，2000 年で 53.3％ も存在する．また，上位 5 株主が保険会社と銀行だけで占められている銀行も，1980 年で 20.4％，1990 年で 34.8％，2000 年で 31.8％ 存在した．さらに，地域銀行に比べて全国銀行の方がすべての期間において，銀行と保険会社だけで上位株主を占有している割合が高いことがわかる．なお，銀行だけで，もしくは保険会社だけで上位 3 株主を占有している銀行の割合は極めて少なく，1980 年で 3.2％，1990 年で 3.4％，2000 年で 0.9％ であった．

　次に，所有構造がどれだけ安定的であるかを示すために，ある期間，上位 3 株主と上位 5 株主の顔ぶれが，それぞれ変わらない銀行の数を調べた（表 2-4）．5 年間をとった場合，同じ株主が上位に居続けている割合はきわめて高い．たとえば，全国銀行の場合，1985 年から 1989 年には 81.82％，1990 年から 1994 年には 76.19％ の銀行で，上位 3 株主の顔ぶれが変化しなかった．また，さら

6）　ただし，1985 年における所有比率は非金融企業が 2.23％，行員持株会が 2.24％ と順位が入れ替わる．

表 2-3 大株主としての保険会社と銀行

パネル A：上位 3 株主

年度	全銀行			全国銀行			地域銀行		
	銀行数	サンプル総数	%	銀行数	サンプル総数	%	銀行数	サンプル総数	%
1980	39	93	41.94	12	22	54.55	27	71	38.03
1985	49	102	48.04	13	22	59.09	36	80	45.00
1990	65	118	55.08	14	22	63.64	51	96	53.13
1995	66	118	55.93	13	21	61.90	53	97	54.64
1999	57	114	50.00	9	17	52.94	48	97	49.48
2000	57	107	53.27	8	13	61.54	49	94	52.13

パネル B：上位 5 株主

年度	全銀行			全国銀行			地域銀行		
	銀行数	サンプル総数	%	銀行数	サンプル総数	%	銀行数	サンプル総数	%
1980	19	93	20.43	5	22	22.73	14	71	19.72
1985	23	102	22.55	5	22	22.73	18	80	22.50
1990	41	118	34.75	5	22	22.73	36	96	37.50
1995	46	118	38.98	8	21	38.10	38	97	39.18
1999	35	114	30.70	4	17	23.53	31	97	31.96
2000	34	107	31.78	3	13	23.08	31	94	32.98

注：この表は，銀行と保険会社だけで上位 3 株主（パネル A）と上位 5 株主（パネル B）を占有している銀行数を示している．
出所：大蔵省『有価証券報告書』．

に長期間でみても同様のことが言える．全国銀行の場合，1980 年から 1989 年には 54.55％，1990 年から 2000 年には 21.05％の銀行で，上位 3 株主の顔ぶれが変化しなかった．さらに，合併がたくさん起こった 2000 年度を除外すると，1990 年から 1999 年では，45.00％の銀行で，上位 3 株主の顔ぶれが変化しなかった．

1980 年から 2000 年までの 20 年間で見た場合でも，すべての銀行のうち 8.18％の銀行は，上位 3 株主の顔ぶれが変化しなかった．ただし，2000 年度を除外すると，この値は 11.82％に上昇する．また，1980 年から 1999 年まで上位 3 株主の顔ぶれが変化しなかった割合は，全国銀行では 23.81％，地域銀行では 8.99％であった．このことから，地域銀行に比べて全国銀行の方が，所有構造が安定していることがわかる．

また，すべての銀行のなかで，都市銀行の所有構造が一番安定的である．13 の都市銀行のなかで，1990 年代後半に合併や破綻をするまでは，9 行までもが

表 2-4 安定的な所有構造

期間	全銀行		全国銀行		地域銀行	
	上位3株主	上位5株主	上位3株主	上位5株主	上位3株主	上位5株主
5年区切り						
1980-1984	39.58	21.88	54.55	36.36	35.14	17.57
1985-1989	53.21	31.19	81.82	59.09	45.98	24.14
1990-1994	69.49	51.69	76.19	47.62	68.04	52.58
1995-1999	37.61	18.80	57.89	5.26	33.67	21.43
1995-2000	26.09	11.30	22.22	0.00	26.80	13.40
10年区切り						
1980-1989	31.07	13.59	54.55	31.82	25.00	8.75
1990-1999	28.21	11.97	45.00	5.00	24.74	13.40
1990-2000	20.69	6.90	21.05	0.00	20.62	8.25
20年区切り						
1980-1999	11.82	1.82	23.81	0.00	8.99	2.25
1980-2000	8.18	0.91	4.76	0.00	8.99	1.12

注：この表は，5年間，10年間，20年間のそれぞれの期間，上位3株主と上位5株主の顔ぶれが変わっていない割合を示している．値は％を表す．
出所：大蔵省『有価証券報告書』．

上位3株主の顔ぶれだけでなく順位までもが変わらなかった．たとえば，三和銀行の場合，1980年から1998年に合併するまでずっと，大株主の順位は，明治生命，日本生命，大同生命で変わらなかった．

以上のことから，銀行の大株主としては，生命保険会社，銀行，非金融法人などの機関投資家が占有してきた．また，長期にわたり所有構造は安定的であったことが特徴として挙げられる．

4. 大株主と貸出行動

4.1 モラル・ハザードと大株主のモニタリング

Morck, Shleifer, and Vishny (1988) が非金融法人において示したのと同様に，Gorton and Rosen (1995) は，アメリカの銀行経営者が自分の銀行の株式をある程度持つようになると，私的便益を享受してリスキーな貸付を行い「エントレンチメントの状態」になる傾向があることを示した．エントレンチメントとは，塹壕に入って敵の攻撃から身を守ることを意味し，コーポレート・ガバナ

ンスに関連していえば,外部からの規律付けのメカニズムから一切遮断されている状態を言い表している.また,Saunders, Strock, and Travlos (1990), Demsetz, Saidenberg, and Strahan (1997) や Anderson and Fraser (2000) などでも,アメリカにおいては,銀行経営者の株式持分と,私的便益を享受してリスキーな貸出を行うようになることとの間には正の関係があることが報告されている.このように,「エントレンチメントの状態」では,内部者の利益を反映した経営がなされる可能性が高いことが示唆されているが,その状態から脱却するようなメカニズムが,存在するはずである.

われわれがここで注目するのは,大株主の役割である.多くの株式を有する株主は,コストを負担してでも銀行経営をモニタリングするインセンティブを有していると考えられる(Grossman and Hart 1980 ; Shleifer and Vishny 1986 ; Huddart 1993 ; Admati, Pfleiderer, and Zechner 1994).

しかし,大株主のすべてが同じように経営者をモニタリングするインセンティブを持っているのであろうか[7].Chidambaran and John (1998) は,長期的視野に立ち,かつある程度大きなシェアの株式を持つ場合には,その大株主は信頼できるモニターになりうると理論的に導いた.また,Brickley, Lease, and Smith (1988) は,大株主を当該企業と業務上のつながりを有する機関投資家と,そのようなつながりがない機関投資家に分類し,経営陣が提案した敵対的買収への対抗策にどのように対応するのかを検証した.その結果,投資している企業と業務上のつながりを有する機関投資家は,敵対的買収への対抗策に賛成する傾向が強いことを指摘した.換言すれば,業務上のつながりのない大株主は外部投資家の利益のために行動するが,つながりのある大株主はむしろ経営者の利害に基づき行動する可能性があるということである.

4.2 銀行経営のモニターとしての保険会社,銀行,非金融法人

この節では,前節での議論をもとに,われわれの仮説を導出する.日本の銀行業においても,大株主としての銀行と保険会社は,株式を保有する銀行との業務上のつながりを保ちたいことから,信頼できるモニターとはなり得ないと

---

7) Gillan and Starks (2003) は,機関投資家とガバナンスの関係について詳細なサーベイを行っている.

われわれは考える．銀行の大株主である保険会社は，その銀行内で行員に対して保険を販売するための営業活動を許されているということはよく知られている．このような大株主にとっての投資先との業務上のつながりは，一度両者の資本関係が途切れると，消失してしまう可能性があるものである．たとえば，朝日生命が1988年に日本興業銀行の株を売った際には，行員の団体保険の契約を減らされた（Komiya 1994）．保険会社にとって，このような銀行との業務上のつながりは，銀行の大規模な従業員を考慮すれば，かなり重要性が高く，結果として大株主のモニタリングのインセンティブを下げることになると考えられる（Komiya 1994 ; Fukao 2004）．

さらに，保険会社は1990年代に財務危機に陥って以来，銀行からの資金援助に頼っている事実がある．2000年3月時点で，生命保険会社は劣後債などで2.3兆円の資金援助を銀行から受けている．その代わりに，生命保険会社は7.7兆円の銀行株と6.7兆円の銀行の劣後債を所有している（Fukao 2004）．

同様に，自分よりも規模の小さい銀行の大株主として，同業者である他の銀行の経営者は私的便益を得ている．たとえば，大株主である銀行を退職した役員に対して職を提供する銀行も存在する（Horiuchi and Shimizu 2001）．住友銀行は1982年から2000年まで，三重銀行の株式を4.83％所有する第4位の株主であった．住友銀行以外にも，住友グループ系の企業が3社以上も上位10株主を占めていた．興味深いことに，1980年から2000年において，三重銀行の役員の約半数が住友グループ系企業からの退職者で占められていた．

われわれは，業務上のつながりのほかにも，保険会社と銀行が信頼できるモニターにはなりえない理由があると考える．それは，保険会社と銀行それ自体のガバナンスが弱いことである．少なくとも1990年代の中頃までは，両産業ともいわゆる護送船団行政の下で保護されてきた（Patrick 1999 ; Spiegel 1999 ; Hoshi and Kashyap 2001 ; Hoshi 2002）．この庇護の下，保険会社と銀行は，競争制限的な規制により保護されてきた[8]．さらに，破綻が起きないように包括的な金融セーフティ・ネットまでも用意されていた（Hanazaki and Horiuchi 2003）．このような状況では，銀行経営者を規律付けするような市場メカニズ

---

8) たとえば，金利，保険料，手数料，金融商品開発，業務分野，新規店舗などに関する規制が存在した．

ムは存在し得ない（Allen and Gale 2000）．また，前述のとおり，預金者は，包括的な金融セーフティ・ネットで保護されていたので，モニタリングをするインセンティブはほとんどなかったと考えられる．

非金融法人に関しては，彼らが日本の銀行に関する信頼できるモニターであったかどうかは事前的にはわからない．一方では，多くの研究で，非金融法人の大株主は日本におけるガバンナンスの重要な担い手であると指摘される．たとえば，非金融法人の大株主としての存在は，Kaplan and Minton（1994）では役員の交代を促進することが示され，Kang and Shivdasani（1997）では業績の悪い企業のリストラクチャリングを促進することが示された．Morck, Nakamura, and Shivdasani（2000）や Yafeh and Yosha（2003）では，非金融法人の所有比率と企業価値は正の関係にあることが示された．

もう一方では，前述のとおり，銀行の所有構造が安定しているということからは，自分が投資している銀行と非金融法人の関係が長期にわたって続いていることを意味する．また，多くの場合，非金融法人は，投資先の銀行をメインバンクとしており，投資資金やさまざまな金融取引に至るまでその銀行に頼っていることが多い．このような銀行との業務上のつながりは，アメリカの研究が示すように，銀行をモニタリングするインセンティブを下げるはずである．

4.3 大株主と貸出行動

われわれは，銀行経営者は外部から適切にモニタリングを受けていないとエントレンチメントの状態になり，過度のリスク行動をとるようになると考える（Saunders et al. 1990；Gorton and Rosen 1995；Knopf and Teall 1996；Dinc 2003；Anderson and Campbell 2004）．本章では，過度なリスク行動として，銀行の貸出行動に焦点を当てる．貸出の結果，その業績が悪化するならば，その貸出はリスキーであったと判断できるであろう（Knopf and Teall 1996）．

銀行経営者は，貸出を行うことにより，私的便益を獲得していた可能性がある．日本の銀行では，貸出を増加しようとする行動は人事制度とも関わっている．すなわち，日本の銀行では，最近に至るまで，融資部門に所属する行員の評価は，貸出債権のパフォーマンスではなく，貸出額の多寡に基づいていた．経営陣に上りつめようとしている中間管理職の行員にとっては，貸出額の伸び

こそが重要であったと考えられる．つまり，貸出額を増やすことは，それ自体経営陣からの評価を高め，また貸出を増やして店舗を増やし，新たな支店長のポストを設けることは，部下からの信頼も得ることになる．これらが重なり合って，貸出を増加させるインセンティブが形成されていったと考えられる．

　バブルが崩壊し投資機会が減少しているにもかかわらず，貸出額は1990年代においても減っているわけではない．銀行の経営陣は大株主からプレッシャーがかからなかったおかげで，積極的に貸出を抑制したり，リストラクチャリングを行ったりする必要がなかった．また，経営陣は，いつか経済が回復したら不良債権の問題も片付くであろうと期待して，様子見の態度をとっていたとも考えられるが，本音は，自己資本比率がBIS基準を下回るような抜本的な不良債権の処理を行うと責任を取らなくてはいけなかったので，問題を先送りしていただけであろう（Hanazaki and Horiuchi 2001）．

5. 推計モデルと推計手法

　われわれは，銀行の大株主を4つのタイプに分け，それぞれの大株主が銀行の貸出行動と業績にどう影響しているのかについて分析する．貸出が過度にリスキーであったかどうかを検証するために，われわれは，貸出が業績に与える影響も考慮する．とくに，もし貸出がリスキーであり，審査もずさんであったならば，結果として業績も悪くなるであろう．貸出と業績の内生性の問題を考慮して，われわれは貸出の増加と業績が同時に決定される同時方程式のモデルを推計することとする（Clark 1986；Molyneux et al. 1995）．貸出供給関数を次式のように特定化する．

$$貸出の伸び率_{it}=f(大株主の所有比率_{it},\ ROA_{it},\ 店舗数の対数_{it},$$
$$不動産融資_{it}/総貸出額_{it},\ GDP の変化率_t,$$
$$地価の変動率_t,\ 業態別ダミー_i), \tag{1}$$

ただし，iとtは，それぞれi銀行とt年度を表す．

　貸出の伸び率はリスクとリターンに関連する変数に依存すると考えられる．大株主を銀行，保険会社，非金融法人，行員持株会の4つのタイプに分類し，大株主の所有比率は，各タイプの上位5株主までの所有比率を表す．われわれ

は，銀行をモニタリングするインセンティブを持つ大株主は上位5株主と考える．また，行員持株会の所有比率は，自行の行員に所有されている持分なので，積極的に銀行をモニタリングするとは考えられない．われわれの仮説からは，保険会社，銀行，行員持株会による所有比率と貸出の伸び率は正の関係があると予測できる．しかし，非金融法人の所有比率と貸出の伸び率との関係は，事前的にははっきりしない．

また，貸出供給関数の説明変数に銀行の業績を加える．これは，銀行の業績が貸出行動に与える影響をコントロールするためであり，業績の指標として，ROA（経常利益／総資産）を用いる．また，店舗数を増やすことは，貸出の原資となる預金や貸出の顧客拡大にも有効であることから，店舗数の対数を貸出供給関数の説明変数に加える．また，貸出の質を表す変数としては不動産融資比率（不動産業向け融資／総貸出額）を用いる．不動産業はバブル期においては銀行の主要な貸出先の1つであったが，バブル崩壊後にはその多くが不良債権になるという苦い経験をしている．

さらに，われわれは，マクロの変数も考慮する．景気変動と地価の動向が銀行のリスク行動に与える影響をコントロールするために，それぞれ，実質GDPの変化率と地価の変動率を説明変数に加える．地価の変動率を追加することにより，銀行の土地担保融資の効果も捉えることができる．

銀行の業績はリスク，予想収益，費用およびマクロ経済要因で決まると仮定し，次式のモデルを導く（Bourke 1989；Molyneux et al. 1995；Demirguc-Kunt and Huizinga 2000）．

$$ROA_{it}=f（大株主の所有比率_{it}，貸出の伸び率_{it}，不動産融資_{it}／\\総貸出額_{it}，人件費_{it}／総資産_{it}，利息支払い_{it}／総資産_{it}，\\GDP の変化率_t，地価の変動率_t，業態別ダミー_j），\qquad(2)$$

ただし，i と t は，それぞれ i 銀行と t 年度を表す．

ここで，貸出の伸び率や不動産融資比率は，貸出リスクが業績に与える影響を捉えるものである．他の資産に比べて，貸出はよりリスクの高い資産であると考えられる．また，不動産融資を積極的に行ったことは，地価の下落と相まって，貸出の質の低下を招く結果となった．貸出供給関数と同様に，マクロ経済を表す変数として，実質GDPの変化率と地価の変動率を考慮する．GDPで

表される需要の変化も,銀行の業績に影響を与えると考えられる.

最後に,(1)式と(2)式に,都市銀行,長期信用銀行,信託銀行の3つのダミー変数を追加する.よって,ベンチマークは地方銀行と第二地方銀行(いわゆる,地域銀行)である.これらのダミー変数は,規模や業務分野の違いの効果を捉えるものである.

6. 実証結果

6.1 所有構造が貸出行動とパフォーマンスに与える影響

表2-5には,2つの式で用いられる各変数の平均値と中央値を,期間別に示している.2段階最小二乗法を用いた推計結果は表2-6に示している.(1)式と(2)式における被説明変数は,それぞれ貸出の伸び率とROAである.まず,貸出が銀行にとってリスキーな投資であったのかどうかを確認するために,貸出の伸び率が高いほど業績が低くなったかどうかを確認する.(2)式の結果から,10%のレベルで有意に貸出の伸び率が高いほど業績が低くなることが示された.このことから,貸出の増加はリスキーな投資であったと言える.

推計結果からは,銀行と保険会社による所有比率が高いほど貸出の伸び率が高く,業績も低いことが示されており,われわれの仮説を支持する結果となっている.銀行の所有比率の係数は,(1)式の貸出の伸び率のモデルと(2)式の

表2-5 各変数の期間別動向

	平均値			中央値		
	1980-2000	1980-1991	1992-2000	1980-2000	1980-1991	1992-2000
貸出の伸び率	5.970	9.946	1.604	4.836	9.248	1.161
ROA(%)	0.271	0.513	0.006	0.384	0.495	0.213
ROE(%)	8.778	17.308	−0.586	11.332	16.610	5.138
不動産融資/総貸出額	9.593	8.928	10.321	8.416	7.540	9.316
不動産融資伸び率	9.492	14.583	3.935	7.368	12.713	2.981
GDP変化率	2.758	4.074	1.314	3.100	4.100	0.900
地価変動率	1.735	7.171	−4.226	2.710	7.140	−4.360
人件費/資産	6.731	13.327	−0.517	2.168	3.813	−0.385
店舗数の対数	1.743	3.087	0.268	1.220	2.521	0.000

出所:大蔵省『有価証券報告書』.

表 2-6　貸出の伸び率と ROA の推計 (1980-2000)

説明変数	(1) 貸出の伸び率	(2) ROA
銀行の所有比率	0.852* (1.94)	−0.027*** (−8.54)
保険会社の所有比率	0.647** (2.01)	−0.013** (−1.97)
非金融法人の所有比率	0.620** (2.13)	−0.015*** (−2.76)
行員持株会の所有比率	0.619* (1.92)	−0.008 (−0.63)
貸出の伸び率		−0.066* (−1.67)
ROA	29.449* (1.82)	
不動産融資／総貸出額	0.093 (0.86)	−0.004 (−1.04)
店舗数の対数	10.210*** (2.83)	
利息支払い／総資産		−0.160* (−1.96)
人件費／総資産		−0.611 (−1.61)
GDP 変化率	−4.031 (−1.43)	0.233*** (5.41)
地価変動率	0.250 (1.25)	0.054* (1.90)
都市銀行	4.221 (1.25)	−0.347*** (−2.66)
長期信用銀行	14.316** (2.00)	−0.485** (−2.01)
信託銀行	9.594*** (3.66)	0.377 (1.25)
定数項	−19.527** (−2.53)	0.727* (1.66)
修正 R^2	0.113	0.169
サンプル数	2167	2167
銀行数	126	126

注：この表は，(1) 式と (2) 式を 2 段階最小二乗法で連立推定した結果を表す．
また，***，**，*はそれぞれ 1%，5%，10% 有意水準を表す．

ROA のモデルにおいて，それぞれ，10% と 1% のレベルで有意である．係数の値からは，銀行の所有比率が 1% 上昇すると，貸出の伸び率が 0.85% 上昇し，ROA が 0.03% 減少することがわかる．われわれの銀行のサンプルのROA の平均値は 0.27% であることから，ROA への影響は小さいわけではない[9]．

保険会社の所有比率の係数は，(1)式の貸出の伸び率のモデルと(2)式のROAのモデルにおいて，ともに5％のレベルで有意である．係数の値からは，銀行に比べると影響は弱いものの，保険会社の所有比率が1％上昇すると，貸出の伸び率が0.65％上昇し，ROAが0.013％減少することがわかる．

　非金融法人の所有比率が貸出の伸び率とROAに与える影響は，銀行と保険会社のそれらとよく似ている．すなわち，非金融法人の所有比率が高いほど，貸出の伸び率が高くROAが低いことが示された．具体的には，非金融法人の所有比率が1％上昇すると，貸出の伸び率が0.62％上昇し，ROAが0.015％減少することがわかる．

　行員持株会に関しては，所有比率の係数は，(1)式の貸出の伸び率のモデルでは10％のレベルで有意に正であったが，(2)式のROAのモデルでは負ではあったが有意ではなかった．よって，行員持株会が銀行を全くモニタリングしていなかったと結論付けることはできない．

　(1)式の貸出の伸び率のモデルにおいては，ROAの係数は有意に正であり，業績の良い銀行は，貸出を増やす余裕があったと考えられる．係数からは，ROAが1％上昇すると，貸出が29.45％上昇することがわかる．また，店舗数も貸出の伸び率と正の関係があることがわかる．意外なことに，GDPの変化率の係数は有意ではないが負であり，貸出に関しては経済環境を考慮していなかった可能性がある[10]．

　(2)式の業績のモデルにおいては，GDPの変化率の係数は有意に正であり，需要要因が銀行の業績には重要であることを示している．地価変動率に関しては，貸出の伸び率とROAの両方に正の関係があるが，ROAのモデルでのみ有意であった．また，ROAは，利息支払いとは負の関係があった．さらに，人件費や不動産融資比率の係数は業績に対して負であったが，有意ではなかった．

　銀行のタイプの違いについてみてみる．地域銀行と比べて，長期信用銀行と

---

9) 日本の銀行のROAは，ROE（平均値8.78％）と比較するとかなり小さく，銀行の資産が過大気味であることを反映している．

10) もしくは，地方銀行なども含むので，県レベルでの景気の違いも考慮する必要があるかもしれない．たとえば，県レベルのGDPを用いるなどの対処法があるが，それは今後の課題である．地価に関しても同様である．

表 2-7　貸出の伸び率と ROA の推計

パネル A：1980-1991

説明変数	(1) 貸出の伸び率	(2) ROA
銀行の所有比率	0.268*** (4.86)	−0.008*** (−5.61)
保険会社の所有比率	0.093 (1.46)	−0.006*** (−2.66)
非金融法人の所有比率	0.182*** (2.99)	−0.005** (−2.46)
行員持株会の所有比率	0.032 (0.24)	0.002 (0.65)
貸出の伸び率		−0.002 (−0.39)
ROA	31.407*** (4.49)	
不動産融資／総貸出額	0.017 (0.40)	0.002* (1.77)
店舗数の対数	4.570*** (2.82)	
利息支払い／総資産		−0.042*** (−3.22)
人件費／総資産		−0.147* (−1.68)
GDP 変化率	−5.423*** (−3.11)	0.067** (2.25)
地価変動率	2.077*** (4.92)	−0.026*** (−2.99)
都市銀行	5.357*** (4.44)	−0.103** (−2.50)
長期信用銀行	8.187*** (4.63)	−0.156** (−1.97)
信託銀行	1.744 (0.79)	0.161*** (2.79)
定数項	−17.919*** (−2.78)	0.975*** (5.16)
修正 R^2	0.185	0.313
サンプル数	1134	1134
銀行数	119	119

注：この表は，(1) 式と (2) 式を 2 段階最小二乗法で連立推定した結果を表す．
また，***，**，* はそれぞれ 1％，5％，10％ 有意水準を表す．

信託銀行は貸出の伸び率が有意に高かった．具体的には，長期信用銀行では 14.32％，信託銀行では 9.59％ と，それぞれ高い伸びであった．また，地域銀行と比べて，都市銀行と長期信用銀行は ROA が有意に低かった．具体的には，都市銀行では 0.35％，長期信用銀行では 0.49％ も低位であった．この低い ROA は，高い貸出の伸び率を反映したものと解釈できる．

パネルB：1992-2000

説明変数	(1) 貸出の伸び率	(2) ROA
銀行の所有比率	0.558*** (3.02)	−0.037*** (−10.87)
保険会社の所有比率	0.509*** (2.67)	−0.029*** (−4.32)
非金融法人の所有比率	0.463** (2.43)	−0.027*** (−4.41)
行員持株会の所有比率	0.514 (1.52)	−0.025 (−1.57)
貸出の伸び率		0.006 (0.48)
ROA	14.915*** (2.94)	
不動産融資／総貸出額	0.072 (0.69)	−0.011** (−2.38)
店舗数の対数	14.314*** (3.79)	
利息支払い／総資産		−0.176** (−2.32)
人件費／総資産		0.299 (1.54)
GDP変化率	0.635 (0.17)	−0.344 (−1.46)
地価変動率	0.426 (0.93)	0.046 (1.48)
都市銀行	−3.646 (−1.18)	−0.081 (−0.61)
長期信用銀行	9.362* (1.84)	0.294 (1.03)
信託銀行	10.512*** (3.20)	0.159 (0.68)
定数項	−41.095*** (−3.80)	1.691*** (3.46)
修正R^2	0.162	0.519
サンプル数	1033	1033
銀行数	123	123

注：この表は，(1)式と(2)式を2段階最小二乗法で連立推定した結果を表す．また，***，**，*はそれぞれ1％，5％，10％有意水準を表す．

6.2 バブルの影響

表2-5の結果から，期間によって変数の値が有意に異なることがわかる．そこで，われわれは，経済環境の違いを考慮し，1980年から1991年と1992年から2000年の2つの期間にサンプルを分けることとする．1980年から1991

年はバブル期を含む景気が比較的良かった時期であり，1992年から2000年はバブル崩壊後の停滞期であり，護送船団行政の有効性が失われつつあった時期にも対応する．

表2-7に示されるように，サンプルを分けた推計結果は，全サンプルを用いた結果（表2-6）と基本的には変わらない．1980年から1991年のサブサンプルの結果（パネルA）は，銀行と非金融法人の所有比率が高いほど，貸出の伸び率が高くて業績が悪いことが1％有意水準の下で示された．保険会社の所有比率の係数は，貸出の伸び率のモデルにおいては，正ではあるが有意ではなかった．しかし，ROAのモデルにおいては，有意に負の関係にあり，保険会社が銀行をモニタリングしていなかったことを反映している．行員持株会に関しては，貸出行動や業績には影響していないこともわかった．

1991年から2000年のサブサンプルの結果（パネルB）は，銀行，保険会社，非金融法人の所有比率が高いほど，貸出の伸び率が高くて業績が悪いことを示している．また，これらすべての係数は，(1)式の非金融法人を除いて，1％の水準で統計的に有意であった．

6.3　不動産融資の影響

われわれは，前節までの基本モデルで用いられた(1)式の貸出の伸び率のモデルを，不動産業への融資の伸び率に代えて推計する．ただし，両式における説明変数としての不動産融資比率（不動産融資/総貸出額）は除外する．推計結果（表2-8）は，貸出の伸び率を用いて推計した表2-6と表2-7の結果とよく似ており，われわれの仮説と整合的である．しかし，不動産融資の伸び率がROAに与える影響は，予想どおり負ではあるが有意ではなかった．

パネルAで示されるように，1980年から1991年のサブサンプルを用いた結果は，行員持株会を除いた大株主，すなわち，銀行，保険会社，非金融法人の所有比率が高くなると，不動産融資の伸び率が高くなり，業績が悪くなることを示している．また，大株主の所有比率が，不動産融資と業績へ与える影響は決して小さくない．たとえば，銀行の所有比率が1％高くなると，不動産融資の伸び率が0.59％上昇し，ROAが0.01％減少する．

パネルBで示されるように，1991年から2000年のサブサンプルを用いた結

表 2-8 不動産融資の伸び率と ROA の推計

パネル A：1980-1991

説明変数	(1) 不動産融資の伸び率	(2) ROA
銀行の所有比率	0.586*** (4.40)	−0.008*** (−5.71)
保険会社の所有比率	0.395** (2.56)	−0.006*** (−2.74)
非金融法人の所有比率	0.328** (2.24)	−0.005** (−2.55)
行員持株会の所有比率	0.098 (0.30)	0.001 (0.44)
不動産融資の伸び率		−0.001 (−0.42)
ROA	70.560*** (4.34)	
店舗数の対数	3.843 (1.01)	
利息支払い／総資産		−0.049* (−1.81)
人件費／総資産		−0.142 (−1.23)
GDP 変化率	−8.123* (−1.95)	0.066** (2.25)
地価変動率	3.088*** (3.07)	−0.027*** (−3.03)
都市銀行	13.387*** (4.63)	−0.083* (−1.81)
長期信用銀行	11.605** (2.42)	−0.142* (−1.76)
信託銀行	−13.267*** (−3.48)	0.232*** (4.22)
定数項	−36.976** (−2.51)	1.030*** (3.59)
修正 R^2	0.105	0.348
サンプル数	1122	1122
銀行数	119	119

注：この表は，(1) 式と (2) 式を 2 段階最小二乗法で連立推定した結果を表す．
また，***，**，* はそれぞれ 1%，5%，10% 有意水準を表す．

果は，銀行，保険会社，非金融法人の所有比率において，われわれの仮説と概ね整合的である．しかし，(1)式の不動産融資の伸び率のモデルにおける銀行の所有比率と，(2)式の ROA のモデルにおける保険会社の所有比率は，予想どおりの符号ではあるが有意ではなかった．また，行員持株会の所有比率の係数は，(1)式の不動産融資の伸び率のモデル，(2)式の ROA のモデルの両式においても，有意ではなかった．

パネルB：1992-2000

説明変数	(1) 不動産融資の伸び率	(2) ROA
銀行の所有比率	0.288 (1.51)	−0.036*** (−7.90)
保険会社の所有比率	0.495** (2.50)	−0.015 (−1.20)
非金融法人の所有比率	0.402* (1.93)	−0.049*** (−4.92)
行員持株会の所有比率	0.404 (1.16)	−0.027 (−1.05)
不動産融資の伸び率		−0.002 (−0.18)
ROA	10.892** (2.05)	
店舗数の対数	7.555* (1.93)	
利息支払い／総資産		−0.285*** (−3.76)
人件費／総資産		0.455 (1.30)
GDP変化率	2.666 (0.70)	−0.543** (−2.39)
地価変動率	0.134 (0.29)	0.075*** (2.72)
都市銀行	−2.679 (−0.78)	−0.038 (−0.12)
長期信用銀行	5.968 (1.09)	0.558 (1.05)
信託銀行	2.369 (0.66)	0.253 (0.78)
定数項	−20.558** (−1.97)	2.004*** (3.55)
修正 R^2	0.164	0.309
サンプル数	1028	1028
銀行数	123	123

注：この表は，(1)式と(2)式を2段階最小二乗法で連立推定した結果を表す．
また，***，**，*はそれぞれ1％，5％，10％有意水準を表す．

7. おわりに

　われわれは，少なくともここ20年間，日本の銀行において，効果的なコーポレート・ガバナンスが欠如していたことが，非効率な銀行経営を招いた原因であると考える．本章では，銀行のガバナンスにおける大株主の役割に注目した．1980年から2000年までの詳細な所有構造のデータを調べた結果，とくに

銀行と保険会社が大株主として重要な位置を占めていることが明らかになった．銀行と保険会社は，大株主として大きな議決権を持ってはいるが，銀行との業務上のつながりなどのために，信頼できるモニターにはなりえないとわれわれは考える．さらに，銀行は破綻リスクがほとんどない環境で経営されてきた．少なくとも，1990年代中頃までは，1行も潰さないという意味での護送船団方式によって守られてきた．多くの文献で指摘されるように，政府による銀行のセーフティ・ネットが存在するときには，預金者だけではなく，株主もまた銀行経営者をモニタリングするインセンティブを失ってしまうことがある（Merton 1977 ; Keeley 1990).

われわれは，銀行の主要な大株主として，銀行，保険会社，非金融法人，行員持株会の4つの株主を取り上げ，彼らの銀行経営へのモニタリングの効果を調べた．そして，銀行が効果的にモニタリングされていなければ，銀行経営者は銀行の価値を減じるような過度なリスクをとるという仮説を立てた．そして，リスク行動としてわれわれが注目したのは貸出である．われわれの推計結果からは，1980年代には，銀行，保険会社，非金融法人の所有比率が高いほど，貸出の伸び率が高く，業績も悪いということが示された．1990年代には，景気が悪化し，不良債権の問題で多くの銀行が破綻するようになった．しかし，われわれの実証結果からは，そのような状況に対処すべく，積極的にリストラクチャリングを図るよりはむしろ，銀行，保険会社，非金融法人の所有比率が高い銀行は，そうでない銀行に比べて，貸出の伸び率が高かった．以上のことから，われわれは，主要な大株主が銀行を適切にモニタリングしていなかったと結論することができる．

近年日本の金融システムは，全国銀行を中心に，メガバンク化の方向性を辿っている．しかしながら，ガバナンスが欠如している状態から脱却し，銀行経営を適切にモニターできる仕組みを確立しないことには，経営者による私的便益を重視した経営姿勢は変わらず，日本の金融システムの健全性を高めることは困難であろう．

銀行の本質的な機能は，長期的な顧客関係をベースにプロジェクトの将来性を見極め，良質なプロジェクトに資金を供給することである．換言すれば，十分なモニタリングもせずに，やみくもに貸出を伸ばす行為や，経営環境が厳し

くなったら一転して「貸し渋り」や「貸し剝がし」に走る行為は，経営者による私的利益の追求にほかならない．

金融資本市場のグローバル化がますます進展するなかで，健全で安定的な金融システムを育成していくためには，国民の視点に立った競争促進的な金融行政のもと，大株主が一般投資家を代表して，銀行経営を適切にモニターしていく構造を形作っていくことが必要とされよう．

参考文献

鹿野嘉昭（2001），『日本の金融制度』東洋経済新報社．

Admati, Anat R., Paul Pfleiderer, and Josef Zechner (1994), "Large Shareholder Activism, Risk Sharing, and Financial Market Equilibrium," *Journal of Political Economy*, 102 : 1097-1130.

Allen, Franklin and Douglas Gale (2000), *Comparing Financial Systems*, Cambridge. MA : The MIT Press.

Almazan, Andres, Hartzell, Jay C., and Starks, Laura T. (2004), "Active Institutional Shareholders and Managerial Compensation," http://ssrn.com/abstract=500262.

Anderson, Christopher W. and Donald R. Fraser (2000), "Corporate Control, Bank Risk Taking, and the Health of the Banking Industry," *Journal of Banking and Finance*, 24 : 1383-1398.

Anderson, Christopher W. and Terry L. Campbell (2004), "Corporate Governance of Japanese Banks," *Journal of Corporate Finance*, 10 : 327-354.

Aoki, Masahiko (1994), "Monitoring Characteristics of the Main Bank System : An Analytical and Developmental View," in Masahiko Aoki and Hugh Patrick (eds.), *The Japanese Main Bank System : Its Relevance for Developing and Transforming Economies*, Oxford University Press, 109-141.

Aoki, M. and Patrick, H. (1994), *The Japanese Main Bank System : Its Relevance for Developing and Transforming Economies*, Oxford University Press.

Aoki, Masahiko, Hugh Patrick, and Paul Sheard (1994), "The Japanese Main Bank System : An Introductory Overview," in Masahiko Aoki and Hugh Patrick (eds.), *The Japanese Main Bank System : Its Relevance for Developing and Transforming Economies*, Oxford University Press, 3-50.

Baily, Martin Neil and Hans Gersbach (1995), "Efficiency in Manufacturing and the Need for Global Competition," *Brookings Papers on Economic Activity* (*Microeconomics*), 307-347.

Barclay M. and Holderness, C. G. (1989), "Private Benefits from the Control of Public Corporations," *Journal of Financial Economics*, 25 : 371-395.
Borokhovich, K. Brunarski, K. Harman, Y., and Parrino, R. (2004), "Variation in the Monitoring Incentives of Outside Blockholders," Working Paper.
Bourke, P. (1989), "Concentration and other Determinants of Bank Profitability in Europe, North America, and Australia," *Journal of Banking and Finance*, 13 : 65-79.
Brickley, J., Lease, R., and Smith C. (1988), "Ownership Structure and Voting on Anti-takeover Amendments," *Journal of Financial Economics*, 20 : 267-291.
Caprio, Gerard, Laeven, Luc A. and Levine, Ross E. (2004), "Governance and Bank Valuation," World Bank Working Paper No.3202.
Chidambaran, N. K. and Kose John (1998), "Relationship Investing : Large Shareholder Monitoring with Managerial Cooperation," New York University Working Paper.
Clark, J. A. (1986), "Single-Equation, Multiple Regression : Is it an Appropriate Methodology for the Estimation of the Structure-Performance Relationship in Banking?," *Journal of Monetary Economics*, 18 : 295-312.
Demirguc-Kunt, Asli and Harry Huizinga (2000), "Financial Structure and Bank Profitability," World Bank Policy Research Working Paper No.2430.
Demsetz, Harold and Kenneth Lehn (1985), "The Structure of Corporate Ownership : Causes and Consequences," *Journal of Political Economy*, 93 : 1155-1177.
Demsetz, Harold and Belen Villalonga (2001), "Ownership Structure and Corporate Performance," *Journal of Corporate Finance*, 7 : 209-233.
Demsetz, R., Saidenberg, M. and Strahan, P. (1997), "Agency Problems and Risk Taking at Banks," Working Paper, Federal Reserve Bank of New York.
Dinc, Serdar I. (2003), "Monitoring the Monitors : The Corporate Governance in Japanese Banks and their Real Estate Lending in the 1980s," mimeo.
Flath, D. (1993), "Shareholding in the Keiretsu, Japan's Financial Groups," *Review of Economics and Statistics*, 125 : 249-257.
Fukao, Mitsuhiro (2004), "Financial Deregulations, Weakness of Market Discipline and Market Development : Japan's Experience," in Joseph P. H. Fan, Masaharu Hanazaki and Juro Teranishi (eds.), *Designing Financial Systems in East Asia and Japan*, Chapter 5, 120-151, RoutledgeCurzon.
Gillan Stuart L. and Laura T. Starks (2003), "Corporate Governance, Corporate Ownership, and the Role of Institutional Investors : A Global Perspective," *Journal of Applied Finance*, 13 : 4-22.
Gorton, Gary and Richard Rosen (1995), "Corporate Control, Portfolio Choice, and the Decline of Banking," *Journal of Finance*, 50 : 1377-1420.
Grossman, S. J. and O. D. Hart (1980), "Takeover Bids, the Free Rider Problem and the Theory of the Corporation," *Bell Journal of Economics*, 11 : 42-64.
Hamada, Koichi (1995), "Bubbles, Bursts and Bailouts : A Comparison of Three Episodes of

Financial Crises in Japan," in *The Structure of the Japanese Economy : Changes on the Domestic and International Fronts*, ed. Mitsuaki Okabe, Houndmills, Basingstoke : MacMillan Press, 263-286.

Hanazaki, Masaharu and Akiyoshi Horiuchi (2001), "A Vacuum of Governance in Japanese Bank Management," in Hiroshi Osano and Toshiaki Tachibanaki (eds.), *Banking, Capital Markets and Corporate Governance*, London : Palgrave Macmillan Press, 133-180.

Hanazaki, Masaharu and Akiyoshi Horiuchi (2003), "A Review of Japan's Bank Crisis from the Governance Perspective," *Pacific Basin Finance Journal*, 11 : 305-325.

Hanazaki, Masaharu and Akiyoshi Horiuchi (2004), "Can the Financial Restraint Theory Explain the Postwar Experience of Japan's Financial System?" in *Designing Financial Systems in East Asia and Japan : Toward a Twenty-First Century Paradigm*, Joseph Fan, Masaharu Hanazaki, and Juro Teranishi (eds.), London : RoutledgeCurzon, 19-46.

Hellmann, Thomas, Kevin Murdock and Joseph Stiglitz (1996), "Financial Restraint : Toward a New Paradigm," in Masahiko Aoki, Hyung-Ki Kim and Masahiro Okuno-Fujiwara (eds.), *The Role of Government in East Asian Economic Development : Comparative Institutional Analysis*, Oxford University Press, 163-207.

Horiuchi, Akiyoshi and Katsutoshi Shimizu (2001), "Did *Amakudari* Undermine the Effectiveness of Regulator Monitoring in Japan?" *Journal of Banking and Finance*, 25 : 573-596.

Hoshi, Takeo (2002), "The Convoy System for Insolvent Banks : How it Originally Worked and Why it Failed in the 1990s," *Japan and the World Economy*, 14 : 115-180.

Hoshi, Takeo, Anil Kashyap and David Scharfstein (1990), "The Role of Banks in Reducing the Costs of Financial Distress in Japan," *Journal of Financial Economics*, 27 : 67-88.

Hoshi, Takeo and Anil K. Kashyap (1999), "The Japanese Banking Crisis : Where did it Come from and How will it End?" NBER Working Paper No.7250.

Hoshi, Takeo and Anil K. Kashyap (2001), *Corporate Financing and Governance in Japan*, Cambridge, MA : The MIT Press.

Huddart, S. (1993), "The Effect of a Large Shareholder on Corporate Value," *Management Science*, 39 : 1407-1421.

Ito, Takatoshi (1999), "Japan's Financial Crisis : Resemblances with East Asia," Pacific Economic Paper No. 288, Canberra : Australia-Japan Research Center.

Kang, J.-K. and A. Shivdasani (1995), "Firm Performance, Corporate Governance, and Top Executive Turnover in Japan," *Journal of Financial Economics*, 38 : 29-58.

Kang, J.-K. and A. Shivdasani (1997), "Corporate Restructuring during Performance Declines in Japan," *Journal of Financial Economics*, 46 : 29-65.

Kaplan, Steven N. (1994), "Top Executive Rewards and Firm Performance : A Comparison of Japan and the U.S.," *Journal of Political Economy*, 102 (3) : 510-546.

Kaplan, Steven N. and Bernadette Minton (1994), "Appointments of Outsiders to Japanese Boards : Determinants and Implications for Managers," *Journal of Financial Economics*,

36 : 225-258.

Kashyap Anil K. (2002), "Sorting out Japan's Financial Crisis," NBER Working Paper No. 9384.

Keeley, Michael C. (1990), "Deposit Insurance, Risk, and Market Power in Banking," *American Economic Review*, 80 : 1183-1200.

Knopf, John D. and John L. Teall (1996), "Risk Taking Behavior in the U.S. Thrift Industry : Ownership Structure and Regulatory Changes," *Journal of Banking and Finance*, 20 : 1329-1350.

Komiya, Ryutaro (1994), "The Life Insurance Company as a Business Enterprise," in Kenichi Imai and Ryutaro Komiya (eds.), *Business Enterprise in Japan : Views of Leading Japanese Economists*, Cambridge, MA : MIT Press.

La Porta, R., Lopez-de-Silanes, F., Shleifer, A., and Vishny, R. (2002), "Investor Protection and Corporate Valuation," *Journal of Finance*, 57 : 1147-1170.

Lindgren, Carl-Johan, Gillian Garcia, and Matthew I. Saal (1996), *Bank Soundness and Macroeconomic Policy*, International Monetary Fund.

McKinnon, Ronald I. (1973), *Money and Capital in Economic Development*, Brookings Institution.

Merton, Robert C. (1977), "Analytic Derivation of the Cost of Deposit Insurance and Loan Guarantees: An Application of Modern Option Pricing Theory," *Journal of Banking and Finance*, 1 : 3-11.

Milhaupt, Curtis J. (1999), "Japan's Experience with Deposit Insurance and Failing Banks : Implications for Financial Regulatory Design?" *Washington University Law Quarterly*, 77 : 399-431.

Molyneux, Phillip, Eli Remolona, and Rama Seth (1995), "Modelling Foreign Bank Performance and Lending Behavior," *Financial Markets, Institutions & Instruments*, 7 : 26-41.

Morck, Randall and Masao Nakamura (1999), "Banks and Corporate Control in Japan," *Journal of Finance*, 54 : 319-339.

Morck, Randall, Masao Nakamura, and Anil Shivdasani (2000), "Banks, Ownership Structure, and Firm Value in Japan," *Journal of Business*, 73 : 539-568.

Morck, R., A. Shleifer, and R. W. Vishny (1988), "Management Ownership and Market Valuation : An Empirical Analysis," *Journal of Financial Economics*, 20 : 293-316.

Nakaso, Hiroshi (2001), "The Financial Crisis in Japan during the 1990s : How the Bank of Japan Responded and the Lessons Learnt," BIS Papers, No. 6.

Nickell, Stephen J. (1996), "Competition and Corporate Performance," *Journal of Political Economy*, 104, 724-746.

Nickell, Stephen, Daphne Nicolitsas, and Neil Dryden (1997), "What Makes Firms Perform Well?" *European Economic Review*, 41, 783-796.

Patrick, Hugh (1999), "The Causes of Japan's Financial Crisis," Pacific Economic Paper No.

288, Canberra : Australia-Japan Research Center.

Prowse, Stephen D. (1992), "The Structure of Corporate Ownership in Japan," *Journal of Finance*, 47 : 1121-1140.

Saunders, Anthony, Elizabeth Strock, and Nickolaos G. Travlos (1990), "Ownership Structure, Deregulation, and Bank Risk Taking," *Journal of Finance*, 45(2) : 643-654.

Shaw, Edward S. (1973), *Financial Deepening in Economic Development*, Oxford University Press.

Sheard, Paul (1989), "The Main Bank System and Corporate Monitoring and Control in Japan," *Journal of Economic Behavior and Organization*, 11 : 399-422.

Sheard, Paul (1994), "Main Banks and the Governance of Financial Distress," in Masahiko Aoki and Hugh Patrick (eds.), *The Japanese Main Bank System : Its Relevance for Developing and Transforming Economies*, Oxford University Press, 188-230.

Shleifer, Andrei and Robert W. Vishny (1986), "Large Shareholders and Corporate Control," *Journal of Political Economy*, 94 : 461-488.

Shleifer, Andrei and Robert W. Vishny (1997), "A Survey of Corporate Governance," *Journal of Finance*, 52 : 737-783.

Spiegel, Mark M. (1999), "Moral Hazard under the Japanese Convoy Banking System," *FRBSF Economic Review*, 3 : 1-13.

Van Rixtel, Adrian, Yupana Wiwattanakantang, Toshiyuki Souma, and Kazunori Suzuki (2003), "Banking in Japan : Will "Too Big To Fail" Prevail?" in Benton Gup, *Too-Big-To-Fail : Policies and Practices in Government Bailouts*, Westport CT : Greenwood Publishing/Quorum Books.

Yafeh, Yishay and Oved Yosha (2003), "Large Shareholders and Banks : Who Monitors and How?" *Economic Journal*, 113 : 128-146.

3章
「産業空洞化」・サービス経済化と中小企業問題

●

橘川武郎

1. はじめに

　この章では，本書の他の章とは異なり，中小企業に光を当てる．「失われた10年」以降の日本で顕在化した中小企業固有の問題に目を向け，その問題を克服する方向性を展望することが，本章の課題となる．

　まず第2節で，1999年の中小企業基本法全面改正の背景には，「二重構造パラダイム」から「産業集積パラダイム」への転換という，中小企業観の変化があったことを指摘する．そして，産業集積特有の経済合理性とは何であるかを確認する．

　日本の中小企業にとって「失われた10年」のもつ意味がとくに深刻であったのは，新たなパラダイムによって，その経済的メリットの発揮が期待された産業集積において，事業所や雇用の減少が目立ったからである．第3節では，この事実を出発点にして，日本の中小企業が1990年代以降の時期に，a「産業空洞化」，b開業率の低迷，c信用力の後退，という3つの構造的問題に直面したことを指摘する．

　これらの問題のうち本章がとくに掘り下げるのは，「産業空洞化」である．日中貿易に関するマクロ的分析，および全国各地の産業集積に関するミクロ的分析を通じて，第4節では，1990年代以降に進行したのが産業の空洞化ではなく国際分業の深化であり，部分的にはその変化に日本の産業集積が対応しえたことを明らかにする．

深化した国際分業のもとで今日，産業集積内で事業展開する日本の中小製造業者には，高付加価値化戦略を成功裏に展開することが，強く求められている．しかし，それを実行するためには，上記のa，b，cの構造的問題を克服しなければならない．第5節では，aの問題の解決策として市場と集積をつなぐリンケージ機能の更新が，bの問題の克服策として創業に不可欠な経営資源の不足分を補完するネットワークの構築が，cの問題の解決策として長期的な観点から中小企業の信用力を評価しうる地方版メインバンクシステムの形成が，それぞれ重要であることを指摘する．

ところで，①リンケージ機能の更新，②資源補完ネットワークの構築，③地方版メインバンクシステムの形成，という3つの方策は，製造業に携わる中小企業にとってだけでなく，流通業やサービス業に携わる中小企業にとっても，大きな意味をもつ．第6節では，滋賀県長浜市のまちづくりの事例に目を向け，この点を確認する．

以上の検討をふまえて，第7節では，**中小企業再生→地域経済活性化→雇用確保**という道筋を展望する．以上が，本章の構成である．

2. 中小企業をめぐるパラダイムの転換

2.1 「二重構造パラダイム」から「産業集積パラダイム」へ

1999年12月，全面改正された中小企業基本法が公布，施行された．中小企業庁は，この法改正を行った理由として，「従来は，経済の二重構造論を背景とした非近代的な中小企業構造を克服するという『格差の是正』が政策目標であり，いわば『脱中小企業論』に立っていたが，これからは，「多様で活力ある中小企業こそが我が国経済の発展と活力の源泉であり，中小企業の自助努力を正面から支援する」ことに重点をおくという，「理念の転換」があったことをあげた（中小企業庁 1999）．

中小企業基本法改正をもたらした政策理念の転換は，1990年代の日本で進行した中小企業に対する見方の変化を反映したものである．その中小企業観の変化は，「二重構造パラダイム」から「産業集積パラダイム」への転換と要約

することができる．

　中小企業を「二重構造モデル」でとらえるのが二重構造パラダイム，「産業集積モデル」でとらえるのが産業集積パラダイムであるが，これら両モデルは，どのようなものであろうか．産業集積モデルを明示した研究書『産業集積の本質』（伊丹・松島・橘川編 1998）のなかで，松島茂は次のように説明している．

　「『二重構造モデル』は，1つの経済の中に高生産性・高賃金の『近代的』大
　企業部門と低生産性・低賃金の『非近代的』中小企業部門が併存し，かつ
　『大企業と中小企業の間には支配＝従属の関係が成立することが多い』とい
　う問題を強調して，これを批判の対象とするという意図をもった，いわば
　『病理解析モデル』であ」る（松島 1998, 38）．
　「これに対して，『産業集積モデル』は群としての中小企業が実際に活動して
　いる現場である『産業集積』に着目して，そのメカニズムとダイナミズムを
　理解するための『生理解析モデル』である」（松島 1998, 39）．

　端的に言えば，2つのモデルの基本的な差異は，次の2点に求めることができる．
　第1は，検討対象の違いである．「二重構造モデル」が個々の中小企業を問題にするのに対して，「産業集積モデル」は多数の中小企業が群として活動する場に光を当てる．
　第2は，経済合理性に対する評価の違いである．「二重構造モデル」は，中小企業の経済合理性が大企業のそれに比して相対的に小さい点を問題にする．一方，「産業集積モデル」は，中小企業が群として活動する場である産業集積が独特の経済合理性をもつ点に注目する．
　今日，中小企業が直面する諸問題を真に解決しようとするのであれば，2つのモデルをきちんと峻別する必要がある．比喩的に言えば，「病理解析モデル」である「二重構造モデル」にかかわる問題に対処することは，病気を治すことに似ている．一方，「生理解析モデル」である「産業集積モデル」に関連する問題を解決することは，体質を強化することにつながる．一人の人間にとって，健康を保持するという目的は同じであっても，病気を治すことと体質を強化す

ることとでは,おのずから取り組むべき内容が異なる.中小企業基本法が前提とする中小企業観が二重構造パラダイムから産業集積パラダイムへ転換したことは,中小企業政策の重点が「病気治療」から「体質強化」へ移行したことを意味する.

2.2 産業集積が有する経済合理性

ここで問題となるのは,産業集積モデルが強調する,産業集積が有する独特の経済合理性とは何かという点である.この点に関しては,産業の地域的集中に関するマーシャルの議論(Marshall 1920, 邦訳 195-209)を紹介したクルーグマンの指摘(Krugman 1991, 36-38)[1]など,さまざまな説明がなされてきたが,これまでのところ最も体系的な議論を展開したのは高岡美佳である.高岡は,高岡(1998)と高岡(1999)の2論文において,およそ以下のような見解を示した.

経済合理性を生み出す産業集積固有のメカニズムは,「集積内分業の効用」と「集積とマーケットとの連関」という2本の柱で支えられている.

産業集積の特徴は「多数の企業の物理的近接」にあるから,「集積内分業の効用」を考察する際には,①「物理的に遠隔である」企業と比較して「物理的に近接している」企業が分業する方がより経済合理的であるのはなぜか,②物理的に近接している場合に「少数の企業」ではなく「多数の企業」で分業する方がより経済合理的であるのはなぜか,という2つの論点を解明しなければならない.

まず,①の論点について.「物理的に遠隔である」企業と比較して「物理的に近接している」企業が分業する方がより経済合理的である理由の1つは,物流・情報交換等の費用が節減される点に求めることができる.近接していることによってモノを運ぶ費用が低下し,日常,顔を突き合わせることによって情報が共有されるからである.また,他の選択肢と比較して費用が節減されると

---

1) クルーグマンによれば,マーシャルは,産業の地域的集中がもたらす経済効果として,①労働者にとっても企業にとっても有利な特殊技能労働者の市場の形成,②補助産業の発生や高価な機械の経済的利用等によるさまざまな非貿易投入財の安価な提供,③情報の伝達の容易化による技術の波及の促進,の3点を指摘した.

いう相対的な合理性だけではなく，他の選択肢があり得ないという絶対的な合理性が，「物理的に近接している」ことの本質には含まれる点も，忘れてはならない．たとえば，モノを遠隔地に移動すると品質に問題が生じるケースや，情報通信機器ではやりとりが不可能なほどの濃密な情報交換が求められるケースなどが，これにあたる．

次に，②の論点について．物理的に近接している場合に，「少数の企業」ではなく「多数の企業」で分業する方が経済合理的であるのは，需要と生産とをマッチさせるフレキシビリティの確保が可能になるからである．さまざまな需要へ柔軟に応えるためには，完全固定的な分業体制ではなく，各工程に技術レベルや損益分岐点の異なる一定数以上の企業が存在することが必要となる．つまり，相当数の企業が存在し，物理的近接を活かした情報のやりとりが行われれば，需要とマッチした生産体制を組み立てることが可能となるのである．

経済合理性を生み出す産業集積固有のメカニズムを考えるうえで，「集積内分業の効用」と並んで重要な論点となるのは，「集積とマーケットとの連関」である．一般的に言って，産業集積は，生産現場である集積内部とマーケットとをつなぐ役割を果たす企業の存在なくしては成立しえない．別言すれば，産業集積は，集積の内部の生産情報に通じ，かつ外部から需要情報をもたらす企業，つまりリンケージ企業を必要とするのである．

リンケージ企業の存立根拠は，「情報」資源の保有に求めることができる．リンケージ企業は，生産情報と需要情報をつなぐ役割を果たすことで，プレミアムを得る．需要情報と生産情報をつなぐリンケージ企業は，需要家と生産者が取引相手を見つけるための費用を削減する．また，リンケージ企業は，「評判」を確立して品質を保証し，取引にともなう不確実性を最小化する．このように，リンケージ企業は，一般的な取引における商社の場合と同様に，それが存在しない場合に比べて取引費用を低減させるのである．

ただし，商社と比較した場合のリンケージ企業の独自性は，自社の存立根拠である「情報」資源を獲得するために，産業集積内部に立地しなければならない点にある．集積が「分業による柔軟な生産」を基本的機能とする以上，リンケージ企業は，需要情報だけでなく，「分業による柔軟な生産」に関する情報をも保有しなければならない．リンケージ企業にとって，分業体制を構成して

いる集積内の個々の企業が現有する技術水準や，そこでの職人・設備の稼働状況等を常に把握していることは決定的に重要であり，その情報を集積の外部に立地しながら手中に納めることは困難なのである．

経済合理性を有する産業集積というシステムは，「集積内分業の効用」と「集積とマーケットとの連関」から成る固有のメカニズムをもつと同時に，そのメカニズムを維持するための一種の自己保存機能をも内包している．「集積内分業の効用」と密接にかかわる「創業の継続的発生」と，「集積とマーケットとの連関」と緊密に関連する「技術蓄積と評判の喚起」が，それである．

まず，「創業の継続的発生」について．既述のように，産業集積が「分業による柔軟な生産」を遂行するためには，一定数以上の企業（大半は中小企業）が存在することが必要である．しかし，残念ながら，中小企業の多くは，継続企業（ゴーイング・コンサーン）ではない．つまり，「集積内分業の効用」を発揮して産業集積が存続するためには，廃業分を補う創業が最も重要だということになる．

創業数を規定する要因は，人的資源・資金・情報・技術等の経営資源と，創業のインセンティブとの2つに大別される．

第1の要因である経営資源に関連して注目すべき点は，産業集積固有のメカニズムの核心である細分化された分業が，必要な初期投資の規模を縮小させ，創業コストを削減する機能をもつことである．また，産業集積内では，既存の企業で働いていた職人がスピンアウトをして起業家となるケースが多いことも，注目に値する．このようなケースが多発するのは，柔軟な分業体制のもとで，技術や人的資源，情報の伝播が容易となり，スピンアウトによる創業が促進されるからである．

創業数を規定する第2の要因である創業インセンティブは，当該産業の成長性，他の就業機会に対する比較優位，身近で起きた成功事例などにより高められる．人間は，すべての情報を入手できるわけではない．むしろ，限定された情報と限定的な合理性に基づいて判断を行う存在である．したがって，物理的に近接した産業集積のなかで身近に成功事例があることが，創業のインセンティブを高めるうえで大きな意味をもつのである．

次に，「集積とマーケットとの連関」と密接にかかわる産業集積の自己保存

機能について.「集積とマーケットとの連関」に関して決定的な役割を果たすのはリンケージ企業であり,その重要な機能の1つが「評判」による品質保証にあることは,すでに見たとおりである.リンケージ企業や産業集積それ自体にとって,「評判」は重要な経営資源であるが,その「評判」の源泉となるのは,集積内における技術蓄積である.ここで注目すべき点は,「評判」がいったん確立されると,その集積の進むべき方向が長期的に固定されることである.「評判」の確立には多くの初期投資が必要とされるうえ,確立された「評判」はそれ自体が重要な資源となるので,リンケージ企業や集積内の各企業には,「評判」の資産価値を維持するため,集積内部の技術資源を保持・強化させようとする力が働く.つまり,産業集積には「技術蓄積と評判の喚起」と呼ぶべき機能が作用するのであり,その機能は,「集積とマーケットとの連関」を継続させる役割をはたすのである.

ここまで述べてきたように,産業集積では,「集積内分業の効用」と「集積とマーケットとの連関」という2本の柱から成る固有のメカニズムが作用しており,それらが独自の経済合理性を生み出している.そして,2本の柱はそれぞれ,「創業の継続的発生」と「技術蓄積と評判の喚起」という,自己保存機能をも内包しているのである.

3. 日本の中小企業をめぐる構造的問題

3.1 「産業空洞化」

日本の中小企業にとって「失われた10年」のもつ意味がとくに深刻であったのは,中小企業基本法改正の背景となった新しい中小企業観(=産業集積パラダイム)によって,その経済的メリットの発揮が期待された肝心の産業集積において,事業所や雇用の減少が目立ったからである.図3-1から明らかなように,1990年代には日本全国で製造業事業所数の減少がみられたが,その傾向は,代表的な産業集積である東京・大田区や東大阪市でとくに著しかった.

図3-1を掲載した2002年版の『中小企業白書』(中小企業庁編 2002)は,産業集積の事業所数・従業員数減少を,「産業空洞化」の兆候とみなしている.

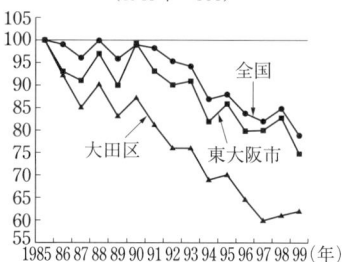

図 3-1 製造業事業所数の推移
（1985年＝100）

出所：中小企業庁編（2002）．
注：集計対象は，従業者4人以上の事業所．

具体的には，「製造業の海外進出が国内中小企業に与える影響」と題する節で，次のように述べている．

「海外での企業活動が活発化することは，これまで国内中小製造業が受注してきたような製品の生産が減少したり，それに伴い雇用を吸収することが困難になってくるというような事態を生み，さらに中長期的には経済成長の源泉ともいえる技術力等を低下させ我が国産業の競争力を損なうのではないかといういわゆる「空洞化」問題につながるおそれもある．現に近年，国内製造業の事業所数，従業者数が減少傾向にあり，さらにこの傾向は大田区・東大阪市等の集積地域で顕著である」（中小企業庁編 2002，40）．

本節では，日本の中小企業が1990年代以降の時期に直面した構造的問題に目を向けるが，第1の問題としては，企業の海外進出にともなう国内での「産業空洞化」をあげることができる．

海外生産増による国内中小製造業への生産誘発効果には，①資本財輸出効果および②中間財輸出効果というプラスのものと，③輸出代替効果および④逆輸入効果というマイナスのものがあるが，日本の場合，それらの規模は③＞②＞④＞①であり，1998年度において総効果は約8兆円のマイナスであった．この点は，海外生産増による国内中小製造業への雇用誘発効果についても同様であり，各効果の規模は③＞②＞④＞①で，1998年度の総効果は40万人強のマ

表3-1 下請企業中で生産高（受注高）が減少したものの比率　　（単位：％）

	1986～90年	1991～95年	1996～2001年
A 親会社が海外進出した下請企業中の比率	23.8	47.1	75.4
B 親会社が海外進出しなかった下請企業中の比率	16.8	36.9	64.9
A－B 両者間のギャップ	7.0	10.2	10.5

出所：中小企業庁編（2002）．
注：原資料は全国下請企業振興協会（2001）で，企業数ベースのデータである．

イナスを記録した（以上，中小企業庁編 2002, 42-43）．

表3-1は，日本の下請企業のなかで生産高（受注高）が減少したものの比率（企業数）を，親企業の海外進出の有無別にみたものである．この表から，1990年代には生産高が減少した下請企業の比率が急伸したこと，一貫して親企業が海外進出した下請企業の方がそうでない下請企業よりもその比率が高く，両者間のギャップは徐々に拡大したこと，などが判明する．

ここで概観したように，1990年代に日本の中小製造業は，海外生産増による受注減という厳しい現実に直面したのである．

3.2 開業率の低迷

1990年代以降の時期に日本の中小企業をめぐって生じた第2の構造的問題は，開業率の低迷，厳密な言い方をすれば低位定着である．図3-2にあるとおり，1980年代に低下した日本の開業率は，1990年代には2～3％台の低水準でとどまり続けた．それとは対照的に廃業率が上昇したことも問題であるが，1996～99年の廃業率の高位が1997～98年の金融危機の影響による一時的現象であった点を考慮に入れると，構造的問題としては，高い廃業率より低い開業率の方が重大だと言える．

開業率の定義の国ごとの違いなどにより開業率の国際比較は容易ではないが，2001年版の『中小企業白書』（中小企業庁編 2001）は，欧州連合の統一定義による各国の開業率として，図3-3を掲載している．この図から，1988～94年における日本の開業率が欧米諸国のそれに比べて低位にとどまったことは，一目瞭然である．

ここで注目すべき点は，開業率が低下・低迷した1980～90年代の日本においても，一貫して100万人を上回る創業希望者が存在し続けたことである．そ

図3-2　企業数による開業率と廃業率の推移（非第1次産業）

出所：中小企業庁編（2003）．

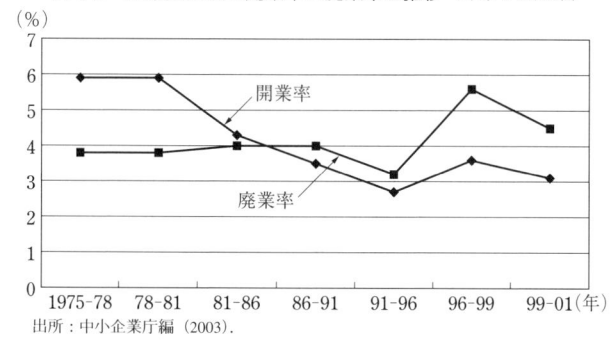

図3-3　統一的定義による開業率の国際比較（1988〜94年，企業数に対する比率）

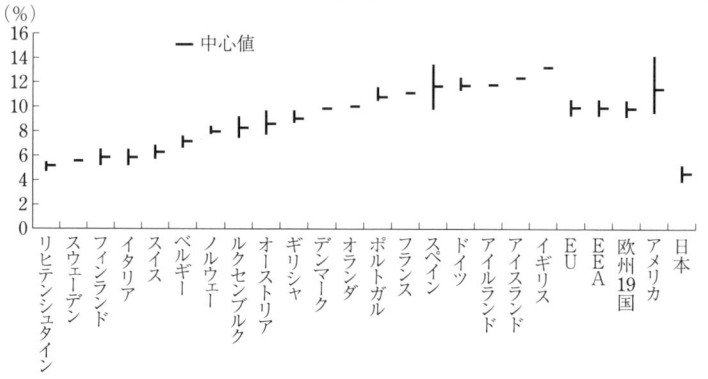

注：1．各国の開業・廃業の定義は統一定義と異なるため，数値は各国統計に基づいて推計し直したものである．それに伴う誤差の範囲を縦線で示している．
　　2．EUは欧州連合，EEAは欧州経済圏．
出所：中小企業庁編（2001）．原資料は，ヨーロッパ中小企業白書，第5次報告，1997年．

れにもかかわらず開業率が低迷したのは創業希望が実現しなかったからであるが，創業時の困難性としては，自己資金不足（中小企業庁による2001年12月実施のアンケート調査で回答率49.4％，複数回答可，以下同様），創業資金の調達（33.4％）等の資金面での困難性，販売先の開拓（34.2％），仕入先の開拓（15.8％），市場の調査・分析（9.9％）等のマーケティング面での困難性，人材の確保（32.4％），経営全般に必要な知識やノウハウの習得（21.5％），財務・法務等の知識の習得（16.6％）等の人材・経営能力面での困難性，開業にともなう各種手続き（21.8％），事業分野における規制の存在（8.7％）等の制度・

手続き面での困難性，などをあげることができる（以上，中小企業庁編 2002，48，53）．

上記の創業時の困難性に関するアンケートは，製造業等の第2次産業とともに，サービス業や流通業などから成る第3次産業をも対象にしたものである．経済のサービス化が進むなかで第3次産業においては開業を可能にするビジネスチャンスが広がりつつあるが，ここで指摘したような諸困難が，そのチャンスを活かすことを阻んでいるのである．

3.3 信用力の後退

日本の中小企業が1990年代以降の時期に直面した第3の構造的問題は，信用力の後退である．1997～98年の金融危機後に「貸し渋り」や「貸し剥し」という言葉が流行したことは，この問題の深刻さを如実に示している．

1990年代以降の日本では，資金面での困難性が，創業希望者にとってだけでなく，既存の中小企業にとっても存在した．2003年版の『中小企業白書』（中小企業庁編 2003, 139-142, 157-163）は，この問題について，およそ次のように分析している．

2001年度における企業の資金調達構造を従業員規模別にみると，短期および長期の借入金への依存度は，従業員301人以上で24.2％であったのに対して，従業員101～300人では41.1％，21～100人では51.4％，従業員20人以下では66.9％に達した．エクイティ・ファイナンスへの移行を強めた大企業の場合とは異なり，中小企業の資金調達面では，金融機関からの資金借入が，引き続ききわめて重要な役割をはたしているのである．

そうであるにもかかわらず，日本の中小企業は，「借りたくても借りることができない」という厳しい現実に直面している．2002年11月の時点で，メインバンクに借入を申し込んだ際，メインバンク側の答えのうち最も多かった反応が拒絶か減額であったとアンケートに答えた企業の比率は，従業員300人以上では2.8％にとどまったのに対して，従業員101～300人では5.3％，21～100人では10.2％，従業員20人以下では18.2％に達した．

しかも，中小企業の場合には，大企業の場合に比べて，借入金利が高い．2002年10月末時点でのメインバンクからの短期借入金利（年率）の中央値は，

従業員300人以上で1.375％,従業員101～300人で1.625％,21～100人では1.975％,従業員20人以下では2.490％であった.

上記の2002年11月のアンケートによれば,従業員20人以下の小企業の47.1％がメインバンクの破綻によって否定的な影響を受けた.従業員301人以上の大企業の場合には,メインバンク破綻で否定的な影響を蒙ったものは,36.4％にとどまった.また,従業員20人以下の小企業のうち資金を貸してもらえなかった経験をもつものの割合は,1997年以降メインバンクの合併に遭遇した場合では26.4％に達したのに対して,遭遇しなかった場合では17.0％にとどまった.メインバンクの破綻や合併は1997～98年の金融危機を機に急増したが,金融危機は日本の中小企業に大きな打撃を与えたのである.

4.「産業空洞化」の実態

4.1 国際分業の深化

前節で検討したように,1990年代以降日本の中小企業は,「産業空洞化」,開業率低迷,信用力後退という3つの構造的問題に直面したが,本節では,そのうちの「産業空洞化」について掘り下げる.なぜならば,「産業空洞化」は日本の中小企業の将来における不確実性を高め,開業率低迷や信用力後退の大きな要因になっていると考えるからである.

結論から言えば,「産業空洞化」という見方は,必ずしも正確なものではない.さきに引用した中小企業庁編（2002）が言うような「技術力等を低下させ我が国産業の競争力を損なう」ような「空洞化」は,日本でいまだに生じていないのである.

「産業空洞化」を語るとき問題視されるのは日本企業の中国進出の影響であるが,表3-2は,その中国とのあいだの日本の貿易収支をみたものである.この表から,近年の日中貿易では,日本の貿易収支は一貫して赤字であり,しかもその赤字幅が2001年までは増加傾向にあったことがわかる.しかし,ここで重要な点は,目を日本・香港貿易に転じると,日本の貿易黒字が一貫して継続しており,しかもその黒字額は,大半の年次において,日中貿易での日本の

表3-2 日本からみた中国,香港とのあいだの貿易収支 (通関統計)

(単位:億円)

暦年	A 対中国貿易			B 対香港貿易			A+B 対中国・香港貿易		
	輸出額	輸入額	収支	輸出額	輸入額	収支	輸出額	輸入額	収支
1988	12,139	12,642	−503	15,000	1,833	13,167	27,139	14,475	12,664
1989	11,647	15,343	−3,696	15,818	1,799	14,019	27,465	17,142	10,323
1990	8,835	17,299	−8,464	18,875	2,265	16,610	27,710	19,564	8,146
1991	11,568	19,137	−7,569	21,979	2,783	19,196	33,547	21,920	11,627
1992	15,103	21,448	−6,345	26,257	2,591	23,666	41,360	24,039	17,321
1993	19,113	22,780	−3,667	25,249	2,214	23,035	44,362	24,994	19,368
1994	19,137	28,114	−8,977	26,322	2,193	24,129	45,459	30,307	15,152
1995	20,620	33,809	−13,189	25,996	2,570	23,426	46,616	36,379	10,237
1996	23,824	43,997	−20,173	27,600	2,801	24,799	51,424	46,798	4,626
1997	26,307	50,617	−24,310	32,978	2,721	30,257	59,285	53,338	5,947
1998	26,209	48,441	−22,232	29,492	2,263	27,229	55,701	50,704	4,997
1999	26,574	48,754	−22,180	25,072	2,032	23,040	51,646	50,786	860
2000	32,744	59,414	−26,669	29,297	1,797	27,500	62,041	61,211	831
2001	37,637	70,267	−32,630	28,260	1,770	26,490	65,897	72,037	−6,140
2002	49,798	77,278	−27,480	31,764	1,780	29,984	81,562	79,058	2,504
2003	66,355	87,311	−20,956	34,552	1,558	32,994	100,907	88,869	12,038
2004	79,942	101,990	−22,048	38,309	1,758	36,551	118,251	103,748	14,503

出所:財務省 (2005).

赤字額を上回ったことである.その結果,日本と中国および香港とのあいだの貿易収支は,日本からみた場合,2001年を除いて一貫して黒字となったことを見落としてはならない.

日本と中国および香港とのあいだの貿易収支における日本側からみた黒字額には増減があり,今後の展開は予断を許さないが,少なくともこれまでの日中貿易の動向をみるかぎり,日本で「技術力等を低下させ我が国産業の競争力を損なう」ような「空洞化」が生じなかったことは,事実である.日中間では,1990年代以降,日本から高付加価値部品が香港経由で中国に輸出され[2],それが中国で組み立てられて日本向けに輸出されるという形態の貿易が急拡大したのであり,正確には,日本で「産業空洞化」が進行したのではなく,国際分業が深化したと言うべきなのである.

---

2) 多くの日本企業が高付加価値部品を中国に直接輸出せず,香港経由で輸出するのは,中継貿易港としての香港のメリットを活用して,対中貿易にともなうリスクの軽減を図るためである.

図 3-4 国内製造業とアジアに進出した日系企業の現地法人(製造業)との付加価値率の比較

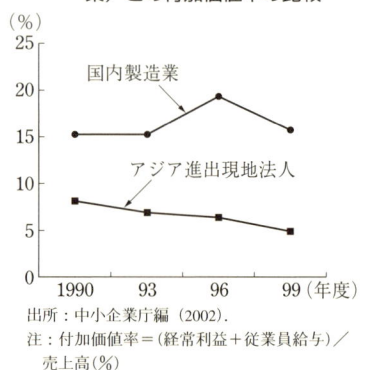

出所:中小企業庁編 (2002).
注:付加価値率=(経常利益+従業員給与)/売上高(%)

図 3-4 からわかるように,1990 年代を通じて,日本国内の製造業の付加価値率は,アジアに進出した日系企業の現地法人(製造業)の付加価値率を,一貫して上回り続けた.つまり日本企業は,「労働コスト等の安価な海外において労働集約的な製品等を製造し,一方で国内においては,高付加価値製品に取り組むといった生産機能のすみわけを行っていた」(中小企業庁編 2002, 44)わけである.

4.2 産業集積の対応

「産業空洞化」論に関連してもう一つ指摘すべき点は,日本の産業集積が「産業空洞化」に対して無力であり,それゆえに「縮小」しているという見方[3]が適切でないことである.このような見方は,1990 年代にも,日本の多くの産業集積で生産性の上昇がみられた(植田編 2004, 25-29)こと,およびいくつかの集積の地元では間接的な形で集積による雇用維持効果が発揮されたこ

---

3) このような見方を敷衍して,産業集積が有する経済合理性自体がもはや時代遅れになったとする議論が展開されることがある.しかし,産業集積の合理性は,現在でも健在であると考えるべきである.もともと,産業集積は日本固有の現象ではなく,本章の 2.2 項で概観したような経済合理性は,海外の産業集積でも等しく作用している.産業集積の合理性が健在であることを端的に示すのは,台湾や中国が近年国際競争力を強めた要因の 1 つが産業集積の形成にあった(園部・大塚 2004)という事実である.

と，を見落としている．

すでに図3-1で示したように，1985～99年には代表的な産業集積である東京・大田区や東大阪市で製造業事業所数の減少がとくに著しかったが，実はこの時期に，大田区と東大阪市における製造業の従業者1人当たり実質出荷額は増加傾向を示した（図3-5）．多くの他の産業集積の場合と同様に，大田区と東大阪市でも生産性の上昇が生じたのである．

ここで問題になるのは，1990年代の日本でみられた産業集積における生産性上昇は，一般的には雇用量の減少をともなうものだったことである．この点に関連して植田浩史は，「生産性が高いということは逆に同じ生産量を算出するために雇用される人間の数は少ないということになり，同じ量の生産が生み出す雇用量を雇用生産性と呼ぶとするならば，雇用生産性は低いということになる．生産性が高いほうがいいのか，雇用生産性が高いほうがいいのか，単純には判断できない」（植田編 2004, 275），と述べている．しかし，日本の産業集積の実態をよくみると，1990年代以降の時期においても，生産性上昇と雇用量減少とは必ずしも連動していたわけではないことに気づく．**産業集積の活力維持→地域経済の活性化→雇用の確保**という経路を通じて，産業集積による雇用維持効果が間接的な形で発揮されたケースがいくつか観察されるのである．

表3-3は，1996～2001年の従業者数の増加率を，都道府県別に示したものである．この表から，製造業については47都道府県のすべてで，産業全体に

図 3-5 大田区と東大阪市における製造業の従業者1人当たり実質出荷額の推移

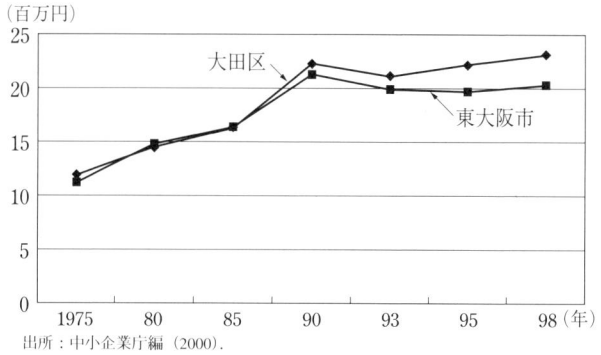

出所：中小企業庁編（2000）．
注：名目出荷額を1995年基準の卸売物価指数で補正し，実質出荷額を求めている．

表 3-3　従業者数の都道府県別増加率（1996 ～2001 年）　　　（単位：％）

都道府県	全産業	製造業	都道府県	全産業	製造業	都道府県	全産業	製造業
北海道	−5.9	−14.3	石川県	−6.2	−18.2	岡山県	−5.7	−15.3
青森県	−1.9	−14.1	福井県	−3.6	−13.1	広島県	−6.2	−14.9
岩手県	−3.4	−9.6	山梨県	−2.6	−11.8	山口県	−6.2	−14.8
宮城県	−1.5	−10.9	長野県	−2.6	−11.2	徳島県	−5.4	−17.4
秋田県	−6.0	−17.0	岐阜県	−3.3	−13.7	香川県	−5.9	−15.7
山形県	−4.3	−13.3	静岡県	−2.6	−8.3	愛媛県	−3.4	−14.2
福島県	−4.6	−12.7	愛知県	−4.1	−12.2	高知県	−3.0	−18.7
茨城県	−3.1	−11.2	三重県	−4.0	−10.9	福岡県	−3.5	−15.0
栃木県	−3.5	−8.4	滋賀県	+0.8	−8.8	佐賀県	−3.3	−13.1
群馬県	−2.6	−9.3	京都府	−5.4	−15.7	長崎県	−3.8	−13.6
埼玉県	−1.4	−12.7	大阪府	−8.5	−16.2	熊本県	−3.2	−12.0
千葉県	−0.7	−12.7	兵庫県	−6.4	−16.1	大分県	−2.2	−12.5
東京都	−4.2	−17.2	奈良県	−0.1	−12.0	宮崎県	−3.5	−15.4
神奈川県	−4.4	−19.4	和歌山県	−5.7	−15.5	鹿児島県	−1.2	−8.3
新潟県	−5.4	−13.0	鳥取県	−3.9	−18.2	沖縄県	+3.2	−9.2
富山県	−4.8	−12.2	島根県	−2.6	−19.1	全国	−4.2	−13.9

出所：総務省統計局（2003）．

ついては滋賀県と沖縄県を除く 45 都道府県で，従業者数が減少したことがわかる．

　表 3-3 でまず注目すべき点は，岩手県・栃木県・群馬県・静岡県・滋賀県・鹿児島県・沖縄県の 7 県では，製造業従業者数の減少率が比較的小さく，10％を下回ったことである（全国平均の減少率は 13.9％であった）．これら 7 県のうち岩手県・栃木県・群馬県・静岡県・滋賀県の 5 県では，1996～2001 年の時期にも，それぞれ花巻・北上地域，群馬県南東部～栃木県南西部地域，浜松および周辺地域，琵琶湖南岸地域において，産業集積に立脚した中小製造業の活発な事業展開がみられた．それらの地域では，産業集積の活力維持によって製造業の相対的健闘が実現したのであり，我々は，別の機会にその実態を調査，分析したことがある（橘川・連合総合生活開発研究所編 2005）．ここでは，紙幅の制約上，その分析結果を詳しく紹介することはできないが，ポイントだけをまとめれば，以下のとおりである．

まず滋賀県については，県全体を，琵琶湖南岸地域を中心とした一つの広域産業集積ととらえることができるが，その滋賀県において，中規模工場を中心とした中小製造業は，次のようなやり方で活力を維持した．

「滋賀県で中規模工場が活力を維持するうえで，重要な意味をもったのは，『納入先を多様化することによって存続』(中略)したことである．(中略)東近江地域の事例からもわかるように，滋賀県下には，自動車工業，家電製造業，機械器具工業，化学工業など，多様な産業の有力メーカーが工場進出している．もともとは，1つの有力メーカーに製品を納入していた中規模企業が，技術力を増進させ，別の有力メーカーにも製品を納入するようになる．納入先メーカーが基盤をおく産業が多様化することによって，その中規模企業は，景気変動の影響をある程度平準化させることができる(この点は，たとえば，日本で2001年に半導体不況が深刻化した際に，自動車工業は順調な伸びを示していたことを想起すれば，わかりやすい)．こうして，滋賀県の中規模工場は，『納入先を多様化することによって存続』し，活力を維持したと考えられるのである」(橘川 2005, 202-203).

滋賀県において作用した，産業構造の多様性とそれを活かす中小企業の戦略的対応とが地域経済の「頑健さ」を生み出すメカニズムは，群馬県南東部〜栃木県南西部地域でも観察された(松島 2005).
　一方，静岡県の浜松および周辺地域と岩手県の花巻・北上地域では，ネットワークの構成メンバーの調達と相互作用に特徴をもつ，起業および新事業創出のメカニズムが作用した．これら両地域は「歴史と厚みの点で対照的な」存在であるが，担い手の輩出と育成，および「形式知」と「暗黙知」との相互作用などの点で，「驚くほどよく似た」動向を示したのである(以上，辻田 2005).
　表3-3で注目すべきもう一つの点は，1996〜2001年の時期に，製造業従業者数の減少率が比較的小さく製造業の健闘がみられた岩手県・栃木県・群馬県・静岡県・滋賀県・鹿児島県・沖縄県の7県では，総じて，産業全体の従業者数の減少率も低位だったことである．これら7県の産業全体の従業者数減少率の平均値は1.3％だったのであり，全国平均の4.2％を2.9ポイントも下回

った.

7県のなかでもとくに注目されるのは，産業集積の活力維持によって製造業の相対的健闘が実現した滋賀県において，1996～2001年に，産業全体の従業者数が例外的に増加したことである（増加率は0.8％）[4]．橘川（2005）で検討したように，滋賀県における従業者数の増加は，**産業集積の活力維持→製造業の健闘→製造業関連のサービスビジネスの拡大→製造業関連サービス業における雇用拡大→商業・飲食店の雇用拡大→県全体での従業者数の増加**という連関で，現実化した．この連関は，**産業集積の活力維持→地域経済の活性化→雇用の確保**という形に，要約することができる．滋賀県の事例は，「産業集積による雇用維持効果が間接的な形で発揮された」典型的なケースだったのであり，我々はこれを「滋賀モデル」と呼ぶことができる．

5. 中小企業再生のシナリオ

5.1 市場・集積間のリンケージ機能の更新

本章の4.1項で検討したように，深化した国際分業のもとで今日，産業集積内で事業展開する日本の中小製造業者には，高付加価値化戦略を成功裏に展開することが，強く求められている．4.2項でみたように，その取組みはすでに始まっているが，それは，これまでのところ部分的なものにとどまり，先進的な産業集積のみに限定されたものとなっている．日本の中小製造業者がより広範に高付加価値戦略を展開するためには，第3節で指摘した a「産業空洞化」（正確には国際分業の深化），b 開業率の低迷，c 信用力の後退，という3つの構造的問題を克服しなければならない．

aの問題（国際分業の深化）の克服策としては，市場と集積をつなぐリンケ

[4) 同じく1996～2001年に例外的な従業者数の増加がみられた沖縄県の場合には，製造業の健闘よりも，公共事業等にともなう建設業の健闘の方が大きな意味をもった．同様に，建設業の健闘により従業者数の減少率が低位にとどまった県としては，青森県・奈良県・島根県をあげることができる（以上，総務省統計局 2003，表4-3）．]

ージ機能の更新が重要である．

　本章の2.2項で述べたように，産業集積が経済合理性を発揮するうえでは，生産現場である集積内部とマーケットとをつなぐ役割（リンケージ機能）を果たす企業，つまりリンケージ企業の活動が決定的に重要である．国際分業の深化は，集積の外部にあるマーケットを大きく変容させた．したがって，リンケージ企業が担うリンケージ機能のあり方も大きく変化せざるをえない．既存のリンケージ企業がこの変化に対応できないのであれば，新たな担い手の登場が求められる．産業集積内で事業展開する日本の中小製造業者が高付加価値化戦略を成功裏に展開するためには，国際分業の深化に適応したリンケージ機能の更新が必要不可欠なのである．

　「納入先を多様化することによって存続」した滋賀県や群馬県南東部〜栃木県南西部の中小製造業者の場合には，彼らが立地する集積とマーケットとのあいだをつなぐ役割をはたしたのは，国際競争に直面する複数の異業種に携わる大企業であった[5]．かつてそのリンケージ機能を担っていたのは，多くの場合，単数の単一業種に携わる大企業であったが，そこでは，リンケージ企業が多様化することによって，リンケージ機能のあり方が更新されたのである．

　滋賀県や群馬県南東部〜栃木県南西部の場合に比べて，大田区や東大阪市の場合には，もともと集積内で発注先として大きな役割をはたす大企業が存在していなかったために，国際分業の深化にともなうリンケージ機能の更新は明示的なものとはなりにくい．ただし，これらの集積は，1990年代を迎える以前から国際市場と深く結合していたから，リンケージ機能を更新する潜在的な能力を有している．

　問題なのは，伝統的に国内市場向けに生産を行ってきた国内完結型の産業集

5）　山﨑朗は，山﨑（2005）において，既存の産業集積の規模縮小などに示される「古典的集積利益の喪失」を強調し，産業集積をイノベイティブなクラスターへと進化させる必要性があると説いている．そこでの結論は，「進化する（できる）産業集積」であるクラスターを日本で成功裏に形成するためには，アメリカでみられるようなベンチャー企業の多数輩出や世界的イノベーションの創造という道よりは，「開発・生産の一体化」をめざす国内大手企業との共同による累積的イノベーションの実現という道の方が有効である，というものである．この結論は，滋賀県や群馬県南東部〜栃木県南西部で進展している現実と，整合的である．

積である．これらの産業集積にも，グローバライゼーションと国際分業深化の影響は，着実に押し寄せている．国内完結型産業集積にかかわるリンケージ機能を更新することは，日本の中小製造業が活力を維持するうえで，きわめて重要な課題なのである[6]．

5.2 資源補完ネットワークの構築

bの問題（開業率の低迷）の克服策としては，開業に不可欠な経営資源の不足分を補完するネットワークの構築が重要である．

本章の3.2項でみたように，1980～90年代の日本では，創業希望者が大量に存在し続けたにもかかわらず，資金面，マーケティング面，人材・経営能力面などでの資源不足が災いして，結果的に開業率が低下・低迷した．したがって，開業率の低迷を打破するうえで，不足する資源を補完するネットワークがはたす役割は大きいと言える．

不足資源のうちカネを補完する方法については，次項で後述する．ここでは，中小企業庁編（2003, 196-208）の記述に基づいて，カネ以外の不足資源を補完するネットワークについて考察する．

中小企業のうち1997～2001年度に売上高を増加させたものの比率は，共同研究開発を行っていた場合には30.4％，共同研究開発を行っていなかった場合には24.8％であった．中小企業のうち同じ時期に売上高営業利益率を改善させたものの比率は，共同仕入等を行っていた場合には53.9％，共同仕入等を行っていなかった場合には46.6％であった．それぞれ5.6ポイント，7.3ポイントの格差があり，共同研究開発や共同仕入等の事業連携活動が中小企業のパフォーマンスを向上させることを示している．

中小企業同士の事業連携活動の苗床となるのは，地域ごとに展開されている異業種交流活動である．1997～2001年度に事業連携活動に取り組んだ中小企

---

[6] ただし，八幡（2005）によれば，日本国内でも，医療，福祉，教育，行政サービスなどの分野で，IT産業の地方立地を可能にする潜在的ニーズが存在する．国内完結型産業集積にかかわるリンケージ機能の更新は，必ずしも海外市場との結合のみをねらいとすべきではなく，国内における潜在的ニーズの掘り起こしをもねらいとすべきである．

業の割合は，異業種交流活動に参加していた場合には37.7％に達したが，異業種交流活動に参加していなかった場合には20.8％にとどまったのである．

大学や地方自治体などとの産学官連携がもたらす売上高を増加させる効果も，大企業の場合より，中小企業の方が大きい．ここでみてきたように，中小企業の成長にとって不足資源を補完するネットワークの役割は大きいのであり，その点は，創業を希望する者にとっても同様なのである．

浜松および周辺地域や花巻・北上地域では，担い手の輩出や育成に力を注ぐことによって，不足資源を補完する強固なネットワークが構築された．そのネットワークの内部では，「形式知」と「暗黙知」との相互作用が活発化した．こうして，両地域では，起業および新事業創出のメカニズムが作動したのである[7]．

5.3 地方版メインバンクシステムの形成

ｃの問題（信用力の後退）の克服策としては，長期的な観点から中小企業の信用力を評価しうる，地方版メインバンクシステムの形成が重要である．

本章の3.3項でみたように，今日でも中小企業の資金調達面では，金融機関からの資金借入が引き続き重要な役割をはたしているにもかかわらず，日本の中小企業は，「借りたくても借りることができない」という厳しい現実に直面している．中小企業金融の場合には，貸し手と借り手とのあいだの情報の非

---

[7] 西口・辻田（2005）は，中小企業の牽引により堅調な経済発展が実現している地域（中国の温州，イギリスのケンブリッジ，日本の花巻市や長浜市）では，どのようなネットワークが形成され，それがいかに機能しているかを分析したうえで，通常流れにくい情報が結びついた2点のあいだで一挙に流れる「遠距離交際」や，遠くから届いた情報が近所に広がる「近隣効果」の意味を明らかにし，ネットワーク全体が活性化する「スモールワールド（小世界）」化のメカニズムを説明している．この議論は，産業集積内の中小企業ネットワークが不足資源を補完する仕組みについて，重要な示唆を与えるものである．

また，北嶋（2005）は，地域産業再活性化の要件として，①地域産業コーディネーター機能の存在，②ネットワークを支えるキーパーソンの存在，③箱モノ支援から人材育成型支援への転換，④「地域産業総力」を結集する仕組み，の4点を指摘している．ここでも，産業集積内でヒトを中心として資源補完ネットワークを構築することの重要性が，強調されているのである．

対称性が大きく，それが，中小企業の金融機関からの資金借入を困難にしているのである．ここでも，中小企業庁編（2003，146-154，164-167）の記述に基づいて，この問題の解決策を検討する．

　2002年11月の調査によれば，中小企業のうちメインバンクから資金を借り入れることができなかったものの割合は，メインバンクとの取引年数が10年以下では14.9％，11～20年では14.6％，21～30年では11.6％，31～50年では8.2％，51年以上では7.3％であった．取引年数が長ければ長いほど，資金を借り入れやすいという関係が存在するのである．

　同じ調査は，金融機関への情報開示に積極的な中小企業ほど，資金借入が容易になることも伝えている．中小企業が金融機関に対して，財務資料等のハードインフォメーション以外にもさまざまなソフトインフォメーションを提供している場合(A)と提供していない場合(B)とを比べると，中小企業のうち資金借入ができなかったものの割合は，大手銀行に関してはAが6.9％，Bが18.7％，地方銀行・第二地方銀行に関してはAが7.1％，Bが12.4％，信用金庫・信用組合に関してはAが8.1％，Bが19.9％となる．この調査の結果は，中小企業と金融機関との関係が長期にわたり濃密であるならば，情報の非対称性は縮小し，中小企業金融が円滑化することを示している．

　中小企業25万1,490社を対象とした別の調査によれば，1998年度に「資産超過・経常赤字先」であった中小企業の47.7％が，2001年度には「正常先」となった．また，1998年度に「債務超過・経常黒字先」であった中小企業の16.5％が，2001年度には「正常先」（14.4％）ないし「資産超過・経常赤字先」（2.1％）となり，財務状況を好転させた．さらに，1998年度に「債務超過・経常赤字先」であった中小企業の44.4％が，2001年度には「正常先」（9.1％）ないし「資産超過・経常赤字先」（1.9％）ないし「債務超過・経常黒字先」（33.4％）となり，財務状況を好転させた．このような状況を考慮に入れると，金融機関は，目先の業績だけでなく，長期的な業績好転の可能性も視野に入れて，中小企業向け資金貸付を行うべきだと言うことができる．

　ここまで述べてきたように，大企業の場合と異なり，中小企業の場合には，今日でも，資金調達手段に占める銀行借入のウエートが大きい．この点は，創業しようとする者の場合も，同様である．これらの資金借入需要へ的確に対応

するためには，銀行等の金融機関が，事業地域を限定しターゲットを絞り込んで，きめの細かいモニタリング能力を発揮する必要がある．長期で濃密な中小企業・金融機関間関係を形成すること，つまり地方版メインバンクシステムを形成することが，求められているのである．

6. サービス経済化とそれへの対応：長浜市の事例

前節で指摘した①リンケージ機能の更新，②資源補完ネットワークの構築，③地方版メインバンクシステムの形成，という3つの再生シナリオは，製造業に携わる中小企業にとってだけでなく，流通業やサービス業に携わる中小企業にとっても，大きな意味をもつ．ここでは，滋賀県長浜市のまちづくり[8]の事例に目を向け，この点を確認しておこう．

長浜市では，1980年代半ば以来，市民参加型のまちづくりが展開され，全国的モデルとしてしばしば表彰されるほどの成果をあげてきた．その中心的担い手となったのは，1988年4月に第3セクターとして設立された株式会社黒壁であり，表3-4は，同社の年商と長浜市中心部の黒壁スクエアへ来街者数の推移を示したものである．

長浜市のまちづくりは，なぜ成功したのであろうか．その中心的な理由としては，2つの点を指摘することができる．

第1の理由は，長浜市に存在する内部資源を効果的に活用したことである．来街者年間200万人超という黒壁スクエアの成功は，歴史的建造物としての黒壁や北国街道という観光資源，（株）黒壁の創立にあたって1,000万～1,500万円ずつを民間人8人が出資した[9]ことに示される地場の資金力，関西の三都（神戸・大阪・京都）から新快速で来街できるという地理的条件，などを総動員し，うまく結合したことの結果である．成功へのプロセスで，羽柴秀吉統治時代以来の町衆文化の伝統を受け継ぐ市民のボランティア活動が大きな力を発

---

8) 長浜市のまちづくりについて詳しくは，橘川（2005, 205-211），西口・辻田（2005, 183-184）参照．
9) （株）黒壁の創立時資本金は1億3,000万円であり，残りの4,000万円は長浜市が出資した．

表 3-4　株式会社黒壁の年商と黒壁スクエアへの来街者数の推移
（1989～2002 年）

年　度	年商（税抜き，百万円）	推定来街者数（万人）
1989	123	9.8
1990	190	20.5
1991	300	34.5
1992	304	49.2
1993	410	73.7
1994	478	87.8
1995	589	116.2
1996	667	140.2
1997	862	150.8
1998	877	162.3
1999	809	189.8
2000	740	195.5
2001	762	202.2
2002	719	210.7

出所：(株)黒壁（2003）．
注：1989 年度の営業期間は 9 ヵ月間．

揮したことも，注目に値する．市民主導型の商店街再開発の担い手たちは，2003 年 11 月に NPO 法人に認定された「まちづくり役場」に結集軸を見出している．

　第 2 の理由は，外部の市場から需要を呼び込むことによって，経済的成功を実現したことである．長浜市は，中心商店街活性化の全国的モデルとされているため，地元の長浜市民が駅周辺の商店街で再び買い物をするようになったかのような誤解が一部で存在するが，これは事実ではない．長浜市民の購買力をひきつけているのは，他の地方都市の場合と同様に，基本的には，郊外の幹線道路沿いに展開する大規模商業施設のままである．駅周辺の中心商店街に訪れ，そこで閉まっていたシャッターを開けさせる原動力となったのは，神戸・大阪・京都などからやってきた「安（い）・近（い）・短（い）」〈アン・キン・タン〉志向の日帰り観光客である．黒壁スクエアでは，最近，観光客の「安」志向がいっそう強まり，来街者 1 人当たりの販売高が減少して，「来街者増の売上減」という問題が生じているが，この問題は，同地区の発展が外部からの需要に支えられていることに由来するものである．

　ここで指摘した第 1 の理由は，さきに中小企業再生のシナリオとして示した

②の資源補完ネットワークの構築に，深くかかわるものである．また，第2の理由は，①のリンケージ機能の更新につながるものである．さらに，地元の優良銀行である滋賀銀行が，（株）黒壁を資金面および人的資源面で支援していることを考慮に入れれば，長浜市のまちづくりの成功には，③の地方版メインバンクシステムも貢献していると言える．①〜③の中小企業再生のシナリオは，第2次産業に関してだけでなく，第3次産業に関しても有効であるとみなすことができる．

長浜市の事例は，第3次産業の革新が地域経済活性化や中小商業活性化の起点となりうることを，如実に示している．長浜市は滋賀県湖北地域の中心都市であるが，湖北地域は，カネボウ繊維（株）長浜工場の事業不振もあって，製造業の低迷が滋賀県内で最も著しい地域である．1996〜2001年の期間に湖北地域では，県内7地域中で最大規模の製造業従業者数の減少（－5,140人）が生じ，その影響で，全体の従業者数も減少した（－1,529人）．しかし，ここで見落としてはならない点は，同じ時期に湖北地区の商業・飲食店従業者数（＋1,607人）とサービス業従業者数（＋3,147人）が，相当程度増加したことである．それらの増加規模は，いずれも湖南地域に次いで，県内7地域中第2位を占めた（以上，総務省統計局 2003）．このような事態が生じた背景に長浜市のまちづくり成功の影響があると考えても，大過はなかろう．

長浜市の事例は，**第3次産業の革新→地域経済の活性化→従業者数の増加**という，先述した「滋賀モデル」とは別の，地域経済再生や中小企業再生に関する第2のメカニズムを浮かび上がらせている．我々は，これを「長浜モデル」と呼ぶことができる[10]．

7. おわりに

本章の課題は，「失われた10年」以降の日本で顕在化した中小企業固有の問題に目を向け，その問題を克服する方向性を展望することにあった．ここまでの検討を通じて，問題は，a 国際分業の深化，b 開業率の低迷，c 信用力の後

---

10) 長浜市が滋賀県に所在するのは，偶然の所産である．

退、の3点にあり、aに対しては市場と集積をつなぐリンケージ機能の更新が、bに対しては創業に不可欠な経営資源の不足分を補完するネットワークの構築が、cに対しては長期的な観点から中小企業の信用力を評価しうる地方版メインバンクシステムの形成が、それぞれ解決策となりうることが明らかとなった。

最後に強調しておきたい点は、中小企業の問題はすぐれて産業集積の問題であり、産業集積の問題はすぐれて地方経済の問題であることである。「失われた10年」以降の時期の日本では、雇用縮小など、地方経済に厳しい逆風が吹いている。そのような状況下で、滋賀県に限られた現象だとはいえ、**産業集積の活力維持→製造業の健闘→製造業関連のサービスビジネスの拡大→製造業関連サービス業における雇用拡大→商業・飲食店の雇用拡大→県全体での従業者数の増加**、という連関が作動したことの意味は大きい。この「滋賀モデル」は、日本における地方経済再生の1つの道筋を示すものである。

ところで、雇用創出につながる地域経済活性化の起点となるのは、なにも製造業に限られるわけではない。第3次産業それ自体も起点となりうるのであり、サービス経済化の進行を考慮すれば、製造業起点の活性化だけでなく、第3次産業起点の活性化も視野に入れなければならない。**第3次産業の革新→地域経済の活性化→従業者数の増加**と要約できる「長浜モデル」は、この点で、示唆に富んでいる。

「滋賀モデル」と「長浜モデル」は、**中小企業再生→地域経済活性化→雇用確保**と概括することができる。これら両モデルは、日本における地方経済再生の道筋を示している。

ここで地方経済の成功事例に注目するのは、そこから、日本経済全体の再生に有用な汎用性ある論理を見出すことができるからである。「勝ち組」と「負け組」の格差が拡大している企業を分析対象にした場合には、「勝ち組」の成功事例から導かれる教訓を「負け組」に適用すること、別言すれば教訓に汎用性をもたせることは、総じて困難である。これに対して、住民の生活の場という共通性をもつ地方を分析対象にした場合には、先進的な地方の成功体験を他の地方が学習することは、比較的容易である[11]。本章の分析結果が、日本経済全体の再生に多少なりとも貢献できるのであれば、幸いである。

参照文献

伊丹敬之・松島茂・橘川武郎編（1998），『産業集積の本質』有斐閣．
植田浩史（2004），『「縮小」時代の産業集積』創風社．
北嶋守（2005），「産業集積再活性化への挑戦とジレンマ」橘川・連合総合生活開発研究所編（2005）．
橘川武郎（2005），「地域経済の活性化と雇用の創出」橘川・連合総合生活開発研究所編（2005）．
橘川武郎・連合総合生活開発研究所編（2005），『地域からの経済再生』有斐閣．
（株）黒壁（2003），『会社案内』．
財務省（2005），『貿易統計』．
全国下請企業振興協会（2001），『産業の空洞化に伴う下請企業への影響に関する実態調査』．
総務省統計局（2003），『平成 13 年事業所・企業統計調査報告書』．
園部哲史・大塚啓二郎（2004），『産業発展のルーツと戦略』知泉書館．
高岡美佳（1998），「産業集積とマーケット」伊丹・松島・橘川編（1998）．
高岡美佳（1999），「産業集積：取引システムの形成と変動」『土地制度史学』第 162 号．
中小企業庁（1999），『中小企業基本法の改正：中小企業基本法の全面的な改正及び関係法律の定義の拡大』，1999 年 10 月．
中小企業庁編（2000），『中小企業白書』（2000 年版）．
中小企業庁編（2001），『中小企業白書』（2001 年版）．
中小企業庁編（2002），『中小企業白書』（2002 年版）．
中小企業庁編（2003），『中小企業白書』（2003 年版）．
辻田素子（2005），「産業集積における新産業の創出」橘川・連合総合生活開発研究所編 2005．
西口敏宏・辻田素子（2005），「中小企業ネットワークの日中英比較：『小世界』組織の視点から」橘川・連合総合生活開発研究所編（2005）．
松島茂（1998），「新しい中小企業論」伊丹・松島・橘川編（1998）．
松島茂（2005），「産業構造の多様性と地域経済の『頑健さ』」橘川・連合総合生活開発研究所編（2005）．
八幡成美（2005），「IT 産業の地方立地の可能性」橘川・連合総合生活開発研究所編（2005）．
山﨑朗（2005），「変容する日本型産業集積：イノベイティブクラスターへの遷移に向けて」橘川・連合総合生活開発研究所編（2005）．

---

11) 企業間競争ほど激烈ではないが地方間競争もある程度存在するから，地方の場合にも，「勝ち組」と「負け組」が発生する可能性はある．ただし，地方間格差の度合は，企業間格差の度合に比べて，総じて小さいとみなすことができる．

Krugman, P. (1991), *Geography and Trade,* Leuven, Belgium and Cambridge, MA : Leuven University Press and The MIT Press.（北村行伸・妹尾美起・高橋亘訳『脱「国境」の経済学』東洋経済新報社，1994年.）

Marshall, A. (1920), *Principle of Economics,* 8 th ed., London, UK: Macmillan.（永澤越郎訳『経済学原理　第二分冊』岩波ブックセンター信山社，1985年.）

II
改革の地平

4章
規制改革の成果とその課題
経済成長への長い助走

●

小川　昭
松村敏弘

1.「成長への助走期間」としての1990年代

　1990年代は，日本経済全体にわたる構造問題が顕在化するなかで，日本経済が停滞を脱せずに空費した「失われた10年」とみなされてきた．確かに，経済成長率をはじめとするマクロ経済指標は低迷基調を脱することはできなかった．ミクロの観点からも，「失われた10年」およびそれ以降の時期には，構造改革の停滞がクローズアップされることが多かった．道路公団等の公企業改革が当初の目的をはずれて迷走し，規制改革が省庁や関係団体の抵抗によって空転するといった状況をみると，空費という見方もあながち間違いとはいえない．

　しかしながら，挫折した多くの改革の陰で，一定の改革が進展した事実を見逃すことはできない．規制改革（規制緩和）の中期計画が繰り返し策定されてその推進措置が執られてきており，また公益事業分野のように改革が進展した事例もみられる．規制に関する取り組み自体も，単純な規制の数の減少，つまり「規制緩和」から，真に必要な規制の体系を再構築する「規制改革」へと深化していった．これによって，これまで規制緩和の弊害がネックとなって改革が停滞していた分野についても，弊害を抑止する規制の強化・導入を組み合わせることなどを通じて徐々にメスが入りつつある．このように，漸進的ではあったものの着実に取り組みが続けられてきており，地道な改革の積み重ねが低迷脱出の礎となったとみなすこともできる．

本章では，この年代を成長への助走期間としてとらえ直し，規制改革の成果と今後の課題について考察する．まず第2節において規制改革の流れを概観する．次いで第3節において，規制改革の新たな手法として登場した「構造改革特区」について評価し，これが制度上も明示的に「規制改革」を志向していることを明らかにする．その上で第4節において，規制改革の進展事例として，重要な動きのあった公益事業分野の自由化を詳しく扱う．最後に第5節において，今後の課題を挙げる．

2. 全国規模での規制改革

規制緩和は高度成長末期から取り組まれてきたものの，規制緩和（規制改革）が本格化したのは1990年代以降である．本節ではこの流れを概観し，いくつか事例を挙げてその効果を検討する．

2.1 規制改革の歩み

規制緩和は1960年代から「一括整理法」による許認可の整理や，総務庁行政監察局による勧告という形で進められてきた．もっとも，このころには，規制緩和自体が大きな政策課題として推進されてはいなかった．

規制緩和（規制改革）の推進が本格化したのは1990年代である（表4-1）．バブル崩壊後の成長率低下を背景に，経済活性化策としての規制緩和がまず政策課題としてクローズアップされた．1993年4月の「総合経済対策」，9月の「緊急経済対策」の一環として規制緩和が謳われたり，1995年度からの「規制緩和推進計画」（5ヵ年計画）が，1995年4月の「緊急円高・経済対策」のもとで3ヵ年計画へと前倒し実施となったりしたことが，これを示唆している．経済対策としての規制緩和という動機から，当初の規制緩和はその対象の多くが経済的規制[1]であった．後述する大店法の改正などは，このような経済活性化のための規制緩和の一環とみることができる．

この「規制緩和推進計画」は，規制緩和（規制改革）を推進するための中期計画としては，わが国で初めてのものである．これを推進する目的で，ほぼ同時期に規制緩和小委員会が行政改革委員会内に設立されている．これは民間

4章 規制改革の成果とその課題　　107

表4-1　規制改革の歩み

時期	できごと
1967～1979	「一括整理法」により，337項目の許認可を整理.
1981～1983	第2次臨調（臨時行政調査会） 第1次答申（1981.07），第2次答申（1982.02），第5次答申（1983.03）で，合計253項目の許認可等の合理化を指摘.
1983～1986	第1次行革審（臨時行政改革審議会） 答申（1985.07）で，258項目の合理化を指摘.
1987～1990	第2次行革審（臨時行政改革審議会） 「公的規制の緩和等に関する答申」（1988.12）で，事業規制の改革を提言.
1987.12	「規制緩和推進要項」閣議決定
1990～1993	第3次行革審（臨時行政改革審議会） 「国際化対応・国民生活重視の行政改革に関する第3次答申」（1992.06）で，制度・基準等の国際化や消費者重視の政策の確立のための規制緩和を提言. 最終答申（1993.10）では，中期的かつ総合的なアクションプランの策定，規制緩和の仕組みの確立，政府部内における推進体制の整備，規制緩和のための基礎的条件の整備を提言.
1993.04	「総合的な経済対策の推進について」閣僚会議決定 公的規制の見直しを謳い，検討結果は行革大綱（1994.02）に盛り込む.
1993.09	「緊急経済対策」閣僚会議決定 94項目の規制緩和を決定.
1994.02	行革大綱（「今後における行政改革の推進について」）閣議決定 規制緩和（届出・報告事項を除く）250項目，届出・報告の負担軽減531項目を決定. 「規制緩和推進計画」の1994年度内の策定を決定.
1994.07	規制緩和推進要項（「今後における規制緩和の推進等について」）閣議決定 重点4分野（住宅・土地，情報・通信，市場アクセス改善・流通，金融・証券・保険）について279項目の規制緩和策を決定.
1994.12	行政改革委員会発足 規制緩和小委員会が設置され，「規制緩和の推進に関する意見」（1995.12，1996.12）および「最終意見」（1997.12）を首相に提出（～1997.12）.
1995.03	規制緩和推進計画（5ヵ年）の策定（注） 11分野1,091項目の規制緩和を盛り込む.
1996.03	規制緩和推進計画（5ヵ年）の改定 新規569項目を含む，11分野1797項目の規制緩和を盛り込む.
1997.03	規制緩和推進計画（5ヵ年）の改定 新規分野（教育），新規890項目を含む，12分野2,823項目の規制緩和を盛り込む.
1998.01	行政改革本部下に規制緩和委員会設置（～1999.04） 「規制緩和に関する論点公開」（1998.09），「規制緩和についての第1次見解」（1998.12）を発表.
1998.03	「規制緩和推進3か年計画」閣議決定 新規327項目を含む，15分野624項目の規制緩和を盛り込む.
1999.03	規制緩和推進3か年計画を改定 新規248項目を含む，15分野917項目の規制緩和を盛り込む.
1999.04	規制緩和委員会を規制改革委員会に改組（～2001.03） 「規制改革に関する論点公開」（1999.07，2000.07），「規制改革についての第2次見解」（1999.12），「規制改革委員会見解」（2000.12）などを発表.

2000.03	規制緩和推進3か年計画を改定 新規351項目を含む，15分野1,268項目の規制緩和を盛り込む．
2001.03	「規制改革推進3か年計画」閣議決定 分野横断的措置事項5分野，分野別措置事項12分野の規制改革（合計730項目）を列挙．
2001.04	総合規制改革会議が発足（～2004.03） 「中間とりまとめ」(2001.07, 2002.07)，「規制改革推進のためのアクションプラン」(2003.07)，「規制改革の推進に関する答申」(2001.12, 2002.12, 2003.12) を発表．合計で約900項目の規制改革を答申．
2002.03	規制改革推進3か年計画を改定 新規137項目を含む，17分野867項目の規制改革を盛り込む．
2003.03	規制改革推進3か年計画を改定 新規435項目を含む，18分野1,302項目の規制改革を盛り込む．
2003.06	「規制改革集中受付期間」として要望を受け付け，67項目の規制改革を決定．
2003.11	「規制改革集中受付期間」として要望を受け付け，93項目の規制改革を決定．
2004.03	「規制改革・民間開放推進3か年計画」閣議決定 17分野762項目（分野別措置事項）について規制改革を盛り込む．
2004.04	規制改革・民間開放推進会議が発足（～2007.03） 「中間とりまとめ」(2004.08) を発表．
2004.06	「規制改革集中受付期間」として要望を受け付け，29項目の規制改革を決定．
2004.11	「規制改革集中受付期間」として要望を受け付け，41項目の規制改革を決定．
2005.03	「規制改革・民間開放推進3か年計画」を改定 新規369項目を含む，20分野1,131項目（分野別措置事項）についての規制改革を盛り込む．
2005.06	「規制改革集中受付期間」として要望を受け付け，22項目の規制改革を決定．

資料：総務庁（1997, 1998, 1999），行政改革推進本部資料，総合規制改革会議資料，規制改革・民間開放推進会議資料．
注：5ヵ年計画を3ヵ年に短縮（1995.04）．

人・有識者によって構成される組織で，①規制緩和の進捗状況を監視，②関連団体との間での議論，③意見集約と答申，という3点を行った．小委員会のバックアップもあり，「規制緩和推進計画」は2回にわたって増補された．最終的には規制緩和の対象として2,823項目を挙げ，そのうち約2,500項目が1998年3月までに実施された．

---

1) 規制はその性質によって，経済的規制と社会的規制とに大別される．前者は，自然独占などに伴う経済的損失を抑制するために存在する．一方，後者は，金銭換算がしばしば困難であるような社会的な損失，たとえば健康被害，環境破壊，災害などを抑制するために存在する．もっとも，両者は必ずしも明確に区分されるものではない．なお，実際には既得権益や利益を守るためだけに存在する規制が，しばしば「社会的規制」という名目で正当化される場合があることには注意を要する．

これに次ぐ計画として策定されたのが、1998年度からの「規制緩和推進3か年計画」である．本計画は引き続き経済的規制を対象としながらも，事前的規制から事後的規制への転換を視野に，「事後チェックルールの整備」「競争政策の強化」という視点が盛り込まれた．この時期に，単なる規制緩和から，規制の組み替えという規制改革の視点が入ってきたとみることができる[2]．これと前後して，規制緩和委員会が設置された．規制緩和小委員会との違いは，①委員会の下部組織としてではなく，内閣の直下[3]に設置されたこと，②メンバーが拡充されたこと，の2点である．「規制緩和推進3か年計画」も2回にわたって改定され，最終的には1,268項目が対象として挙げられ，そのうち約1,100項目が2001年3月までに実施された．

続いて策定されたのが，2001年度からの「規制改革推進3か年計画」である．これとともに，規制改革委員会[4]に代わって，総合規制改革会議が内閣府に設置された．同会議が2001年7月に発表した重点6分野として医療，福祉・保育，人材（労働），教育，環境，都市再生が挙げられているように，この時期の改革の焦点は社会的規制にシフトしている．

この時期の取り組みで特筆すべき点が2点ある．1つは構造改革特区である．これは第3節で詳述するが，規制改革のニーズの汲み上げや，全国的な規制改革への変更という形で規制改革に大きく寄与している．もう1つは規制改革集中受付期間の設定である．これは，構造改革特区において採用され，成果を上げたような，「規制改革の提案」を全国一律の規制改革でも行うというもので，同期間には個人や民間企業でも規制改革を要望可能である．2003年には2回の要望受付が行われ，それぞれ一定数の実施が決定した（表4-2）．これらは

---

2) 「事前規制型行政（直接規制）から事後チェック型行政（間接規制）への転換」が規制緩和推進3か年計画では考慮されており（総務省1998，86など），これに伴う「新たなルール（間接規制）の創設」などを包含したものが「規制改革」とされている（総務省1999，132）．また，規制改革の計画の力点変化を図示したものとしては，たとえば，総合規制改革会議web上で公表されている「規制改革で豊かな社会を（2004年版）」の16ページなどがある．

3) 内閣に，全閣僚で構成する「行政改革推進本部」を設置．本部の下部組織という位置づけ．なお，それまでの行政改革委員会は総理府下の委員会である．

4) 1999年4月に規制緩和委員会から改称．

表 4-2 規制改革集中受付期間の実績

受付時期	2003年6月	2003年11月	2004年6月	2004年10月〜11月	2005年6月
要望数	417	947	487	919	586
対応数	67	93	29	41	22
その他	—	—	128	116	106

資料：総合規制改革会議公表資料，規制改革・民間開放推進会議公表資料．
注：「その他」とは，「既存の3か年計画において措置が明示されているもの，現行制度下で対応可能なもの等，要望を充足していると考えられる」と規制改革・民間開放推進会議が判断した件数．

いずれもニーズのある項目であることから，実効的な規制改革が進んだと考えられる．「規制改革3か年計画」の期間内（2004年3月まで）における規制改革の実施数は，この要望によるものも含めて796項目である．

2004年3月に総合規制改革会議が解散し，4月からは新組織「規制改革・民間開放推進会議」が発足した．あわせて，新たな中期計画として「規制改革・民間開放推進3か年計画」がスタートしている．この組織と計画のペアは，引き続き社会的規制をメイン・ターゲットとして改革の推進を図りつつ，とりわけ官製市場の開放[5]による「官から民へ」の改革を進めようとしている．その手段としては，従来の議論と要望受付けに加え，市場化テスト（官民競争入札）という3本建てで推進されている．市場化テストとは，民間の参入規制がある分野についても従来その事業を担ってきた公的団体と民間企業などとの間で競争入札を実施させるもので，アメリカやイギリスでは1980年代から実例がある．

官製市場の開放および非競争分野への競争の導入に関しては，この流れと独立に，これに先行して行われた公益事業における競争の導入と規制の再構築が存在する．公益事業改革は，国民経済にとって基幹的な部門の改革としてそれ自身重要であるだけでなく，官製市場改革の先行事例としても重要である．これに関しては第4節で改めて取り上げる．

---

[5] 官製市場とは政府のコントロールが大きい市場を指す．これは，①公的機関や公営企業が主たるプレーヤーである市場（事業），②規制によって大きく制約されている市場（事業）の2種に分けられる．前者は民間の参入規制の緩和という側面はあるものの，その一方で民営化という問題もあり，単純な規制改革の一環と捉えるのは無理があろう．後者は規制改革の問題である．

2.2 実体経済への影響

前項でみたように，多数の規制改革がすでに実現されている．もっとも，個々の規制改革には軽重があるため，件数の多寡だけでは，規制改革が実体経済に与える影響は明確ではない．そこで，以下で2点ほど事例を挙げて，現実経済への影響をみる．なお，公益事業の自由化に伴う影響は第4節で後述する．

大店法の緩和，大店立地法施行

大店法は，大型店舗の出店によってその地域の零細店舗が圧迫を受けることを避ける目的で策定された法律で，店舗所有者と運営者に届出を課し，営業時間や休業日については審査という形で厳しく規制されてきた．また，審査（調整）に時間がかかり，大型店舗の出店にはかなりの制約があった．1989~90年の日米構造協議でも，非関税障壁として名指しされるなど，この規制は通商摩擦の要因ともなった．出店の制約を緩和することによって，内需拡大（経済活性化）を目指そうというのが1990年代前半に行われた一連の緩和措置である（表4-3）．

そのうちに，規制の存立根拠自体が曖昧になってきた．1990年代の実例から，大店法の制約をかわす目的で増加した郊外型店舗が，かえって中心市街地

表4-3 大店法の規制改革

	1990年5月 運用適正化	1992年1月 法改正	1994年5月 見直し	2000年6月 大店立地法施行
届出先	国（1,500平米以上） 都道府県（以下）	国（3,000平米以上） 都道府県（以下）	国（3,000平米以上） 都道府県（以下）	都道府県
調整期間	1年6ヶ月	1年	1年	10ヶ月
調整対象面積	500平米超	500平米超	原則1,000平米超	1,000平米超
閉店時刻の届出不要基準	午後7時	午後7時	午後8時	（変更時は必須）
年間休業日数の届出不要基準	48日以内	44日以内	24日以内	（常に届出不要）
手続き		出店凍結制度の廃止 など		
違反時の罰則	命令・営業停止・罰金	命令・営業停止・罰金	命令・営業停止・罰金	罰金
地方独自規制		独自規制の適正化	相談窓口の設置	

資料：総務省（1999），経済産業省資料．
注：届出先の基準となる面積は，特別区および政令指定都市では上記（1,500ないし3,000平米）の倍．

の空洞化を招いており，必ずしも大型店舗の出店抑制が中小店舗の活性化にはつながらないという考え方が出てきたのである．むしろ，市街地中心部に計画的に大型店舗を組み込み，協調と競争の両立を目指した方が望ましいということになり，当初の大店法の規制根拠は薄れていった．その一方で，環境意識の高まりなどを映じて，大型店舗出店が周辺道路の混雑などをもたらし，騒音，排気ガス，廃棄物といった環境負荷が問題とされるようになった．

これを踏まえ，経済的規制としての大店法から，社会的規制の要素の強い大店立地法への切り替えが2000年6月に行われた．大店立地法では，休業日の届出条件がなくなるなど旧大店法から緩和された項目もある一方，駐車場・駐輪場の収容量や荷捌きのスペース，廃棄物の保管場所などの届出を課した．また，審査（調整）期間の短縮化などが図られた．

このような段階的な緩和や目的の変化に即した改正を経て，大型店舗の届出は1990年代以降著しく増加した（図4-1）．これは換言すれば，大型店舗の出店が進んだことを示唆する．また，営業時間の延長などが柔軟に行われるようになったことから，深夜営業の店舗も増加しており，消費者の利便性が向上したと考えられる[6]．

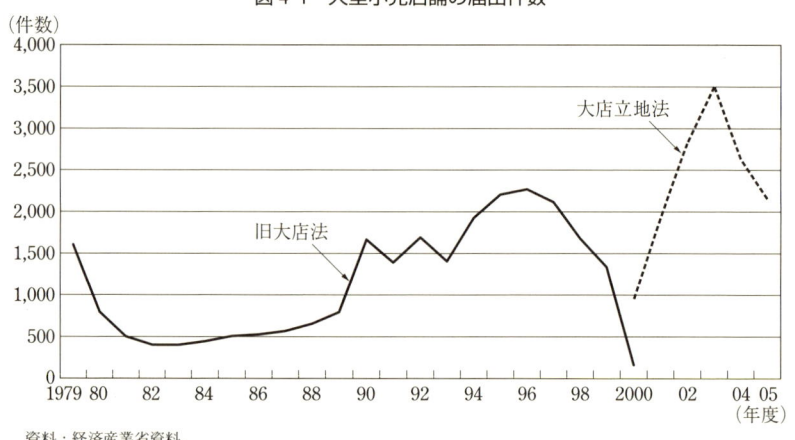

図4-1 大型小売店舗の届出件数

資料：経済産業省資料．
注：旧大店法の届出件数は第1種，第2種の合計．
　　大店立地法の届出件数は新設，変更の合計．
　　2000年度（旧大店法：2ヶ月，大店立地法：10ヶ月）と2005年度（6ヶ月）は年換算している．

セルフ方式の給油所の解禁

　従来，わが国では，防火上の理由から給油はガソリンスタンド職員など一部に規制されていた．これに対し，欧米ではセルフ方式が大半を占めており[7]，にもかかわらず防火上の著しい問題は生じていない．

　そこで，安全上の必要な措置，たとえば安全性の高い給油ノズルの使用，簡易設置型の固定消火設備の設置，コントロールブース（給油メーターのある台）への給油ポンプ起動・停止スイッチの設置などを講じ，問題が生じた際の対応を行う人（監視者）を常駐させることによって，ユーザー自らの給油を可能としたものである．措置の都合から完全な無人化はできないものの，人員削減によってコストを削減し，低価格をウリにする「セルフ給油所」が登場した．

　景気の低迷や競争の激化から給油所総数が減り続けるなかで[8]，セルフ給油

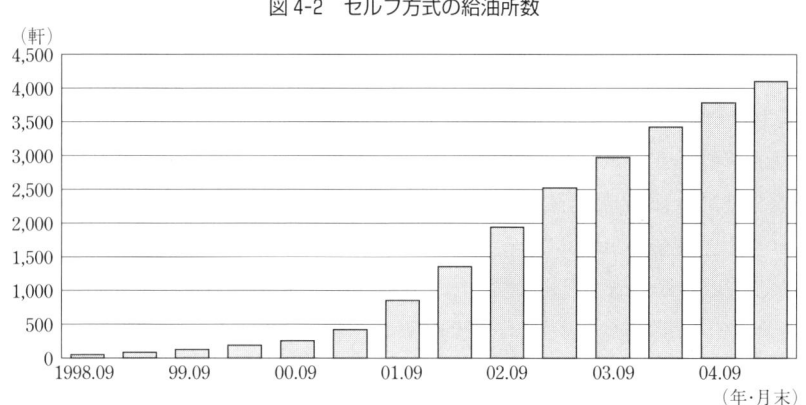

図4-2　セルフ方式の給油所数

資料：日本エネルギー経済研究所資料．

---

[6]　社会的規制に関して，2003年秋に問題となった「テレビ電話方式で薬剤師が応対する医薬品の販売」は，深夜営業を行っている大型ディスカウント店「ドン・キホーテ」が提起したもので，これも大店法の規制改革の副次的な効果といえる．このような規制改革の連鎖は，現場からのニーズで規制改革を促進させる効果を持つためきわめて重要である．なお，この問題に関しては，かなりの制限が付されたものの最終的に容認されることとなった．

[7]　イギリスでは7割程度，アメリカやドイツでは9割を超える状況．

[8]　1998年3月末のガソリンスタンド総数は58,263軒．これに対し，2005年3月末には48,672軒（資源エネルギー庁調査による）．

所は 1998 年 4 月の解禁以来着実に増加し，4,000 軒を突破した（図 4-2）．セルフ給油所と一般給油所との価格差は 2〜3 円程度とそれほど大きいとはいえないものの，数の増加とともに着実に消費者余剰の拡大に資している．

これら個々の規制改革の経済効果を積算したものは方法や期間なども様々で，結果も幅を持ってみる必要がある．ただ総じてみると，ある程度肯定的な評価をしているものが多い．たとえば内閣府の試算では，電気通信，運輸，エネルギー，金融，飲料食品，再販指定製品の 6 分野の規制改革によって，消費者余剰が約 14.3 兆円増加したとしている[9]．GDP の約 3％ というインパクトは決して小さなものではなく，これまでの規制改革にある程度の実質的な意義はあったと判断するのが妥当であろう．これが十分に満足のいくものかどうかは第 5 節で論じる．

3. 地域を限定した規制改革

従来進められてきた全国一律の規制改革に加え，近年では，地域を限定した規制改革の推進策として，2002 年に「構造改革特区」が登場している．このような地域を限定した政策の端緒になったのが，1992 年に閣議決定され，1994 年より実施された「パイロット自治体制度（地方分権特例制度）」である．

本節では，構造改革特区を中心に，パイロット自治体制度を考慮しつつ，地域を限定した規制改革の成果と課題について検討する．

3.1 パイロット自治体制度

制度の概要

パイロット自治体制度（地方分権特例制度）は，地方分権をボトムアップで推進するための制度として，1991 年 12 月の第 3 次行革審答申に盛り込まれ，1992 年 12 月に閣議決定された．

この制度は，地方が自ら政策をとりまとめたうえで，その政策を実施するうえで障害となる規制や補助金などの国の諸制度について，緩和や権限委譲とい

---

[9] それぞれの規制改革について，改革直前と 2002 年とを比較し，積算したもの．内閣府「政策分析レポート No.17」(web 上公開) による．

った特例措置を求めるというもので，具体的には以下のステップで構成される．

①市町村が地域づくりに関する計画を策定し，申請内容として具体的にまとめる
②申請内容について都道府県と協議する
③都道府県の意見を添付して総務省行政管理局に申請する
④申請内容を所管省庁が検討する
⑤省庁が特例措置を妥当と判断した場合に内閣総理大臣が申請者をパイロット自治体として指定する

閣議決定に基づいて1993年から1995年にかけて各年1回募集が行われ，合計33団体（42市町村）[10]が指定された．パイロット自治体としての活動は1994年4月からで，当初の期限である1999年3月をもって延長されずに廃止となった．

なお，この制度は，1980年代に北欧において地方分権推進策として実施され，効果をあげたとされる「フリー・コミューン」実験を踏まえて推進されたものである[11]．

制度の効果とその評価

本制度の効果は限定的なものにとどまった．具体的に実施された規制改革としては，学校の空き教室の転用規制を緩和したことが挙げられるものの，これは提案を踏まえて全国的に実施されており，地域を限定した規制改革とは必ずしもいえない．これ以外では，一部の規制については，関連する手続きの緩和が実現した程度である．

効果が限られた理由としては，複数の原因を挙げることができる．なかでも，「法の改廃を伴うものは対象外」とされたことが大きい．しかも，政令の改廃

---

10) 複数の市町村が同一の計画に基づいて申請を行うことができたため，計画数と市町村数は一致しない．
11) フリー・コミューンについては，たとえば，建設政策研究センター（1995）などを参照されたい．

を伴うものも実際の申請時にはすべて却下された．したがって，実際には法律などの運用で対応できる「小物」の規制改革しか実施対象にならなかった．この点に対する不満は，制度が実行に移された早期からあった．

また，都道府県からの規制権限の委譲を伴う規制緩和については，そもそも協議が不調に終わるケースも複数存在したとされる[12]．所管省庁の判断も総じて消極的であった．事実上，個々の市町村が都道府県と所管省庁を説得する必要があり，これが市町村にとっては荷が重すぎて取り組みを抑制したと考えられる．

このように積極的には評価され得ないパイロット自治体制度だが，これが地方の政策立案能力を強化し，後の構造改革特区における成果の素地を作ったとももとらえられる．

3.2 構造改革特区

制度の概要

構造改革特区は，規制改革を特定の地域で実施することによって，全国的な規制改革を促進することを意図した政策である．これは元々「規制改革特区」として総合規制改革会議で議論されてきたものであり，議論スタート以降の経過は表 4-4 のとおりである．

構造改革特区では法改正を必要とするものなども一括で対象として扱うため，「構造改革特別区域法（特区法）」という法律（通則法）が 2002 年 12 月に制定されている．特区で対象となる規制改革については特区法上のポジティブ・リスト（別表）によって規定されているため，

・ポジティブ・リストの拡充を行う「提案」プロセス
・リスト内の規制改革について特区で実施する「申請」プロセス

の 2 本建てで制度が形成されている（表 4-5）．

さらに，特区における規制改革の実施がどのような効果をもたらしたかについては，そのプラス・マイナスの両面を評価したうえで全国的な規制改革を実施すべきか，また特区認定を継続すべきかを検討するために評価委員会が設置

---

12) 並河（2003, 7）.

4章　規制改革の成果とその課題　　117

表 4-4　構造改革特区の歩み

年月日	内　容
2002.03.12	総合規制改革会議で複数の委員から規制改革のための特区（特別区）の検討が提案され，新年度の運営素案に『「規制改革特区」的手法の検討』と明記．
2002.04.15	総合規制改革会議で「規制改革特区」の議論がスタート．
2002.04.24	経済財政諮問会議で「構造改革特区」の議論がスタート．
2002.06.25	「経済財政運営と構造改革に関する基本方針2002」が閣議決定され，そのなかに規制改革を目的とした「構造改革特区」の推進が明記される．
2002.07.06	構造改革特区推進室が内閣官房に発足．
2002.07.23	総合規制改革会議が「規制改革特区」の考え方をまとめ，「中間とりまとめ」の一部として公表．
2002.07.26	構造改革特区推進本部が発足．
2002.08.30	構造改革特区構想の提案募集（第1次）が締め切られる（応募総数：426特区）．
2002.09.20	「構造改革特区推進のための基本方針」が決定される．
2002.09.25～10.09	総合規制改革会議で「構造改革特区に関する意見交換会」（第1回～第4回）開催．
2002.09.30	構造改革特区担当大臣が設置され，鴻池祥肇・参議院議員が就任．
2002.10.11	「構造改革特区推進のためのプログラム」が決定される．
2002.11.06	構造改革特別区域法案が国会に提出される．
2002.12.11	構造改革特別区域法が成立する．
2003.01.15	提案募集（第2次）が締め切られる（応募総数：651特区）．
2003.01.24	「構造改革特別区域基本方針」が閣議決定される．
2003.02.06～07	「構造改革特区に関する意見交換会」（第5回～第6回）開催．
2003.05.23	構造改革特区の申請に対し第1次認定が行われる（117特区）．
2003.06.30	提案募集（第3次）が締め切られる（応募総数：280特区）．
2003.08.25～09.02	総合規制改革会議で「構造改革特区提案および規制改革全国要望に関する意見交換会」（第1回～第2回）開催．
2003.08.29	第2次認定が行われる（新規47，拡充1特区）．
2003.09.03	評価委員会が設置され第1回会合が開かれる．
2003.09.22	内閣改造により担当大臣が金子一義・衆議院議員に交代．
2003.11.28	第3次認定が行われる（新規72，拡充22特区）．
2003.11.30	提案募集（第4次）が締め切られる（応募総数：338特区）．
2004.02.02	「構造改革特区提案および規制改革全国要望に関する意見交換会」（第3回）開催．
2004.03.24	第4次認定が行われる（新規88，拡充7特区）．
2004.06.15	規制改革の全国展開に伴い，8特区の認定を取り消し．

2004.06.21	第5次認定が行われる（新規70，拡充10特区）．
2004.06.30	提案募集（第5次）が締め切られる（応募総数：356特区）．
2004.09.10	評価委員会の答申に基づき，規制改革の全国展開26件を本部決定．
2004.09.27	内閣改造により担当大臣が村上誠一郎・衆議院議員に交代．
2004.11.24	提案募集（第6次）が締め切られる（応募総数：286特区）．
2004.12.01	施策の推進頓挫に伴い1特区の認定を取り消し．
2004.12.08	第6次認定が行われる（新規90，拡充10特区）．
2005.02.09	評価委員会の答申に基づき，規制改革の全国展開20件を本部決定．
2005.03.28	第7次認定が行われる（新規74，拡充9特区）．
2005.04.15	構造改革特区に関する有識者会議が設置され第1回会合が開かれる．
2005.06.30	提案募集（第7次）が締め切られる（応募総数：地域再生計画を含め317構想）．
2005.07.07	規制改革の全国展開に伴い52特区の認定を取り消し．
2005.07.19	第8次認定が行われる（新規51，拡充10特区）．
2005.10.05	第9次認定の申請が締め切られる（申請件数：新規100，拡充5特区）．

資料：総合規制改革会議，経済財政諮問会議議事録ほか．
注：第1次認定と第3次認定は，それぞれ認定のタイミングが2回に分かれている．ここでは2回目の日付で掲載．

されている．この委員会は2003年9月から活動を始めており，後述するようにすでに評価が進められている．

　内外の「特区」を名乗る諸制度と比較すると，構造改革特区は，①国による財政措置を講じないこと，②特区の絞り込みを行わないこと，の2点で特徴的といえる．財政措置については，当初より「地域を活性化するためには必要ではないか」という意見があったものの，現在に至るまでこの点に係る制度改正は行われていない．この理由としては，財政措置を講じる場合には，財政上の理由から特区数を絞り込む必要があり，その両方を措置してしまうと従来のモデル事業と変わらなくなってしまうことが考えられる．また，特区は規制改革の実験場としても位置づけられており[13]，財政措置を講じた場合には規制改革の効果を検証しにくくなるという点でも，積極的に財政措置を講じるインセンティブがなかったものと推測される．

　なお，構造改革特区は，表4-6で比較しているようにパイロット自治体制度

---

[13] 「実験」という考え方は，たとえば，八代尚宏「『規制改革特区』を規制改革の有力な手段に（メモ）」（総合規制改革会議公表資料）に現れている．

表 4-5 構造改革特区のプロセス

(1)提案

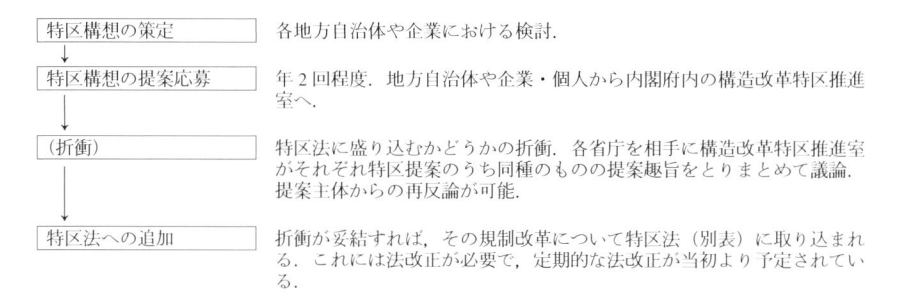

特区構想の策定	各地方自治体や企業における検討．
↓	
特区構想の提案応募	年2回程度．地方自治体や企業・個人から内閣府内の構造改革特区推進室へ．
↓	
(折衝)	特区法に盛り込むかどうかの折衝．各省庁を相手に構造改革特区推進室がそれぞれ特区提案のうち同種のものの提案趣旨をとりまとめて議論．提案主体からの再反論が可能．
↓	
特区法への追加	折衝が妥結すれば，その規制改革について特区法（別表）に取り込まれる．これには法改正が必要で，定期的な法改正が当初より予定されている．

(2)申請

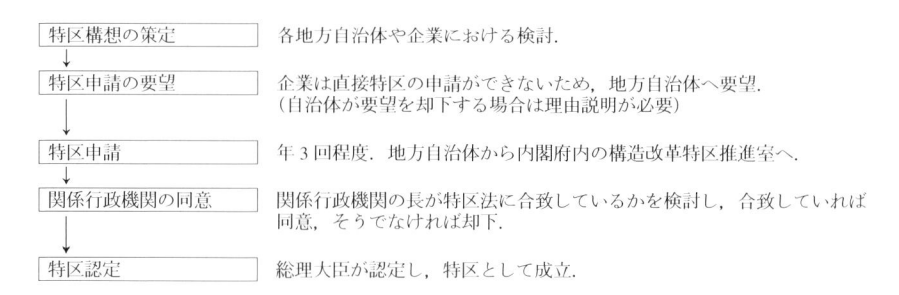

特区構想の策定	各地方自治体や企業における検討．
↓	
特区申請の要望	企業は直接特区の申請ができないため，地方自治体へ要望．（自治体が要望を却下する場合は理由説明が必要）
↓	
特区申請	年3回程度．地方自治体から内閣府内の構造改革特区推進室へ．
↓	
関係行政機関の同意	関係行政機関の長が特区法に合致しているかを検討し，合致していれば同意，そうでなければ却下．
↓	
特区認定	総理大臣が認定し，特区として成立．

資料：構造改革特別区域推進本部公表資料に基づいて筆者作成．
注：特区申請と特区構想の提案応募は独立に受け付けられる．
　　ただし，提案した特区構想と申請内容が一致していることは全く差し支えない．

と多くの点で類似しており，制度的には改良強化版とみなすことができる．

制度の効果

　構造改革特区の導入が規制改革に及ぼした効果は多岐にわたる．1つは特区における規制改革の進展であり，もう1つは全国的な規制改革の促進である．
　まず前者については，2005年9月現在で548件の特区が認定されており，それぞれの特区で規制改革が進展している．特区を分野別にみると，農業，都市農村交流，教育，幼保連携・一体化推進の4分野が目立っており（表4-7），これらの分野で規制改革の効果が大きいと考えられる．以下，いくつか事例を掲げる．

表 4-6 パイロット自治体制度と構造改革特区の比較

	パイロット自治体制度	構造改革特区
制度の根拠	閣議決定	特区法
対象となる措置	規制緩和（運用対応のみ），権限委譲	規制改革（法改正を含む）
措置期間	1994 年 4 月より 5 年間（延長可能，ただし延長されず）	2003 年 4 月より 5 年間（延長可能）
申請主体	市町村（複数による共同申請可）	地方自治体（複数による共同申請可）
申請窓口	総務庁（行政管理局）	内閣府（構造改革特区推進室）
指定（認定）件数	33 件	548 件（2005 年 9 月現在，注）

資料：パイロット自治体会議資料，構造改革特別区域推進本部公表資料に基づいて筆者作成．
注：認定件数は 609 件．このうち 60 件が規制改革の全国展開により，1 件が自治体の申し出により，それぞれ認定を取り消された．

1 農業分野

　農業分野では，参入規制の緩和として，株式会社の借地方法による農業経営が可能となり，これを活用した特区が多数現れている．

　たとえば，「相模原市新都市農業創出特区」（神奈川県相模原市）では，運送業者が（有）オーストリッチヒルという会社を設立し，2003 年夏からダチョウの飼育に乗り出した．同年秋には食肉の出荷が始まっている．これによって，1 ha の遊休地が活用されたほか，ダチョウ肉が地域の新たな特産品となり，飲食業にも効果が波及しつつある．また，地域の知名度を高める効果も現れている．今後も規模拡大を進め，同社だけで 7 ha，特区全体では 30 ha 程度の農地使用を構想している．

　企業の参入は，このようなベンチャー的なものにとどまらない．たとえば，「有機酪農と有機農業の推進特区」（北海道瀬棚町）や「有機農業推進特区」（千葉県山武町）では，有機野菜などの安定供給を狙って大手居酒屋チェーンが農業に参入している．

　また，「東頸城農業特区」（新潟県の 6 町村）[14]や「喜多方市アグリ特区」（福島県喜多方市）などでは，建設需要に乏しい時期の労働力活用を狙って，建設業者が農業に参入している．とりわけ，「東頸城農業特区」では 2003 年度に 2

14）　対象地域拡充に伴い，現在では名称を「越後里山活性化特区」に変更している．なお，6 町村は当初認定時の自治体数であり，2005 年 1, 4 月の町村合併により，最終的には 1 市 1 町になった．

表4-7 分野別の認定状況(2005年9月現在)

分 野	件数	認定された特区の例
国際物流関連	16	長野県「信州国際物流特区」,福岡県北九州市「国際物流特区」
産学連携関連	35	山形県「超精密技術集積特区」,京都府京都市「知の創出・活用特区」
産業活性化関連	27	茨城県「鹿島経済特区」,兵庫県姫路市「環境・リサイクル経済特区」
IT関連	7	北海道岩見沢市「ITビジネス特区」,岡山県「IT特区」
農業関連	94	福島県喜多方市「喜多方市アグリ特区」,島根県江津市「桜江農業特区」
都市農村交流関連	68	岩手県遠野市「日本のふるさと再生特区」,和歌山県「新ふるさと創り特区」
教育関連	120	東京都千代田区「キャリア教育推進特区」,岡山県御津町「御津町教育特区」
幼保連携・一体化推進関連	72	群馬県六合村「幼保一体化特区」,静岡県掛川市「保育一元・幼保一元特区」
生活福祉関連	80	大阪府枚方市「福祉移送サービス特区」,長崎県「ながさきデイサービス特区」
まちづくり関連	15	福井県福井市「来てみて福井けいりん特区」
地方行革関連	2	埼玉県志木市「志木市地方自立特区」
環境・新エネルギー関連	8	宮城県仙台市「杜の都新エネルギー創造活用特区」
国際交流・観光関連	4	兵庫県神戸市「六甲有馬観光特区」,香川県「瀬戸内海国際観光特区」
合計	548	

資料:構造改革特別区域推進本部公表資料.
注:件数は認定を取り消された特区を除く.
　　例は無作為に抽出したもの.

企業が参入し,4.2haもの遊休地が活用されたうえ,わずかながら新規雇用も生まれている(常勤4人,パート1人).

2 都市農村交流分野

　都市農村交流分野では,都市住民の農業体験を促進するような分野の規制改革が進められている.具体的には,市民農園の開設基準緩和,農家民宿における消防用設備条件の柔軟化,どぶろくの醸造などがある.
　農地を小分けして,家庭菜園として一般市民に貸し出すというのが「市民農園」である.規制により,市民農園を開設できるのは自治体や農協に限られていたのに対し,特区では農家自身やNPOなども市民農園を開設できる.

たとえば,「グリーンツーリズム特区」(兵庫県の11市町)では,複数の市民農園が開かれた.このうち,「豊岡市民"夢"農園祥雲寺農園」(11.9 a)では,6×4 mの区画を年3,000円で貸し出したところ,すでに42区画すべての借り手がついている.

市民農園は一般市民に余暇の過ごし方を提案するということから潜在需要は強く,「青木村都市農村交流特区」(長野県青木村),「都市農業成長特区」(神奈川県小田原市)など多数の特区で強い引き合いがある.都市部でも,「市民利用型農園促進特区」(神奈川県横浜市)において24の農園が開設されるなど,特区による市民農園の供給が進められている.

また,宿泊を伴う農業体験が小中学校の課外活動にも取り入れられるなどの動きを踏まえ,農家を宿泊施設(民宿)として使用するニーズが増えている.この際,仮に農家が単純な構造をしており,避難が容易な場合でも避難用の誘導灯などが必要だった.これに対し,特区では,誘導灯の省略などを柔軟に認めるようになっている.これにより,農家民宿の供給が増え,受入れ能力が高まった.たとえば,「南信州グリーン・ツーリズム特区」(長野県飯田市)では,特区認定に伴って,2003年度には農家宿泊人数,体験教育旅行の来訪人数がともに前年度比＋8％ほど増加した.これ以外にも,「さぬき農村ふれあい特区」(香川県)などで来訪人数が増加している.

さらに,特区では小規模などぶろく醸造も認められるようになっているため,これを利用して「日本のふるさと再生特区」(岩手県遠野市)などではどぶろくを農家民宿のウリの1つとする動きがあり,宿泊客の増加につながっている.

3 教育分野

教育分野は多数の認定がされているものの,学校設立準備に時間がかかるなどの理由から,現時点では目立った成果がでていない.

同分野での規制改革としては,教育課程の柔軟化や株式会社の教育参入が挙げられる.前者の例としては,英語で教育を行う「太田外国語教育特区」(群馬県太田市)などがあり,後者の例としては,社会人向け職業大学院を専門学校が開校した「キャリア教育推進特区」(東京都千代田区)や,エリート教育を目指した「御津町教育特区」(岡山県御津町)などがある.

4 幼保連携・一体化推進分野

　少子化が進むとともに，幼稚園への需要は減少傾向にある．一方，共働きが一般化するにつれて保育のニーズは高まり，待機児童が問題となっている．このような状況を背景に，幼稚園と保育園の統合が検討課題となっていた．

　しかし，幼稚園と保育園は前者が文部科学省，後者が厚生労働省と所管省庁が異なるうえ，設置基準や職員の資格要件などが異なることから，従来は一体的な運営を行いにくい状況にあった．これに対し，特区では，「幼稚園での合同保育事業」，「3歳児未満の幼稚園での受け入れ」などの形で，一体的な運営を行いやすくなっている．

　たとえば，「保育一元・幼保一元特区」（静岡県掛川市）では，公設公営施設「掛川市立乳幼児センターすこやか」を2003年4月に開園し，幼稚園と保育園の一体的な運営を開始している．この施設は，従来あった2つの幼稚園と1つの保育園を統合する形で生まれたもので，職員38人を擁し，幼稚園児140人と保育園児120人を受け入れている．「すこやか」では，施設規模の適正化によって運営効率が改善した結果，教育・保育の質を向上させやすくなったほか，0～3歳児の受入れ余地も広がっているとされる．また，対象児童数が増え，年齢の幅も拡大したため，さまざまな年齢層の園児どうしでふれあう機会が増え，社会性が育まれるようになったともいわれている．掛川市では，今後も幼稚園と保育園の再編を進め，最終的には公設公営・公設民営あわせて6ヵ所の合同施設（幼保園）を整備することを計画している．同種の特区は，「幼保一体化特区」（群馬県六合村）や「幼稚園特区」（和歌山県白浜町）など，多数生まれている．

　このように，多種多様な特区が推進されることにより，規制改革は（地域ごとのバラツキがあるとはいえ）全体としては進展している．特区における規制改革の件数は，2005年9月現在で101件である[15]．

　ここで注目に値する点としては，単なる規制緩和ではなく規制改革，つまり規制の組み替えの要素が含まれているということである．たとえば，コンビナ

15）特定事業ベース，全国展開された件数を除く．

ートなど工場設備に関するレイアウト規制は特区で緩和されるものの，その代わりに防火上必要な措置をとることが「規制の代替措置」として義務づけられている．つまり，元々は防火（防災）のために設定されたレイアウト規制を，本来の目的に即して見直し，「必要な措置を講じる」という形に組み替えたと考えることができる．構造改革特区には，このような代替措置付きの規制改革という形で，本来の規制目的が依然として重要である場合についても対象として取り扱っているのである．また，景観保護などを目的として，一部の特区[16]では規制が強化された例もある．

つまり，構造改革特区は本質的に規制改革を志向しているのであって，「特区＝規制緩和」という図式は，その点からも成り立たないのである．

次に後者については，①特区提案や特区での実施を経て，特区よりはむしろ全国実施で，と省庁が全国的な規制改革に踏み切った例[17]，②特区の評価委員会が「全国展開が相当」と答申し，省庁と内閣府（構造改革特別区域推進本部）との折衝によって全国的な規制改革が決定した例，の２パターンがある．①の例としては，福祉を目的としたいわゆる「白タク行為（営業許可を受けていない者による営業輸送活動）」の解禁があり，②の例としては，「農家民宿における消防用設備条件の柔軟化」など（表4-8）がある．

制度の評価

前項で示したように，構造改革特区は，地域限定／全国的な規制改革の両面に効果があったといえる．しかも，特区の認定条件から必然的に，これらの規制改革はいずれも具体的な事業を伴うものである．つまり，地域の活性化に資する，実質的な規制改革が進展していると判断される．特区制度の創設によって地方自治体の意識改革が図られ，それが積極的な提案に結びついているといった間接的な効果を指摘する意見もあり，波及効果は大きいといえる．

形式的には「一国二制度」であるがゆえに批判も存在するものの，特区の絞

---

16) たとえば，「くらしき広告景観特区」（岡山県倉敷市）など．ただし，景観に関する特区は，全国展開に伴い認定を取り消されている．

17) 2004年9月10日現在で285件．

表 4-8 規制改革の全国展開に係る評価委員会の答申

所管省庁	対象数 2004年度 上期	対象数 2004年度 下期	対象数 2005年度 上期	対象となる規制改革の例
警察庁		1		ロボットの公道での実験を円滑化.
総務省	7	1		住民票・印鑑登録の自動交付機を市町村の判断で設置. 農家民宿での消防用設備条件の柔軟化.
法務省	1	2		外国人研究者の在留期間延長（3→5年）.
外務省		2		ビザ発給手続きの簡素化.
財務省	2	1		税関の24時間化（時間外手数料の軽減など）.
文部科学省	6	3		市町村の費用負担による教員の雇用. 不登校児童生徒を対象とした教育課程の弾力化.
厚生労働省	2	2	3	官民の情報共有による共同職業紹介の実施.
農林水産省	1			市民農園の開設主体を地方自治体・農協以外に拡大.
経済産業省	5	2	1	家庭用燃料電池設置に伴う保安規定の省略. コンビナートの施設配置規定の変更.
国土交通省	2	3	1	埋立地の用途変更の柔軟化.
環境省			2	国立・国定公園における自然を活用した催しの容易化.
合計	26	20	7	

資料：構造改革特別区域推進本部資料.
注：規制改革が全国展開されるにあたって，その実施内容が調整されるものもある.
　　複数省庁に所管がまたがり，それぞれに規定が存在するものについては，それぞれの省庁で対象数に計上している.
　　対象となる規制改革の全国展開については，答申どおりに推進本部で決定済み.

り込みを行わないことと，速やかに特区の効果を評価して全国的な規制改革につなげている現状を踏まえると，「二制度」の併存は一時的で，しかも自治体の努力によって解消可能である．したがって，特区制度のマイナス面は無視できる程度と考えられる．

このように，現時点では積極的に評価される構造改革特区だが，いくつか課題も残されている．この点については他のスキームとの関連もあるため第5節に譲る．

4. 公益事業における規制改革とその効果

第2節で述べたように，官製市場の改革が目下の重点課題となっている．焦

点となっているのは主に官業の部分であり，規制産業への対応ではない．これは，規制産業の多くについては，すでに自由化（規制改革）が段階的に進められてきているためである[18]．この節では代表的な規制産業である公益事業，とりわけ電気通信市場および電気・都市ガス市場に焦点を当て，1990年代以降の規制改革を検討する．規制産業としては金融業も重要であるが，金融業については第2章で主に扱っているのでそちらに譲る．

特に公益事業の規制改革を取り上げるのは，国民経済にとって基幹的な部門の改革としてそれ自身重要であるだけでなく，官製市場の改革の先行事例としても重要であるからである．

4.1　自然独占市場と競争の創造

公益事業のうち，電気通信市場および電気・都市ガス市場に焦点を当て，1990年代以降の規制改革を検討する．なお，それ以前の改革も，この時期の改革と関連する範囲で考察の対象とする．

この時期の公益事業における規制改革の共通の特徴として，かつて自然独占市場と考えられてきた市場における（部分的な）競争の創造あるいは再導入，競争を実効的なものにするための競争政策の再構成，さらに部分的な競争の結果生まれる新たな歪みの問題への対応が挙げられる．

自然独占市場とは，巨大な規模の経済性（自然独占性）が存在するために複数の企業が市場に参入するよりも1つの企業がまとめて供給する方が費用を抑制できる（したがって独占企業による供給が効率的である）市場を指す[19]．自然独占市場においては，複数の企業の参入は非効率的な資源配分をもたらすため，参入を制限する政策が採られることは一定の合理性を有するものの，一方で参入の制限が独占の弊害をもたらすおそれもある．自然独占市場では，政府は独占企業を公有化して直接この弊害を取り除くか，民間企業に経営を任せつ

---

18)　前節で挙げた内閣府の試算では，電力産業で2兆4,811億円，ガス産業で1,674億円の消費者余剰増が実現している．ただし，これには本節で扱っている自由化に加え，上限価格規制方式の変更（ヤードスティック制の導入）の効果が含まれていることには注意を要する．

19)　公益事業に関する規模の経済等の実証研究については，伊藤・中島（1993）を参照のこと．

つも価格規制等を通じて間接的に独占企業をコントロールするかのいずれかの政策を採ることになる．日本における電気通信市場は前者の典型，電力市場は後者の典型，都市ガス市場はこの中間であったと考えられる．

　この自然独占市場に競争を導入し，電力・都市ガス・電気通信といった，国民経済にとって基幹的な産業でありながら競争による経営改善圧力が小さかった産業において，競争原理による経済効率性の改善をはかるのが，この分野の規制改革の大きな目的である[20]．

　自然独占市場での競争原理導入の根拠に関しては大きく分けて2つの議論がある．ひとつは「潜在的競争者の存在が経済効率性を改善する」とするコンテスタブルマーケットの理論である[21]．もう一つは，自然独占性のある部門とそうでない部門を峻別し，両部門を分割して後者に競争原理を導入する考え方である．後者を電力市場の例で確認しておこう．電気を需要家に供給する事業を考える．電気を供給するには発電所から変電所を経て需要家に電気を送り込む送配電網が必要不可欠である．仮に複数の企業が同一地域で電力供給の競争をしたときに，それぞれが独立に送配電線を張り巡らしたとすると社会的に壮大な無駄（二重投資）が発生する．したがって，一社が独占的に送配電網を築いて電力を独占的に供給する方が効率的である．しかし，仮に送電部門で大きな規模の経済性があるとしても，電力供給事業全体として自然独占性があるわけではない．たとえば，電力の生産（発電）および販売（売電）部門に規模の経

---

[20]　インターネット社会の基幹的なインフラを担う通信産業はともかくとして，電力・ガスを基幹的な産業ととらえ，この産業にことさら注目するのは大げさに聞こえるかもしれない．標準家庭（30 A，300 kW）の電気代は2005年1月現在で6,500円程度である．仮にさらなる改革によって20％電力料金が低下するとすれば一家庭年間約15,000円の利益となる．これをわずかと考えるか大きな額と考えるのか評価は分かれると思うが，問題は家庭用の電力供給は日本全体の電力供給の一部にすぎない点である．およそあらゆる産業で電力が使われており，電力料金の低下はあらゆる産業での生産性改善とそれに伴う価格低下をもたらすはずである．また後述するように，2005年時点の価格がすでに改革の成果を反映した価格であることも忘れてはならない．この点は他の公益事業にも共通している．公益事業の改革の利益を自分の生活実感だけから過小評価するのは適切ではない．

[21]　コンテスタブルマーケットの理論に関してはBaumol（1982）およびBaumol et al.（1982）を参照．この理論の日本市場への応用に関しては依田（2001）および松村（2004）を参照のこと．

済性があるわけではない[22]．10の発電機を持つ発電会社が2つあるよりも，20の発電機を一企業で設置・運営する方がより費用が小さいとは限らないうえ，二重投資が不可避的に起こるわけでもない．（実際に多くの電力需要者が自家発電をしているのもこの証拠である．）このように，著しい規模の経済性に特徴付けられる部門は電力供給事業のうちの一部にすぎない．

　競争を起こすことが困難であるかあるいは望ましくない自然独占性を有する部門とそうでない部門を切り分けて，後者の部門では参入規制等を緩和・撤廃して競争を促し，競争を通じて経済効率性を高め，他方で自然独占性を有する部門に規制を集中させるのが，近年の公益事業の改革に共通する規制改革の柱である．

　もし自然独占性を有する部門と競争が導入される部門が構造的に分離され，別会社として保有・運営されていれば問題は簡単である．独占力を不当に行使させないよう上限価格をコントロールし，かつその設備を使うすべての事業者に同じ条件で設備を使わせればよい．

　しかし，現実には日本の通信・電力・都市ガスのどの市場でも部門の垂直統合が認められており，支配的な事業者は競争部門と自然独占性を有する独占部門を同時に所有している[23]．自然独占性を有する部門の使用条件がすべての事業者にとって対等でなければ，部分的な競争の導入は画餅に終わる．したがって，公益事業の改革，一方で参入規制の緩和・撤廃による競争の促進と，競争の促進を担保するための自然独占部門に対する規制の再構成がともに必要不可欠である．つまり，ここで求められるのは単なる規制緩和ではなく規制の体系を抜本的に転換する規制改革なのである．

　公益事業分野における規制改革に関してもう一つの重要なポイントは，事前

---

22) 歴史的には（電力市場の規模が小さかった時期には）発電設備が自然独占性を持つ不可欠設備とみなされたこともある．現在でも発電設備が不可欠設備であると主張するものはいるが，離島などの特殊ケースを除いて賛同者はほとんどいない．

23) ここでは垂直統合の競争阻害性を強調しているが，垂直統合には社会的な利益もある．特に電力に関しては，（地域独占市場を前提にすれば）うまく機能した時期があることが知られている．統制経済下での垂直分離のデメリットについては橘川（2004）を参照のこと．垂直統合による消費者の利益についてはMatsumura（2003）を参照のこと．

規制から事後規制，裁量からルールへの移行である．「規制緩和推進3か年計画」でも謳われたように，公益事業においても，事業法を中心とした「事前規制」から独占禁止法などの競争法を中心とした「事後規制」および，監督官庁の「裁量」に基づく不透明な規制から，明確な「ルール」に基づく規制への移行は規制改革を実施する際のポイントである．もちろんすべての規制が「事後規制」に置き換わるわけではなく，また監督官庁の裁量が皆無でありさえすればよいというものではない．しかし，従来の規制があまりに「事前規制」に偏りすぎ，官庁の裁量が過大だったという反省が規制改革の出発点の1つである．

4.2 電気通信産業における規制改革

まず改革が先行した電気通信産業の規制改革を概観しよう．電気通信産業の改革は，1980年代半ば以降の電電公社の民営化と長距離通信市場等への競争原理の導入から始まった．当時の国内通信市場は，公企業である電電公社が通信市場を独占していた．この電電公社をNTTに民営化した上で，通信市場に競争原理を導入する改革が1985年から始められた．自由化後も，ボトルネック施設に対応する地域回線（市内回線）網をNTTがほぼ独占的に保有していた．この地域回線網を利用する形で，長距離通信市場（市外電話市場）等への新規参入が行われた．当時は，民営化前の電電公社では，市内電話，基本料金，番号案内部門，公衆電話部門の赤字を市外電話部門の黒字で穴埋めする内部相互補助が行われていると考えられてきた[24]．電電公社が民営化されれば，この内部相互補助の構造を改めるために大規模なリバランシング，つまり赤字部門の料金値上げが行われることが想定されていた．しかし現実には，赤字の大宗を占めると考えられてきた市内電話部門の料金引上げは規制によって実現しなかった．一方で市外電話市場では，市外回線を自ら保有して参入する新規参入の通信事業者（NCC）が3社も現れ，激しい競争によって市外電話料金の劇的な低下がみられた．つまり，消費者にとってみれば市内料金の値上がりの不利益を被ることなく市外料金の低下の恩恵を受けたことになる．

---

[24] 通信分野では市内外部門の共通経費が多く，これをどう振り分けるのかによってそれぞれの部門の収支が大きく変わる．また経済学的な根拠のある唯一のルールが存在するわけでもない．

ここで注目すべきなのは，通信市場における初期の競争が全くの自由競争ではなく，既存の支配的な事業者である NTT に不利な形で行われた「管理された競争」であった点である[25]．まず，市内部門の赤字のリバランシングが行われず，市内料金が従前のままの料金に据え置かれた．市内通信網が公的に保証された独占の下で築かれたボトルネック設備であり，この料金を自由にNTTが設定したとすれば競争は有名無実のものになってしまう．したがって，この料金に規制がかかるのは当然である．しかし，リバランシングが行われなかったことは，従来黒字であった長距離通信市場の，新規参入者のクリームスキミングを容易にすることを意味する．一方，長距離通信料金に関しても，NTTの料金は NCC 競争に伴って急速に低下したものの，常に新規参入者よりも高い料金を維持することを余儀なくされた．NTT と NCC のサービスの品質はほぼ同じと考えられていたので，すでにブランドを確立し顧客を囲い込んでいたNTT と NCC が同じ価格を付けたとすれば，自由化の初期段階では勝負にならなかったはずである．通信市場のように，新規参入に一定の埋没費用が発生する市場において，すでに多くの投資費用が埋没費用となっている既存の独占事業者が新規参入者の低価格にただちに対抗できるのであれば，新規参入者は太刀打ちできず利益を上げられない[26]．新規参入者が合理的にこれを予想すれば，そもそも参入を選択しない．つまり，NTT の市外電話料金が十分に高くても，新規参入の脅威による価格の低下は期待できないことになる．しかし現実には，認可料金制度の下，NTT の料金は NCC のそれよりもシステマチックに高くなることを余儀なくされ（初期の段階では20%もの格差があった），結果的に新規参入と着実な長距離通信料金の低下が実現された．通信市場の自由化では，非効率的な参入[27]による弊害よりも，競争企業の育成による競争促進により重点を置いた自由化政策がとられたとまとめることができる[28]．

その後，携帯電話の急速な普及とデータ通信端末化，NTT の持株会社化，

---

25) 古城・南部（1993）等を参照のこと．
26) 航空市場の新規参入ではこれに近いことが起きたと考えられている．新規参入者が限定的な路線で参入すると，その路線，さらには新規参入者の前後の便を集中的に値下げすることによって新規参入者を破綻に追い込むこともできる．独占禁止法による事後規制である程度対応は可能であるが，航空の例は独占禁止法による対応だけでは新規参入者の破綻の回避が難しいことを示している．

ブロードバンド通信市場の急速な発展と強力な新規参入者の登場，市内通信市場での本格的な競争と通信網全般のIP化，通信の距離の概念の希薄化など，自由化当初には予想もされていなかった急速な発展がみられる．この過程でNTTの経営自由度は以前に比べて増したものの，現在まで一貫して「競争促進」が「非効率的な参入の排除」よりも重視される傾向は続いてきている[29]．1980年代後半から着実に進められた競争環境の整備が現在の通信市場の発展を支える基盤の1つになった．さらに競争は，IP電話の普及に伴う市内料金の本格的な競争，基本料金部門での競争と広がりをみせ，その利益は確実に消費者に及んでいる．

規制改革による競争導入に比して，事前規制重視から事後規制重視への転換，不透明な裁量的な規制から透明なルールに基づく規制への移行は，競争導入に比べて後回しにされていたが，これらの点も変化がみられる．初期の段階であえて導入を見送り，多くの批判にさらされた「アクセスチャージ」の制度も導入され，ルールに基づく料金制度が導入されている．また非対称規制の緩和・廃止の基礎となる競争評価についても，総務省はその方法を公開し透明性を保ちながら有効競争レビューを市場ごとに順次行うなど，透明なルールに基づく事後規制に向かう規制改革が徐々に進展している．

---

27) 非効率的な参入の典型的な例のひとつは，既存企業よりも費用条件が劣る非効率的な企業の参入を許してしまうもので，クリームスキミングによる参入がその典型的な例である．もう一つは，新規参入者の費用条件が劣っていなくても，参入企業数が過大になる（無駄な参入投資が起こる）ことである．前者についてはFaulhaber (1975)およびVickers and Yarrow (1988)を，後者についてはMankiw and Whinston (1986)およびSuzumura and Kiyono (1987)を参照のこと．参入が実際には起こらなくても，既存企業の参入阻止行動が非効率的な資源配分をもたらすこともある．Stiglitz (1981)等を参照のこと．
28) 郵政省（現総務省）は意図的に新規参入者を育成するためにこの政策をとったと主張するものではない．あくまで規制政策の効果を評価しただけである．
29) 現在でも，新規参入者はNTTの光ファイバー網を利用して光通信サービスに参入することができ，NTTは自らリスクをとって敷設した光ファイバー網をライバルが利用することを拒否することはできない．これはアメリカにおける規制政策と比しても厳格な規制である．

4.3 電力および都市ガス産業における規制改革

次に,電力および都市ガス産業における規制改革を概観する.電力市場における大規模な改革は,通信市場の改革に 10 年遅れて 1995 年に始まった.この年,電気事業法が全面改正され,料金規制の大幅な緩和(多様な料金メニュー導入の認可制廃止),発電部門への新規参入の拡大(卸電気事業への参入規制緩和と入札制度の導入),特定電気事業の制度の創設がおこなわれた.しかし,この時点では電力小売事業への新規参入は,特定電気事業という極めて限定された範囲に限られていた.電力販売市場の自由化はさらに遅れて,2000 年から順次大口需要家から導入され(2000 年には使用最大電力 2,000 kW 以上の特別高圧需要家,2004 年には 500 kW,2005 年には 50 kW 以上の高圧需要家に拡大,電力市場の 6 割強に相当)現在も拡大プロセスの途中である.また販売市場の自由化に伴い,既存の電力会社が他の事業者に送電網を開放する託送制度が創設され,既存電力会社の送電部門と販売部門の機能分離(情報遮断等)も徐々に進んでいる.都市ガス市場においては,1995 年から大口需要家向け販売市場の自由化が始まり(年間契約数量 200 万立米以上),1999 年に 100 万立米,2004 年からは 50 万立米に拡大し,自由化範囲は市場の 45% 程度に拡大した.これに伴い,パイプライン網への接続(託送)ルールも順次整備され,ガスの託送による新規参入も始まっている.

これらの販売市場自由化の改革と並行して,両市場に共通して 2 つの重要な規制改革が行われている.1 つは兼業規制の緩和である.これによって電気事業者のガス事業への進出,都市ガス事業者の電気事業への進出への道が開かれた.これはとりわけガス市場への競争導入に関して決定的に重要な改革であった.国産天然ガスを使うことのできる一部地域を除けば,大規模なガス事業への新規参入には液化天然ガス(LNG)の導入が不可欠で,大規模な LNG 基地の使用が不可欠である.このためガス事業は新規参入が難しい市場であると考えられていた.しかし,電力事業者は発電用に LNG 基地を保有し大手都市ガス事業者を上回る量の LNG を輸入している.したがって電力事業者はガス市場における新規参入者となる潜在的な能力を有している数少ない主体である.この電力事業者にガス市場への参入への道を開くことなしにガス市場に競争を

もたらすことは極めて難しい．もう1つの重要な改革は，家庭用に代表される非自由化市場における料金設定の規制緩和である．これにより選択メニューの導入が容易になった．これは，後述するように，非自由化市場における電力とガスのエネルギー間競争に大きな影響を与えた．

電気通信産業における規制改革と比べながら，両産業の規制改革の性質を整理してみよう．第1に，通信市場が家庭用を含め通信市場の大部分に一挙に競争メカニズムを導入したのに対して，電気・ガス市場とも，自由化は家庭用をはじめとする小口市場を含まない部分自由化で，かつ自由化の範囲を（自由化の効果をにらみながら）徐々に拡大する漸進的な改革となった．第2は，通信市場とは異なり，原則として既存事業者に対する非対称規制をとらなかった点である[30]．第3は，料金の引下げに対して認可制をとらず，新規参入者だけでなく既存事業者の価格決定の自由度を大幅に認めた点である．第4は，改革の初期の段階から「事前規制」から「事後規制」への移行，「裁量に基づく規制」から「ルールに基づく規制」への移行が志向されていた点である．最後の点に関しては，所管官庁の通商産業省（現経済産業省）が当初から，事後規制で重要な役割を果たす公正取引委員会と協調して紛争処理のガイドラインなどをあらかじめ準備し，また改革の進展に伴って許認可の事項を速やかに減らしていった点からも確認できる．

電気通信市場が自由化の初期の段階では「管理された競争」が行われ，速やかに新規参入者が大きなマーケットシェアを得たのに比して，電気および都市ガス市場は，新規参入者には厳しい条件であったとも考えられる．新規参入者の自由化部門におけるマーケットシェアは，都市ガス市場において2003年度で約5％，電力市場ではさらに小さな値（約2％）で，数字だけみれば無視できるほど小さいと言っても過言ではない[31]．両市場では，通信市場の改革とは逆にクリームスキミングをねらった非効率的な参入の抑制への配慮が相対的に強い改革であったと位置づけられる．

---

30) 事業者に比較的自由度が大きい規制体系で競争が機能しなければルールを見直すことがルール策定時から議論されてきた．このような事後的な規制の見直しが，競争阻害行為の抑制につながることが知られている．Wolfram（1999）等を参照のこと．

それでは，両市場の改革を「裁量の余地の小さい透明で対称的な規制にこだわった結果，競争を創造することに失敗した」と評価することは適当であろうか．答えは否である．新規参入者のマーケットシェアが低いことは，市場における競争圧力が働いていないことの証拠ではない．潜在的な競争者からの競争圧力に対抗して既存事業者が価格を下げ，この低価格が維持されているとすれば，競争メカニズムが一定程度機能していることになる．電力市場における官公庁の入札例では2割近く価格が低下した事例もある．また内閣府の調査によれば，改革の効果によって，2002年度までに電力で18.6％，都市ガスで12.5％の価格の低下が観察されている．この価格低下傾向は現在でもなお続いている．さらに注目すべきなのは，両市場ともまだ自由化されていない家庭用市場においても価格の大幅な低下がみられる点である．これは，一義的には電気対ガスというエネルギー間の競争があげられる．電気事業者はIHクッキングヒーターや新型の給湯器を武器として従来ガスが得意としてきた家庭の厨房・給湯市場に積極的に進出し，ガスを全く使わない全電化住宅の普及に力を入れ，ガス事業者は連帯してこれに対抗している．逆にガス事業者は小型コージェネレーションシステム（発電と廃熱を使った熱供給を同時に行うシステム）を積極的に開発・導入し，小口の業務用および家庭用電力市場に進出している．この激しいエネルギー間競争が規制料金の低下をもたらしている．この背景には，市場の構造の大きな変化がある．自由化以前の規制市場では基本的に「安定供給責任」さえ果たし，大規模な停電やガス漏れなどの事故さえ起こさなければ事業者は安泰という市場構造であった．これが，顧客の積極的な支持を得られなければ事業者として立ち行かないという市場構造に変化し，事業者の競争意識が格段に高まった．さらにより重要なのは，前述した規制料金の設定における自由度の拡大である．改革に伴い，電力事業者は，全電化住宅向けの料金，給湯需要の取り込みに有利な料金，ガス事業者は，ガス冷房，床暖房利用者向けの料金，コージェネレーションシステム導入者向けの料金等の多様な料金メ

31）　5％，2％という数字は自由化部門でのシェアであり，全ガス，全電気販売量でみればシェアはさらに小さなものとなる．シェアはこのように小さいものの新規参入者の販売量自体は徐々に増加している．2004年3月時点でのPPSの販売電力量は2001年3月の23倍となっている．

ニューの導入が可能になり，格段に競争の手段が増している．これが事業者間の激しい競争を促している[32]．

電力市場での新規参入者のマーケットシェアが小さい点はすでに指摘したが，新規参入のハードルはさらなる改革によって着実に低下している．2005年からは電力の卸取引市場が創設され，またこれに先立ち系統運用に重要な役割を果たす第三者機関である電力系統利用協議会が2004年に発足している．これらの機関が順調に機能すれば，新規参入者の電源調達がより容易になり，マーケットシェアが増加することが期待されている．より重要な点は，所轄官庁がこれらの改革の事後点検のルールを整備し，競争が機能しなければさらに改革を進める点を明確にしていることである．

4.4 今後の課題

電力市場および都市ガス市場の改革の特徴は，電気通信市場のように一挙に自由化と競争者の育成をはかるのではなく，改革の成果を見定めながら漸進的に改革していく点にある．それは単に時間をかけて自由化の範囲を拡大するという点だけでなく，新規参入の障壁を一歩一歩取り除き，競争基盤を漸進的に整備する点にも表れている．規制改革の方法としては，どちらが他方よりも優れているという問題ではない．どちらも有効に機能しうる規制改革で，市場構造を考慮し，それぞれの手法の成果と問題点を相互に踏まえながら，試行錯誤によってよりよい改革の方向を選べばよい．そして，少なくとも過去十数年にわたる公益事業の改革は，構造改革の基盤を与える成果をあげ，今なお改革が前進していると評価すべきである．

しかし，近い将来改革は困難な問題に直面すると予測される．電気通信市場では，従来の銅線のケーブルとアナログ交換機からなる通信網の体系が，急速に光ファイバーに置き換わり同時にIP化が進展している．すでに電電公社の独占時代に整備が終わった前時代の通信網では，新規参入による競争指向的な接続料体系がネットワーク整備の投資の障害になったとしても深刻な問題を引き起こさなかった．しかし，光ファイバー網は今後競争状態で整備されていく

---

[32] 価格差別が可能になると競争がより激しくなることが様々な文脈で議論されている．Thisse and Vives (1988) 等を参照のこと．

ネットワークである．接続料金，接続ルールの設計は，競争の促進と設備投資のための適切な誘因の付与という，両立が難しい2つの目的を同時に追う必要があり，従来以上に困難な問題に直面する．さらに，新しい通信体系に移行するにはユニバーサルサービスの問題を避けることはできない．現在の通信体系を過疎地にのみ残すのは費用面でも非現実的で，過疎地の通信体系をどうするのかという問題に直面することになる．問題が顕在化した後で対処療法的な対策をするのではなく，今から準備が必要である．

都市ガス市場における道管網も都市部を中心とした一部地域にしか整備されておらず，電気通信市場における光ファイバー網と同様に道管を使った競争と道管整備の誘因を確保するという二兎を追う必要がある．天然ガス用の道管網の多くは地域的に孤立した相互に接続していない小規模な道管網である．現に東京―大阪間のような日本経済の大動脈にもいまだに道管網が連結されていない．都市ガス事業者間の競争を促す道管網の接続は社会的な意味がある．しかし都市ガス事業者の結果的に競争を促進する道管網接続のための投資の誘因は，一般に過小となる[33]．日本全体のガス供給網をどう設計していくのかも将来の重要な課題である[34]．

もう一つの重要な問題は電波の問題である．電気通信の急速な技術革新は従来の放送と通信の垣根を無意味なものにしつつある．その過程で稀少な資源である電波の有効利用の問題の重要性が従来以上に大きくなっている．急速に発展した移動体通信では，そもそも適切な電波が割り当てられなければ事業への

[33) 電力市場では基本的には送配電網の整備は完了しており，また地域の系統を結ぶ連系線も整備されている．しかしこの連系線の容量は現状では不十分で一般電気事業者間の競争は制約されたものにならざるを得ない．たとえば中部電力と東京電力を結ぶ連系線の容量は近い将来運用が開始される東清水周波数変換設備を用いても120万kW程度で，ここから緊急時に使用するマージンとして留保される部分を除くと，常時使用可能な容量は，東京電力の系統容量の1％にも満たないと予測されている．しかし，発送電が分離されていない現在の電力市場の状況では，結果的に競争を激しくする連系線への投資は過小なものになるおそれがある．この投資誘因をどう設計するかも電力市場においても重要な課題である．

34) さらに，電力・ガスともに，世界的には必ずしも主流とはいえない垂直統合形態を維持するのか否か，維持するとすればその弊害をどう除去していくのかは依然として大きな課題である．

参入もできず，家電製品の情報化に適した周波数が割り当てられなければ，革新的な新製品・新事業の芽を摘むことになり，日本企業の競争力に深刻な悪影響を与える．この電波の問題は電気通信の枠内でも極めて重要であるが，広い範囲で日本経済の生産性に直結する最重要問題である．しかし，この問題は2つの点で改革が非常に難しい．まず電波の問題は多くの省庁，さらに総務省内でも多くの部局にまたがる問題で，従来の縦割り行政をひきずっていれば解決は極めて困難である．総務省がリーダーシップをとってこの問題を解決できるかは，単に電波の割当問題だけでなく，日本の官庁が縦割り行政を超えて効率的なルールの設計をする能力があるかどうかを問われる試金石となりえる．さらに，従来の裁量的な政策から，入札制度をはじめとする透明で公正なルールに切り替える能力を持つかどうかが試される．裁量的な電波割り当て政策を転換する事は，強大な権限を手放すことにもつながり，官庁が自らこれを行う誘因はないかもしれない．これは混雑空港の発着枠割り当ての権限を国土交通省（旧運輸省）が手放すのを渋るのと同じ構図である．無線技術の果たす重要性を鑑みれば，この改革の成否によっては過去の改革の成果を台無しにしかねない．裁量行政の転換が最も求められる分野である．

5. 改革成功への長い道程

以上みてきたように，規制改革は漸進的ではあるものの着実に進展してきた．それでは，現在までの規制改革に"slow but steady"として合格点をつけられるだろうか．この問いに答えるには，規制とは，規制改革とは何かという点に立ち戻って考える必要がある．

そもそも規制とは，市場の失敗を補正することを通じて市場メカニズムを適切に機能させ，国民経済全体の厚生の改善を図るものである．したがって，規制改革とは，①規制目的が妥当か，②規制手段が適切か，といった点を考慮して制度を適切な形に再構築することであり，弊害を抑止しつつ市場メカニズムを最大限生かすことが重要である．規制改革の必要性は，社会・経済情勢の変化によって常に生じる．変化のスピードに対応した規制改革が求められ，継続的な取り組みが不可欠となるゆえんである．

これを踏まえて現在までの改革を振り返ると，確かに継続性については第2節でみたように確認できるものの，変化のスピードに対応しているとはいいがたい．たとえば許認可件数をみるとほぼ横這いに推移しており（図4-3），企業は依然として膨大な件数の許認可に直面していることが見て取れる[35]．もちろん，改革が一定の成果を上げているからこそ，社会が変化するなかで許認可件数の累増を招いていないとみることもできるものの，経済活動の自由度という面で顕著な前進とみるには無理がある．つまり，現在までの規制改革は，時代と制度のギャップを広げないという点で落第こそしていないものの，合格点にまでは至らないといえよう．依然として課題は多く，改革が成功といえるレベルに達するまでには，なお長い道のりがある．

　以下，課題を3点に大別した．

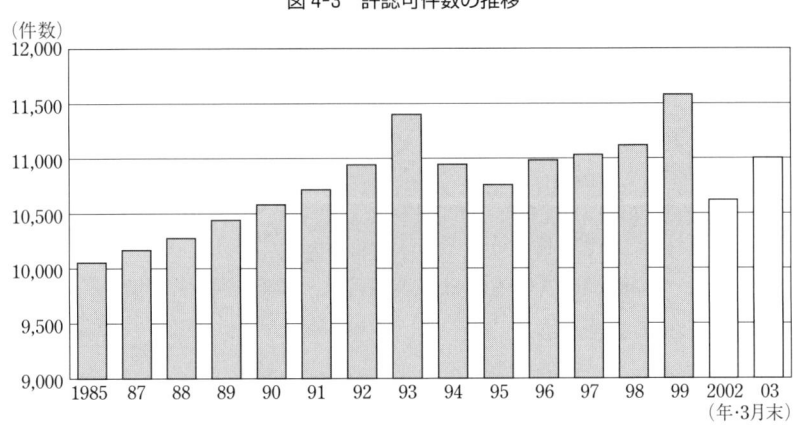

図4-3　許認可件数の推移

資料：総務省（1999）ほか．
注：1985年のみ12月末値．2000年，2001年は調査されていない．
　　2002年以降は省庁再編後の数値で，1999年以前と連続性はない．

[35] 従来禁止されていた事項が規制改革の結果として認可事項になるなどの変化によって押し上げられているという面もある．したがって，必ずしも件数と規制改革の状況は相関していないという総務省の主張はある意味では正しい．ここでは，許認可が経済活動にもたらすコストの面から「依然として大きい」と判断している．

経済的規制

　経済的規制は社会的規制に比べて相対的に進んでいる分野であるものの，規制改革の必要性は依然として大きい．とりわけ，技術革新の著しいハイテク産業においては大きな環境変化が生じており，規制改革の進展事例である電気通信分野を含め，規制内容・規制手段の両面から大きな見直しが必要である．技術的特性や産業構造を踏まえつつあるべき将来像を描き，障害（弊害）をいかに的確な規制で抑止するかを随時検討しなければならない[36]．ここで注意すべきことは，あるべき将来像が省庁のひとりよがりであってはならないということである．業界内での協議は，電気通信分野においてADSLを巡る議論がしばしば紛糾するように必ずしも有効とは言い難いものの，だからといって省庁が自らの権限を踏まえて独自に施策を策定したり，あるいは一部のプレーヤーに肩入れしたりすることは，制度に直面する企業や個人の意見が十分かつ公正に勘案されていないという点で，経済的な自由度を確保するという規制改革の目的にはそぐわないからである．つまり，必要なのは（意見集約に向けた）省庁のリーダーシップであり，裁量ではない．

　また，企業の直面するコストという観点からは，規制改革の一環として不必要な許認可事項の撤廃だけでなくワン・ストップ化（集約化）を進める必要がある．複数の省庁が関連した規制を所管している例もあるため，これには，縦割り行政の克服が必要である．内閣府がリーダーシップをとる形で，各省庁の規制手続きを一括して扱えることが望ましい[37]．

　なお，これは（狭い意味の）規制改革には含まれていないものの，競争政策への目配りも規制改革を進めるうえで必要である．かつて「規制緩和3か年計画」で謳われた「事前的規制から事後チェックへ」という規制のシフトは，単に事前的規制の改廃だけでは不十分であり，それと呼応するような競争政策の強化があってこそ，初めて実現するものである[38]．にもかかわらず，独占禁止

---

36)　公益分野における具体論は第4節を参照のこと．
37)　ちなみに構造改革特区では，特区室が統一窓口となることで，ワン・ストップ化を実現している．
38)　もともと規制改革の推進機関では，競争政策との一体的な推進が考えられていた．たとえば，「規制改革推進3か年計画」では「公正かつ自由な競争を促進するため，規制改革とともに競争政策の積極的展開を図る」などと明記されている．

法の強化が不十分で，適切な競争環境の確保が立ち遅れているのは憂慮すべき点である．今後規制改革を進めていくうえで，競争政策を並行して推進し，意識的に政策間の連携を図ることが求められる．

社会的規制

社会的規制は取り組みが遅れている分野である．ここでは，まず，根本としての価値基準を定めることが求められる．経済的規制とは異なり，健康や安全といった社会的な目的に対する価値観は人それぞれである．これが，抽象的な議論のもとで「安全を犠牲にした規制改革」といった形でしばしば現れ，その結果として議論が空転するケースが多かった[39]．守るべき事象が何かを特定し，その位置づけや重要性についてもコンセンサスを形成することがまず必要である．そのうえで，どのような規制が望ましいか（あるいは望ましくないのか）を議論することによって，はじめて建設的な議論が期待できよう．所管省庁が，業界だけではない幅広い意見を集め，オープンな形でとりまとめることによって，コンセンサスの形成を後押しすることが求められる．この際，省庁自体が予断的に特定の意見を後押しするのではなく，議論の経過やそれぞれの意見を開示して公正に扱い，全体として納得感を得られるようにすることが重要である．

なお，社会的規制と官製市場は密接に関連している．官製市場の問題を参入規制に還元するのはやや乱暴なきらいがあるものの，積極的に代替措置を検討して参入規制の緩和を進め，それと同時並行的に民営化も検討することが求められる．必然的に，これは省庁の権益を侵すものとなるが，これなしには規制改革の実効性が損なわれよう．「市場化テスト」の推進は，社会的規制を改革

---

39) もっとも，単純に価値観の相違から議論が空転したとはいえない．所管省庁の論理が一貫性を持たないままに繰り返された例も多い．たとえば，株式会社による農地取得を伴う農業経営では，「農地の放棄や目的外使用（産業廃棄物の投棄など）につながる」というのが反対論拠だった．しかしこれは，現在の農地制度のもとでも生じており，そもそも現在の参入規制はこの規制目的に対応していない．規制目的に対応するには，株式会社の農地取得を認める一方で，農地の転用規制と罰則の強化によって対処すべきであろう．このような反論は，すでに総合規制改革会議の議事録にも窺える．

するうえでの糸口としても重要である.

改革ツール

　規制改革集中受付期間や構造改革特区はそれぞれみるべき成果を生みだしている．これらは，規制改革に対するニーズやアイディア[40]を集約して改革につなげるという点（両者）や，規制改革の成果を試行することができるという点（構造改革特区）で優れている．しかし，集中受付期間は継続的な取り組みの根拠が必ずしも十分ではなく[41]，特区は時限的である．既述のように，社会の変化に従って規制改革は不断に取り組むべきものである以上，これら有力な改革ツールは明確な法的根拠のもとで長期にわたって続ける必要がある．

　また，ツールとしてみたときには，制度の使い勝手があまり良くないことについても，改善を要する．まず第1には，集中受付期間・特区のいずれも，省庁が反対した規制改革については理由の如何にかかわらず実施できないという点である．このため，改革ツールがプレッシャーになるとはいえ，依然として省庁の裁量の余地は大きい．省庁側の優位性を無条件に認めるのではなく，要望側と省庁側の意見が対立した場合には，調停のような枠組みを設け，第三者の判断を入れることも検討に値しよう[42]．第2には，特区で対象となる規制改革のリストが，社会的規制の分野を中心に依然として限定的であることがあげられる．特に，特区法への追加プロセスでは，省庁側が「（地域を限定した）特区にはなじまない」という理由で却下するケースもある．本来，規制を適切な形に再編することが規制改革であり，地方自治体が自ら責任を持って行うのが特区における施政であることを踏まえると，適切な代替措置を条件に，対象

---

40) 特区における規制改革提案の中には，省庁側の弊害指摘を受けて代替措置について考慮したものも存在する．これは，具体的な規制改革についてアイディアをも提示したものと解釈される．
41) 根拠は規制改革に係る計画で，これは閣議決定されている．もっとも，計画は目標としての性格も有するため，計画を履行しない（受付を行わない）余地が残されている．また，計画期間を超えた先での実施についてはそもそも考慮されているとはいえない．
42) 2005年4月に，実現しなかった特区提案について再検討を行う「有識者会議」が発足した．これがどの程度の実効性を持つのかが注目される．

となる規制改革の大幅な拡大が望まれる．代替措置を講じてもなお，特区によって弊害が生じた場合には，速やかに特区の認定を取り消し，自治体の責任によって現状復帰が図られるのであれば，このような措置は妥当性を持とう．

　総じてみると，改革を成功に向かわせるには，以下の点がキーポイントとなるといえよう．

①どのような施策（改革）が望ましいのかについては民意を主体とし，幅広く意見を集める．
②省庁は裁量的に動くのではなく，公正な取りまとめ役に徹し，経過をオープンにする．
③施策についてのコンセンサス確立後は，権限・権益にとらわれず，迅速に改革を進める．

　このようなポイントを踏まえて適切な施策を講じたとしても，社会の変化するスピードが増している現在，長期にわたる取り組みが不可避である．「前進はしているものの前途なお遼遠」というのが規制改革を巡る状況である．

参照文献

依田高典（2001），『ネットワーク・エコノミクス』日本評論社．
伊藤成康・中島隆信（1993），「電気通信産業の実証分析」奥野正寛・鈴村興太郎・南部鶴彦編『日本の電気通信——競争と規制の経済学』日本経済新聞社．
橘川武郎（2004），『日本電力業発展のダイナミズム』名古屋大学出版会．
建設政策研究センター（1995），「欧米先進諸国における地方行政制度の動向」『PRC NOTE 第8号』建設省．
古城誠・南部鶴彦（1993），「電気通信規制の歴史と日米の規制比較」奥野正寛・鈴村興太郎・南部鶴彦編『日本の電気通信——競争と規制の経済学』日本経済新聞社．
総務庁（1997），「97年版規制緩和白書」大蔵省印刷局．
総務庁（1998），「98年版規制緩和白書」大蔵省印刷局．
総務庁（1999），「99年版規制緩和白書」大蔵省印刷局．
並河信乃（2003），「構造改革特区をいかに活かすか」『行革国民会議ニュース』137，行革国民会議，6-14．
松村敏弘（2004），「企業結合に関する産業組織論からの評価」鶴田俊正・糸田省吾・日

下部聡編『産業再生と企業結合：課題―政策―ルール』NTT 出版，365-392.

Baumol, William J. (1982), "Contestable Markets : An Uprising in the Theory of Industry Structure," *American Economic Review*, 72(1), 1-15.

Baumol, William. J., John C. Panzer and Robert D.Willig (1982), *Contestable Markets and the Theory of Industry Structure*, New York : Harcourt Brace Jovanovich.

Faulhaber, G.R. (1975), "Cross-subsidization : Pricing in Public Enterprises," *American Economic Review*, 65(5), 966-977.

Mankiw, N. Gregory and Michael D.Whinston (1986), "Free Entry and Social Inefficiency", *Rand Journal of Economics*, 17, 48-58.

Matsumura, T. (2003), "Consumer-Benefiting Exclusive Territories," *Canadian Journal of Economics*, 36(4), 1007-1025.

Suzumura, K. and K.Kiyono (1987), "Entry Barriers and Economic Welfare," *Review of Economic Studies*, 54, 157-167.

Stiglitz, J.E. (1981),"Potential Competition may Reduce Welfare," *American Economic Review : Papers and Proceedings*, 71, 184-189.

Thisse, J.-F. and X.Vives (1988), "On the Strategic Choice of Spatial Price Policy," *American Economic Review*, 78(1), 122-137.

Vickers, J. and Yarrow, G. (1988), *Privatization-An Economic Analysis*, Cambridge, Mass.: MIT Press.

Wolfram, C.D. (1999), "Measuring Duopoly Power of the British Electricity Spot Market," *American Economic Review*, 89(4), 703-725.

5章
雇用システムの継続と変化
知的熟練と成果主義
●
中村圭介

1. 労働をめぐる諸変化

　労働分野においても，ショッキングな出来事が続いた十数年であった．労働市場に目を向ければ，失業率は5％を超え，雇用労働者数はこの40年間で初めて純減を記録した．正規従業員数も同じく純減を記録し，雇用形態の多様化はさらに進んだ．

　あの第一次石油危機直後の不況時でさえ，失業率は1.9％であった．労働市場に極めて大きな変化が生じたことがわかろう．失業率の高止まりの原因の1つは，失業者が働くことをあきらめ労働市場から退出するのではなく，失業者として労働市場にとどまるようになったことである（厚生労働省 2002, 96）．自ら進んで，良い職をみつけようと転職を繰り返す人びとが増えたことも原因の1つである．つまり，労働者（失業者も含む）の行動に変化が生じ，結果として，失業率が高止まりしている．

　だが，それよりもむしろ，働く機会が減ってしまった，あるいは増えなくなったことの方が，失業率により直接的で，より深刻な影響を及ぼした．それまで規制によって手厚く守られてきた産業から，少なくない人びと（自営業主や家族従業者を含めて）が排出された（仁田 2003）．これもまた，失業率の上昇をまねいた．しかし，最大の原因は雇用を生み出す企業の力が弱くなったことである（玄田 2004）．その結果，働く機会が減ってしまった．1997年の金融危機以降は特にそうである．

失業はすべての労働者に平等に生じたわけではない．若者と高齢者に集中した．この2つの層で失業率が高いことは，今に始まったことではない．だが，失業率の水準そのものが急上昇した．1990年以前であっても，もちろん，失業は解決すべき社会問題の1つとしてとらえられ，さまざまな対策が講じられた．その焦点は中高年層，とりわけ中高年男性労働者に当てられていた．若者は独り身であることが多く，また適職探しのプロセスだから，失業もさほど深刻ではないと考えられてきた．こうした風潮の見直しを強く迫ったのが玄田（2001）である．中高年層の雇用確保（これは，いわゆる長期雇用慣行の産物である）と引き換えに，若者の雇用機会が奪われていると論じたのである（玄田 2001；玄田 2004）．

　雇用の質という点においても若者は不利な状況におかれている．こういう認識も広まった．学校を卒業または中退し，アルバイトやパートで働く，あるいは働こうとする若者たち（フリーターと呼ばれる）は200万人にのぼるとの推計がある（厚生労働省 2003, 142）．「不利」というのは，正規従業員として就職した同世代の若者と比べ，労働条件も劣り，キャリアの見通しも明るくなく，彼らの多くがそこからの脱出を試みているからである（小杉編 2002）[1]．

　パートなどの，いわゆる非正規従業員の活用は1970年代後半より広がってきたのであり，1990年代に突如，広がったわけではない（佐藤 1999）．1990年代の新しさは，それまで増え続けていた正規従業員数（役員を除く）が1990年代後半以降，減少傾向にあること（白石 2003, 25-28；厚生労働省 2003, 14），そのせいもあって，非正規比率の上昇のテンポが加速していることである．雇用形態の多様化がさらに進む．ちなみに，非正規比率は1990年の20.2％（男性8.8％，女性38.1％）から，2003年の30.4％（男性15.6％，女性50.6％）まで上昇している[2]．

　ざっと見ただけであるが，労働市場に大きな変化が生じていることがわかろ

---

1) フリーターの労働市場については，さらに，『社会科学研究』（東京大学社会科学研究所）の第55巻第2号に掲載された論文，なかでも，小杉・堀（2004），高橋・玄田（2004），本田（2004）も参照されたい．
2) 1990年は総務庁統計局『労働力調査特別調査』（2月調査）から，2003年は総務省統計局『労働力調査（詳細集計）』（年平均）によっている．非正規比率＝非正規従業員÷（正規従業員（役員を除く）＋非正規従業員）で算出した．

う．労働市場ばかりではない．労使関係においてもショッキングな出来事が起こった．労働組合員数が1994年をピークに絶対的に減り始め，そして，春闘が崩壊した（中村 2004；中村 2005）．

働く人びと全体の中で労働組合に加入している人の割合（これを組織率という）は，1975年からの30年間，減り続けている．1975年の34.4％から2003年の19.6％まで一直線に低下している．右肩下がりである．だが，労働組合員の総数が，同じように右肩下がりだったというわけではない．1,250万人を中心に上下していた．しかし，1994年に，戦後最高の1,270万人を記録した後，減り始めた．この10年間でおよそ200万人の組合員が消えていった．年平均2.06％の減少である．

日本の労働組合の多くは，企業ごとに組織されていて，企業別組合といわれる．基盤である企業の経営が悪化し従業員が減ると，その影響がすぐに労働組合に及ぶ．組合員もまた減ってしまうのである．1994年からの減少の最大の原因はこれである．組合をつくって，新たに組合員になる人びとは毎年5万人から15万人いるけれど，減少をくいとめるまでにはいかない．日本の労働組合は，まさに，縮み始めた．

毎年，春になると，日本の労働組合は賃金，ボーナスなどの労働条件の引き上げを求めて，いっせいに行動を起こす．春闘である．春闘がもっとも勢いがあったのは高度成長期であり，1980年代にはその勢いも弱まり，1990年代になるとさらに弱まった．とはいえ，労働組合にとっては一大行事であり，いまなお続いている．春闘とは，賃金引上げを中心に，労働条件の世間相場をつくることを目指した運動である．その影響は組合員だけではなく，組合に入っていない労働者たちにも及ぶ．組合のない企業の経営者であっても，世間相場くらいは出さないとまずいだろうと考えて，賃金を引き上げる．これが春闘の1つの成果である．

1990年代の末になると，このメカニズムは崩壊した．図5-1は賃上げ率の分散（ちらばり具合）[3]と賃上げをしない企業比率をみたものである．賃上げ率のちらばり具合が徐々に大きくなっていき，1998年以降は急激に上がっているのがわかろう．また，賃上げをしない企業（賃金を引き下げた企業も含む）の割合も，徐々に増え，1998年以降，著増したこともわかろう．この図

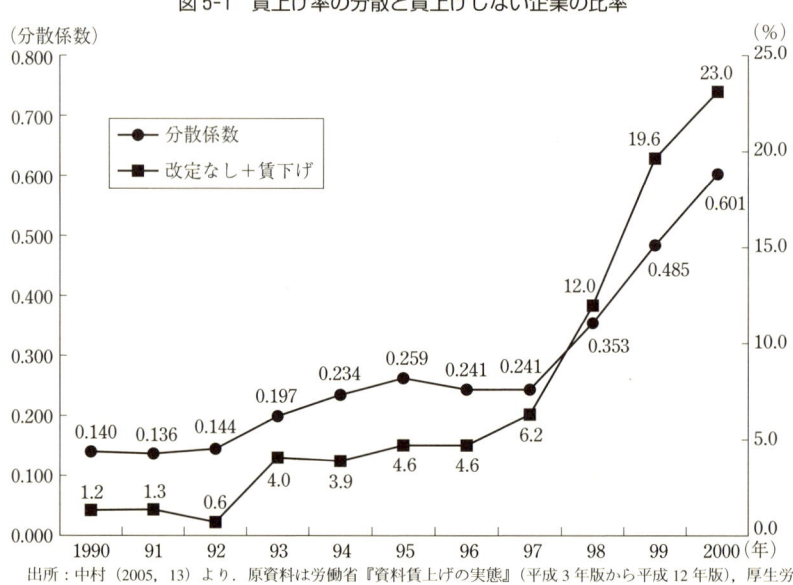

図 5-1 賃上げ率の分散と賃上げしない企業の比率

（分散係数，縦軸左）：0.140（1990）, 0.136（91）, 0.144（92）, 0.197（93）, 0.234（94）, 0.259（95）, 0.241（96）, 0.241（97）, 0.353（98）, 0.485（99）, 0.601（2000）

（改定なし＋賃下げ，％，縦軸右）：1.2, 1.3, 0.6, 4.0, 3.9, 4.6, 4.6, 6.2, 12.0, 19.6, 23.0

出所：中村（2005, 13）より．原資料は労働省『資料賃上げの実態』（平成3年版から平成12年版），厚生労働省『資料賃上げの実態』（平成13年版）．

にはのっていないが，賃上げをしない企業比率は，その後，24.4％（2001年），36.1％（2002年），34.9％（2003年）と推移している．世間相場ができていれば，賃上げ率のちらばり具合も小さくなるだろうし，また，賃上げをしない企業もごくわずかにとどまるだろう．したがって，この2つの指標の変化は，世間相場が形成されなくなったことをはっきりと物語る．春闘の崩壊である．

もちろん，企業の中においては，労働組合の多くは経営参加を着々と進め，経営の重要事項などについての深い話し合いを経営側と行っている（中村 2001a）．だが，組織されたセクターが縮まりつつあるのだ．

以上，簡単にみてきたように，労働市場にも労使関係にも大きな変化が生じ

---

3) 分散係数は四分位分散係数である．四分位分散係数は次のように計算される．まず企業ごとの平均賃上げ率を大きい順からならべ，上から4分の1目にあたる賃上げ率（Aとする），下から4分の1目にあたる賃上げ率（Bとする），真ん中に位置する賃上げ率（Cとする）をそれぞれ抜き出す．その上で（A−B）/2Cを計算する．AとBの間が大きくなると，分散係数も大きくなる．

ている[4]．では，この十数年の間に，企業の中では，労働をめぐり何が起こったのか．これを以下では見ていきたい．変化のすべてを取り上げることなどできない．対象を大企業に限り，次の2つに焦点をあてたい．1つは工場で働くブルーカラーの熟練にどんな変化が生じたのか，2つめはホワイトカラーの成果主義はいったい何を変え，人事管理にどのような影響を与えるのか，である．ブルーカラーとホワイトカラーを区別したうえで[5]，それぞれに生じた変化の内実を明らかにすること，これが1つの目的である．

　目的は，実は，もう1つある．この2つの変化を明らかにすることをとおして，いわゆる「日本的雇用慣行」をめぐる議論の無意味さを示したい．不況になると，必ずといってよいほど，日本的雇用慣行を見直すべきだとの議論がまきおこる（中村 2001b）．1960年代からそうである．しかも，ブルーカラー，ホワイトカラーをはっきりと区別しながら，議論が行われることはない．終身雇用であれ，年功賃金であれ，具体的に何を指すのかはさほど明らかではない[6]．明らかではない以上，それをどう見直すかを議論しても，あまり意味のある結論はでてきそうにない．にもかかわらず，不況になるたびに繰り返される．

　議論が繰り返される理由の1つは，雇用慣行や人事管理（日本的であってもなくても）が企業のパフォーマンス（収益）に直接，大きな影響を及ぼすという思いこみがある．普通に考えれば，個別企業の収益を左右するのは，どのような市場をターゲットに，どのような特性をもつ製品，サービスを供給するか，つまり経営戦略である．経営戦略において正しいかどうかを見極めることなく，雇用慣行や人事管理に原因を求めようとする議論はどこかおかしい．2つの変化を明らかにしつつ，このおかしさを論じていきたい．

　以下の叙述は次のように進める．第2節ではブルーカラーに焦点をあてる．

---

4)　日本の労働組合が，現在，どのようなチャレンジを受けているのかについては，中村・連合総合生活開発研究所編（2005）を参照されたい．

5)　わざわざ「ブルーカラーとホワイトカラーを区別したうえ」と断るのは，日本的雇用慣行をめぐる議論を含めて，労働をめぐる議論はこうした区別を明示的にしないままに行われ，それが議論の混乱を招いているように思えるからである．

6)　終身雇用，年功賃金という概念が多様で，曖昧であることについては，仁田（2003，序および第1章）を参照されたい．

1980年代に，世界的に注目を浴びたのは製造業の高い生産性であり，それを支えたブルーカラーの高い熟練であった．まず，1980年代にはどのような事実発見と議論があったのか，人事管理はどう位置付けられたのかを簡単に見る．その上で，1990年代にはいり，何か大きな変化が起きたのかを見ることとする．第3節ではホワイトカラーに焦点をあて，仕事管理の仕組みと実際をみた上で，成果主義の内実と影響を探ってみたい．なお，仕事管理とは何かについては，第3節で詳しく述べる．第4節では要約を行う．

2. 知的熟練と生産システム

2.1 知的熟練と生産管理

1980年代の労働研究の大きな成果の1つは，ブルーカラーの知的熟練の発見である．研究をリードしたのは小池和男である．多様な職場を対象に，丹念なインタビュー調査と丁寧な観察をとおして次のことを発見した（愛知県労働部 1987；小池・猪木編 1987）．工場には普段の作業と，異常と変化への対応という普段とは違った作業の2種類があり，日本の大企業のブルーカラーの多くは，普段の作業だけではなく，後者の，普段とは違った作業も行っている．異常とは，機械の不調，不良品の出現などのトラブルを指し，それへの対処とはトラブルの原因を推理し，対策を考え，講じることである．変化への対処とは，生産量，製品の種類，生産方法，人員構成におきる変化にスムースに対応することである．異常と変化は「…一見くり返し作業ばかりにみえる量産職場でも，よく観察すれば，思いのほかに…おきていることに気づく」（小池・猪木編 1987, 10）．こうした異常と変化への対応を可能にする熟練が「知的熟練」であり，この知的熟練が日本の大工場の高い効率を支えている．これが，このグループの発見と論理であった．

では，誰が，何故に，大企業のブルーカラーに知的熟練を持つことを求めたのだろうか．熟練の形成は，いまや，企業の中で行われている．とすれば，求める主体は企業だと考えるのが自然である．

この問題を考えるために，視点をやや変えて，日本の製造業の高い生産性の

背景を探ろうとした，いま1つの研究潮流に着目しよう．それらは生産管理に焦点をあてていた．生産管理とは，さしあたり，製造原価を引き下げることを目指して，生産がより効率的になるように，生産過程をコントロールする諸活動だと考えておけばよい[7]．

戦後，統計的品質管理（Statistical Quality Control）[8]，IE（Industrial Engineering）[9]などの生産管理技術，技法がアメリカから日本に次々と紹介された．日本の製造業は，これらの先進技術を積極的に学び，生産活動に応用し，高い品質，高い生産性を実現していった．品質管理についていえば，石川（1984），木暮（1988），西堀（1981）がそのプロセスを明らかにしている．IEについていえば，その1つの到達点として，徹底的にムダを省いたトヨタ生産方式をあげることができよう（大野 1978；門田 1985）．こうして日本の企業は高い生産性を自らのものにしていった．

管理技術が定着していく過程で，1つの，大きな変容が生じた．管理技術，技法を活用し，製造原価低減をめざして生産をコントロールするのは，当然，技術者（品質管理技術者，生産技術者）の役割である．輸入元のアメリカではそうであった．だが，日本の企業は，職場のブルーカラーにもその役割の一部を担うことを「結果として」求めた．それを示す端的な例が，1960年代半ば頃に産声をあげた，かのQCサークルである．職場の仲間が集り，職場の問題を考え，簡易なQC技法，IE技法を活用し，その原因を究明し対策を考案す

---

7) やや，堅苦しく定義すれば次のようになる．生産管理とは，原価低減を目的とし，生産活動を計画，組織，統制する職能の総称をいい，工程管理，品質管理，作業研究，運搬管理，在庫管理などを含む（田杉・森 1956）．

8) 日本規格協会（1987）によれば，品質管理とは「買手の要求に合った品質の品物又はサービスを経済的に作り出すための手段の体系．また，近代的な品質管理は，統計的な手段を採用しているので，特に統計的品質管理（Statistical Quality Control, 略してSQC）ということがある」（1331）．その技術，技法としては，管理図，抜き取り検査法，パレート図，特性要因図，散布図，実験計画法，サンプリングなどがある．

9) IEとは何かをめぐってさまざまな議論があるが，ここではベル（1957）の定義を紹介しよう．IEとは①材料の浪費，②機械の稼働時間のムダ，③操業に従事している人員のムダ，④操業に用いられているムダをなくすことによって，費用の削減をはかろうとすることであり，そのための技術，知識として時間研究，動作研究，数学，工学的知識および原理などを使う．

る．それによって不良率が減り，生産性が向上する．つまり，職場の労働者たちが生産管理業務の一部を担い，製造原価の低減に寄与する．

　QCサークルの誕生は，組織をどう設計するかという思想に，大きな転換が起こったことを示す．説明を必要としよう．工場の業務は，計画，統制など「思考」を要する業務と，指示どおりに肉体を動かす「遂行」の業務の2つに大別できる．経営者や技術者は前者の業務に，労働者は後者の業務にそれぞれ専念することによって，生産性を高めることができるとの考え（これを思考と遂行の分離という）を20世紀初頭に提唱したのは，フレデリック・W・テイラーであった（テイラー 1969）．この原則によって，工場組織が設計されることをテイラーリズムと呼ぶ．これに対して，QCサークルは「思考」の一部を労働者たちが担うことを求める．分離原則を部分的に破棄したのであり，思想上の大転換であることがわかろう．

　「結果として」というのは，日本の企業が，当初より，この転換を目指して，QCサークルをつくりあげたわけではないからである．むしろ，1950年代半ば以降本格化した国内における激しい企業間競争と，迫りくる資本の自由化そして国際競争という環境要因が重要である．日本の企業は，厳しい経営環境の中で生き残るために，輸入された管理技術を活用し，経営管理の合理化を進めていくことを強く求められた．その結果，分離原則が一部破棄され，QCサークルがうまれた（宇田川・佐藤・中村・野中 1995；中村 1996，第3章）．

　QCサークルから知的熟練まではほんの一歩である．仕事を離れて行っていた「思考」部分が，日常の仕事に取り入れられた．日本の企業は，より高い品質とより高い効率をさらに求め，それに応えていくためには，日常的に，問題を発見し，解決をする必要が生じた．異常と変化への対応を，日常的に行っていくことを職場のブルーカラーに求めた．こうして職場のブルーカラーは知的熟練を持つようになった．

　まとめよう．ストーリーはこうである．日本の企業は，戦後アメリカから輸入されたQC，IEなどの管理技術，技法を積極的に学び，それを生産に応用して，生産管理を愚直といえるほどまでに徹底して行った．その結果，品質も生産性も飛躍的に高まった．生産管理を徹底するために，職場のブルーカラーを巻き込み，異常と変化へ対応すること，言い換えれば生産管理業務の一部を彼

らが担うことを求めた．その結果，QC サークルが生まれ，さらにブルーカラーが知的熟練を持つようになった．こうして，1980 年代の製造業の高い生産性が実現した．キーワードは，徹底した生産管理，生産管理業務の一部を担う知的熟練を持った労働者たちである（中村 1996）．

このストーリーには，日本的雇用慣行も日本的人事管理も出てこない．雇用慣行や人事管理から，日本企業の高い生産性を説いてはいない．これがポイントである．もちろん，人事管理には相応の役割がある．次のようである．

企業の中で互いに関連する仕事群を長期にわたって経験していくことによって，知的熟練は形成される．これが基本である．そして節目ごとに，仕事を離れた場所で，理論を学んでいけばよい．熟練形成をさらに促すためには，その向上ぶりを公平に評価し，評価結果に応じて，毎年，賃金を上げていく仕組みがあればよい．つまり，長期雇用と企業内キャリア，教育訓練，査定つきの定期昇給制度が必要となる．このようにして，日本企業にみられる人事管理と知的熟練は結びつく．次のようにいってもよい．ここでみたような特徴を持つ人事管理は，知的熟練の形成にとって必要条件ではあっても，十分条件ではない．つまり，こうした人事管理があるからといって，自動的に知的熟練が形成されるわけではないが，知的熟練が形成されるためにはこの人事管理が必要となる．

2.2 持続と進化

1990 年代の初頭以降，知的熟練には大きな変化が生じたのであろうか．結論からいえば，いくつかの調査を見る限りにおいて，生産システムに一部変化が見られるものの，知的熟練それ自体に大きな変化が生じたとはいえない[10]．だが，1990 年代後半以降，知的熟練と生産システムの将来に不安を抱かせるような事態が生じつつある．まずは前者から見よう．1990 年代前半から後半にかけて行われた鉄鋼，自動車，電機の調査を取り上げる．

土屋（1997），平地（2004，第 2 章）が鉄鋼業の職場を丹念に調べている．

[10) 藤本（2004）の「強い工場・弱い本社」という指摘は，1990 年代の製造業をうまく言い表しているように思える．工場はしっかりしているのに，つまり，高い生産性をあげる潜在的能力を工場は十分に持っているのに，本社の戦略が正しくないために，その潜在的能力を収益に結びつけられない．

転炉職場[11]について，いずれの研究も次のように指摘する．

　転炉職場で最も重要な仕事は吹錬である．吹錬とは，溶けた銑鉄に，酸素を吹き込み，また副原料，冷却材を投入して炭素を取り除く仕事である．仕事の良し悪しによって鋼(はがね)の質が決まる．酸素量，副原料，冷却材の量は，実は，予めコンピュータによって決まっている．だが，コンピュータに全面的に依存しているわけではない．平地（2004）の詳細な分析を見よう．

　コンピュータには18種類の吹錬パターンが組み込まれていて，「酸素の流動速度調節と副原料の投入タイミングがコンピュータ制御されている」（平地 2004，89）．吹錬作業は15分間続くが，コンピュータ任せなのは「実は，前半の12分間」（同上，90）である．この時点で「…炭素量と温度が計測される．そして，計測値と目標値との間の差が計算されるが，この差を埋めるための『ダイナミックコントロール』と呼ばれる吹錬がさらにおこなわれていく」（同上，92）．「…温度コントロールのためにどのくらいの冷却材を投入するか，残りの吹き込み酸素量はどの程度かという指示」（同上，92）はコンピュータによって出される．ここからが重要である．「最後の仕上げであるダイナミックコントロールにおいては，こうしたコンピュータの指示に従うかどうかは，吹錬者の判断に委ねられている」（同上，92）．

　土屋（1997）によれば，ダイナミックコントロール以前でも，補正が入ることがあるようである．多少，長いがインタビュー記録を引用しよう．

「…コンピュータが酸素量，副原料投入量，冷財(ママ)投入量などを設定するが，それに対して吹錬者が補正をする．それはコンピュータでは把握できないが吹錬の結果に影響をおよぼす要因がたくさんあるからで，そういったことを考慮して吹錬者が補正をする．そうした要因は，例えば炉についた地金の状況，炉の冷えかた，…あとはスラグの状況とか，また高炉が出す溶銑の状況…．」「ダイナミックコントロールで酸素量と冷財(ママ)投入量が指示されるが，それもそのまま操作するのではなくて，フレーム（炎）の形と吹いた酸素量でカーボン（炭素）の量，温度を判断しながら調整する」（土屋 1997，61-62）．

---

[11]　転炉職場は製鋼部門の一部である．製鋼工程とは，高炉で生産された溶けたままの銑鉄から，炭素，珪素，マンガン，燐，硫黄などの鉄分以外の物質を取り除く工程である．

まさに，異常と変化への対応を日々求められていることがわかる．土屋（1997）が正しく指摘するように，「作業工程，作業対象には多くのさまざまな攪乱要素が入り込むことによって，機械的対応が許されない世界なのである」（同上，78）．

自動車についても2つの研究をとりあげよう．石田（1997）と小池・中馬・太田（2001）である[12]．

石田（1997）が設定した課題の斬新さ，調査によって得られた発見は衝撃的である．経営側から与えられる原価低減の数値目標に職場のブルーカラーたちがいかに動員され，彼らの持つ知的熟練がいかに発揮されるのか，これが設定された課題である[13]．まさに生産管理業務そのものである．知的熟練論の想定する「異常と変化への対応」とは明らかに次元が異なる．知的熟練論では，日常の業務で思いのほかに発生する異常と変化に職場の労働者たちがいかにうまく対応し，結果として，原価低減（品質向上も最終的にはここに落ちつく）に寄与する姿が描かれた．これに対して，石田が描こうとするのは，原価低減そのものを直接，目指す活動である．

発見は次のようである．経営側から与えられる原価低減の数値目標は，職場

---

12) この2つ以外に，貴重な研究としては中部産業・労働政策研究会（1995）もある．

13) あえて付け加えるとすると，石田のこの課題設定それ自体が知的熟練論に対する批判を意図している．次のようである．職場の高い効率は，最終的には目標とされた原価をクリヤーできるかどうか，あるいは，さらに進んで原価低減目標を達成できるかどうかで測定される．石田は次のように問う．知的熟練がこの意味の高い効率をもたらすとしたら，それはいかにして可能か．職場の労働者たちが，経営側からのコントロールなしに，自発的に，知的熟練を発揮し，この目標を達成しようとするのだろうか．知的熟練論にそってこの問いに答えるとすれば，査定つきの賃金制度によって，そのドライブがかかるということになろうか．しかし，賃金のインセンティブは間接的であるし，日々の仕事で，このインセンティブが常に意識されているとは思えない．やはり，経営側からのコントロールが職場までおりて，知的熟練の発揮を常に促すという仕組みがなくてはならない．この視点が知的熟練論では欠落している．それゆえに，上からおりてくる原価低減目標という高い目標に，職場の労働者たちがどのように動員され，個々の労働者たちが持つ「知的熟練」がそれにどのように寄与するのかを描こうとしたのである．なお，石田（2003，第1章，第2章）も参照されたい．

で受け止められ，その達成に向けて改善が積み重ねられる．そこにこそ改善の役割がある．中心は職長，班長である．だが，一般作業者の寄与はかなり控えめなものである．「味わうべきは 20 名程度の一般作業者の内で 3 名『頭の切れる者』がいたら『楽になる』という程度に，一般作業者の改善案への参加の度合いは低いという事実である」(石田 1997, 28)．

だが，大詰めの段階では，一般作業者も改善に参加する．たとえば，ラインのスピードに合わせて職務を再編成する場合，職務にかかる時間をあと 2 秒減らしたいというようなときには，一般作業者に考えてもらうなどである．とはいえ，改善への貢献は控えめである．もっとも，そうした参加は「中期的な人材形成の側面で欠かせない」(石田 1997, 31)．

上から降りてくる原価低減の数値目標を職場でこなしてしまう．それほどの知的熟練を職長，班長，そしてほんのわずかではあるけれど一般作業者が持っている．日本の自動車産業が，なぜに高い生産性を維持できるのかの秘密の一端を垣間見ることができる．

では，「異常と変化への対応」はどうであろうか．小池・中馬・太田 (2001) はトヨタの全面的な協力を得て，組立，プレス，車体溶接，プラスティック成形，塗装，鋳造・鍛造の 6 種類の職場を調べている．

知的熟練は健在である．表 5-1 にあるように熟練の 4 つのレベルが示された．対象は班長，一般作業者であり，職長以上の監督者を含まない．この表にいうレベルⅡは養成途上の若手本工層が該当し，レベルⅢ，レベルⅣが知的熟練に相当する．知的熟練の保有者は，職場にどの程度存在しているのか．「レベルⅢ以上は概して 5, 6 割ほどしめる」(小池・中馬・太田 2001, 7)．本工で

表 5-1　熟練の 4 つのレベル(組立職場を例として)

レベル	指　標
レベル I	1 つの職務しかできない．ラインの速さに遅れずに，なんとか作業できる．
レベル II	3〜5 つの職務ができ，しかも品質不具合の検出ができる．
レベル III	職場内のほとんどの職務ができ，品質不具合の原因が推理できる．設備の不具合も，面倒な問題でなければ，自分で処理できる．
レベル IV	モデル・チェンジの際に，新規設備の導入や機械設備の配置換えに対応でき，職務設計ができる．

出所：小池・中馬・太田 (2001, 6-10, 17-21) より作成．

あれば「多数はレベルⅢにおよぶ．だが，レベルⅣはそうではない．同期のひとでそこに到達できるのは一部である」（同上，9）．レベルⅣの者たちが，石田（1997）の発見した原価低減の数値目標を達成するために改善を考案する班長やごく一部の作業者に該当しようか．

　鉄鋼，自動車では生産システムに大きな変化はみられなかった．だが，電機では1990年代に，生産システムに変化がみられた．変化というよりも，進化といった方がよい．連合総合生活開発研究所（2001），都留編（2001）がともにその進化をとりあげている．連合総合生活開発研究所（2001）によりながら，何がいかに進化したのかを見ていこう．

　第1に，生産管理システムが革新された．高度な情報システムを活用して，生産計画，生産指示，部品発注，製造，物流までの全プロセスを統合的に管理するようになった．そのため「生産計画期間の短縮化が可能になり，需要の変化に合わせて短いサイクルで計画を立て，生産指示を行うことが可能になった」（連合総合生活開発研究所 2001，10）．

　第2に，ベルトコンベアーが消えつつある．その基本は「…多くの人が細かく分業しながら生産を行うこれまでの分業型生産ラインを，出来る限り，分業を減らし，一人の作業者が多くの工程を担当する統合型ラインに変更していくことである」（同上，11）．以前は，長いベルトコンベアーがあり，作業者はコンベアーの横に座り，1つの工程を担当していた（もちろん，ローテーションはあったし，流れてくる製品も多種類あった）．新しい生産方式は，複数の工程を1ヶ所に集め，1人ないしは少人数でそれらを担当する．セル生産方式，1個流し生産，U字ラインなどである．都留編（2001）の言い方を借りれば，「作業者に依存した自律分散型の生産方式」（同上，16）である．

　統合型あるいは自律分散型生産方式の採用は，いうまでもなく，製品在庫，仕掛品在庫をできる限り抑えながら，多品種少量生産，製品サイクルの短縮化へ対応するためである．機械設備の頻繁かつ大幅な切り替えをするよりも，柔軟な人間労働力に依存する方が，コストはかからない．電機産業にみられる，このような生産システムの進化の源流にはトヨタ生産方式がある（都留編 2001，75-76）．

　ブルーカラーにはどのような変化が生じたのか．複数工程を担当するように

なったのだから，より多能工化したことは推測がつく．連合総合生活開発研究所（2001）のアンケート調査の結果を図5-2でみてみよう．

図5-2は，現在の生産革新にともなって，一般作業者に必要とされる技能や能力の重要度が増したかどうかをたずねた結果である（企業規模1,000人以上に限定）．8つの技能・能力のうち7つについては（生産計画に関する能力を除けば），過半数の企業が，重要度を増したと答えている．中でも，多工程を担当できる幅広い技能（増加とやや増加を合わせて87.5％，以下同じ），職場改善能力（83.5％），段取り・次工具に関する技能（73.2％），品質管理能力

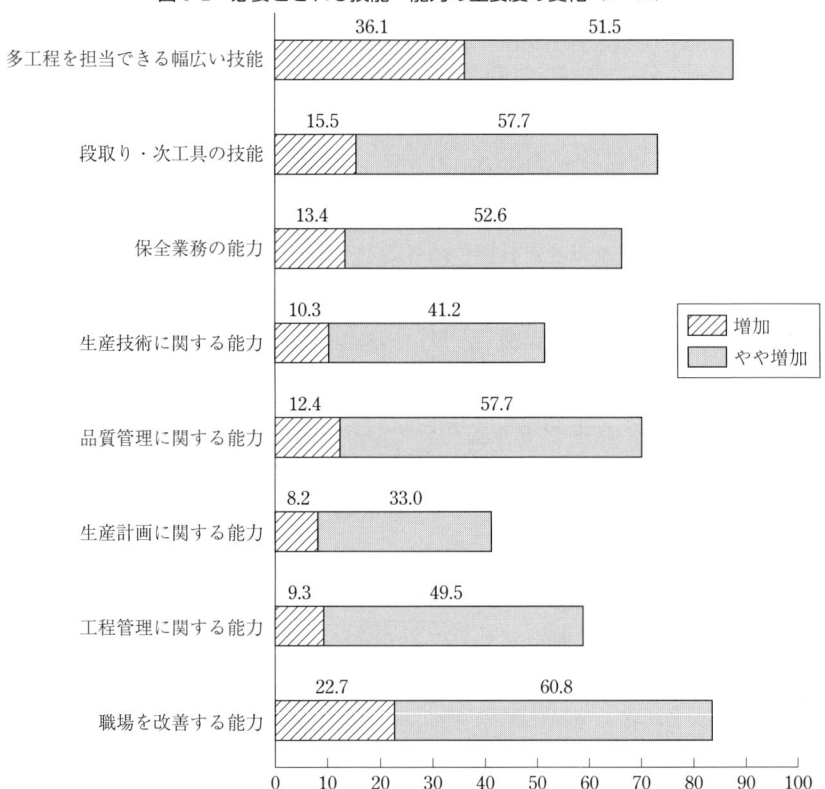

図5-2 必要とされる技能・能力の重要度の変化（N=97）

技能・能力	増加	やや増加
多工程を担当できる幅広い技能	36.1	51.5
段取り・次工具の技能	15.5	57.7
保全業務の能力	13.4	52.6
生産技術に関する能力	10.3	41.2
品質管理に関する能力	12.4	57.7
生産計画に関する能力	8.2	33.0
工程管理に関する能力	9.3	49.5
職場を改善する能力	22.7	60.8

出所：連合総合生活開発研究所（2001, 168-170）より作成．
注：企業規模1,000人以上の数値である．なお，重要度が減少，やや減少という回答はほとんどなく，「増加＋やや増加」以外は，「変わらない」と考えてよい．

(70.1％)，保全能力（66.0％）の指摘率が高い．

　これらのうち，特に職場改善能力，品質管理能力，保全能力が多くの一般作業者に求められていると考えるのは，おそらく正確ではないだろう．自動車の事例からもわかるように，職場で経験を積んだ一部のブルーカラーだと考えた方が，事態を見誤ることは少ない．とはいっても，ブルーカラーに従来以上に知的熟練が求められるようになった．

　以上をようするに，1990年代にはいって，知的熟練や生産システムが深刻なダメージを受けたという事実は見当たらない．藤本（2004）が指摘するように工場はまだ強いのである．だが，それを揺るがす事態が1990年代後半から見られるようになってきた．

2.3　外部人材と動揺

　1990年代後半より，電機産業，自動車産業の職場で見られるようになった大きな変化は，請負労働者の急増である．

　木村（2004）によれば，2003年現在で，電機産業の304の事業所のうち請負労働者を活用していない事業所はわずかに9.9％にすぎない．年間を通じて活用が74.7％，繁忙期など特定の時期に活用が13.5％である．1,000人以上の事業所になると（N=73），活用していないは5.5％と減り，年間が80.8％，繁忙期が13.7％となる．正規従業員を含め事業所で働くすべての労働者に占める請負労働者の比率は16.5％にもなり，請負労働者が20％以上を占める事業所は，実に32.2％にものぼる．

　中部産業・労働政策研究会（2003）によると，これまで期間工（臨時工）を大量に活用していた自動車産業でさえ，2002年9月現在で，74社中51社（68.9％）が請負労働者を活用している．正規従業員を含め工場で働くすべての労働者に占める請負労働者の比率は7.2％になり，期間工の5.7％を上回る．

　佐藤（2004）はこうした動きに次のように警鐘を鳴らす．製造業企業へのアンケート調査（N=413社）によると，外部人材の活用はプラスの面を持つと評価されているものの，中長期的に人材育成面でマイナスの影響が生じる（52.8％），生産管理や品質管理面でマイナスの影響が生じる（39.0％）などの懸念も表明されている．工場長に対するアンケート調査（N=227）でも，現

場の力の低下を危惧する声が54.2%と半数を上回っている．現場の力に不安を持つ工場長の約7割は，人材育成ができないことをその背景としてあげている．

同じような懸念は職場単位の調査でもあがっている．木村（2004）によると，請負労働者を活用している電機の職場（N＝670）は，突発的業務量増大への対応が可能になる，需要変動に対し正社員の雇用が安定するなどのプラスの影響を指摘するものの，他方で，マイナスの影響は特にないとしたのは22.1%にすぎない．つまり，8割弱は正社員を増やすことができない，ノウハウの蓄積・伝承が難しくなったなどのマイナスの影響を指摘する．表5-2を見れば，自動車産業でも同じことが生じている．正確には，正規以外の労働者には期間工，パート，他社からの応援者も含まれるから，請負労働者だけの影響ではない．だが請負労働者が最も多いとした職場は43.8%で，期間工の39.0%を上回る．請負労働者の影響が強いとみてよいだろう．

この表から，非正規・請負労働者が増えるにつれ，品質の維持・向上が難しくなり，人も育てられなくなり，現場改善力が低下し，要員管理が難しくなると答える職場が増える．

ようするに，1990年代後半より請負労働者などの外部人材が電機産業や自動車産業で積極的に活用されるようになった．その目的は人件費を柔軟に変動させ，人件費総額を抑制することである．だが，その結果，生産システムが動揺し，人材形成にマイナスの影響を与えるのではないかとの懸念が広がりつつある．

表5-2 非正規・請負労働者の比率別にみた職場の問題点

正規以外の労働者の比率	10%未満	10-20%未満	20-30%未満	30%以上
品質の維持・向上が難しい	44.5	47.3	55.8	56.1
職場内でローテーションができにくく，正規従業員の育成が妨げられる	41.8	47.3	55.0	51.7
職場における技能・技術の蓄積が困難になり，現場での改善力が低下する	32.0	34.9	38.3	44.4
定着率が低く，要員管理が難しい	24.1	30.1	36.7	42.4

出所：中部産業・労働政策研究会（2003，155）より作成．
注：調査対象は現場の監督者（班長，組長，工長・係長など）1,241人である．なお，回答不明は比率の算出の際には除かれているようである．

徹底した生産管理と，生産管理業務の一部を担う知的熟練を備えた労働者たち．正規従業員に限っていえば，これらの点に，1990年代にはいって大きな変化は見られない．だが，その外側から，これらに動揺を与える出来事が生じつつある．外部人材を積極的に活用することによって，このままであれば，品質や効率にマイナスの影響が出るかもしれない，また正規従業員の育成（＝知的熟練の形成）も十分にはできないかもしれない，こうした懸念が表明されるようになっている．これが現在の姿である[14]．

3. 仕事管理と成果主義[15]

3.1 ホワイトカラーの生産性

1990年代のホワイトカラーについて論じるならば，「成果主義」を取り上げないわけにはいかない．しかし，そもそも成果主義とはいったい何か．

ホワイトカラー個々人に対し，具体的な数値目標を与える．目標を無事クリヤーしたらより多くの報酬を，クリヤーできなければより少ない報酬を与える．これが飾りをすべてはぎとった成果主義の考え方であろうか．これでは，1世紀も前に，前節でも紹介したテイラーが提唱した「差別的出来高払い制度」のようである．テイラー（1969）によれば，①精一杯働いてはじめて達成できる

---

14) ちなみに佐藤（1999；2004）の提言は，「だから外部人材を活用するな」ではない．生産システムや人材育成にマイナスの影響がでないように，戦略を持って雇用ポートフォリオを組み，適切な請負企業を選択することが重要だと主張する．なお，今後の行方を占う上で注意すべきことは次のことである．現在，請負労働者として働く労働者には若者が多い．その背景には，若年労働市場が緩み，良好な雇用機会を見つけにくいことがある．しかし，経済が上向くにつれ，若年労働市場にも変化が生じていくだろう．良好な雇用機会を比較的容易に見つけられるようになれば，請負企業に向かう若年労働者は減り，賃金も上がっていく．そうなれば，現在のように安い賃金で，柔軟に利用することが難しくなり，なんらかの再編が進むと考えられる．この点に関しては，1950年代に1つの社会問題としてクローズアップされた臨時工問題が参考となろう．臨時工問題については中村（1989）を参照されたい．

15) 本節は中村・石田編（2005）の議論を簡潔にまとめたものである．関心のある読者は同書を参照されたい．

ほどの作業量を与え，②それをクリヤーしたら高い賃金を支払い，③できなかったら損をするような仕組みをつくり，この仕組みによって「日々，工員を刺激する」(100-101). 成果主義との違いは，わずかに，対象が工員ではなく，ホワイトカラーだということくらいである．しかし，こんな粗っぽい制度だけで，現代のホワイトカラーが懸命に働くようになる，つまりホワイトカラーの生産性が上がるとはとうてい思えない．もっと確かな仕組みがあるはずである．

　前節での叙述からわかるように，工場のブルーカラーの生産性は生産管理によってコントロールされる．人事管理がブルーカラーの生産性に，直接影響を及ぼすわけではない．同じことがホワイトカラーにもあてはまる．

　ところで，ホワイトカラーの生産性の低さと生産性向上策は1960年代より繰り返し議論されてきた．1960年代末では日経連職務分析センター編（1969）が間接部門の効率の低さを指摘し，その解決策を論じ，1990年代においても，日経連広報部編（1993, 1996）が，いわゆるビジネス・プロセス・リエンジニアリングを通じたホワイトカラーの生産性向上策を示している．この他にもホワイトカラーの生産性を取り扱った文献，報告書は数多く出版され（生産性研究所編（1995）など），生産性向上の手法を論じたビジネス書も多く出版されている．

　ここでは，その1つ1つを取り上げることはしない．次のようにいうだけである．膨大な報告書，文献，ビジネス書の刊行は，実は，ホワイトカラーの生産性を向上させるための決定打をまだ見いだせていないことの表れではないか．

　決定打を見いだせずに，ホワイトカラーの生産性をめぐる議論はいまだ混迷の中にある．その混迷の原因の1つは，ホワイトカラーの生産性の測定問題への執着にある．工場とは異なり，ホワイトカラーの生産性を測定する指標を見つけ出すのは困難である．したがって，生産性を直接，向上させる策もなかなか見つからない．

　だが，生産性を測定しなくても，目標を立て，その目標値に到達するように促し，進捗状況をチェックし，遅れがあれば対策を講じる，つまり Plan-Do-Check-Action という PDCA サイクルを回し続けることによって，結果として，生産性を上げることができよう[16]．この管理の仕組みは，普通，部門別業績管理と呼ばれる．部門ごとにおろされた会社の目標をいかに達成していくかを管

理する仕組みである．ホワイトカラーの生産性をコントロールするのは，この部門別業績管理である．部門別業績管理を前提としてはじめて，成果主義的報酬制度の確かさを吟味できる．

3.2 仕事管理

部門別業績管理[17]をここでは仕事管理と呼ぶことにする．ホワイトカラーの仕事を直接，管理する仕組みであることをいいたいためである．以下では，デパートの事例（中村 2003）を素材としながら，仕事管理と成果主義的報酬制度の内実を明らかにしていきたい．

仕事管理というのは，仕事の目標を立て，その達成状況をチェックし，目標と実績の乖離が見つかれば，その対策を講じる，このサイクルを回し続けることである．目標として利用されるのはどんな指標であろうか．1つはいうまでもなく，お金で測られる指標，つまり収入であったり，費用であったり，あるいは利益だったりする．だが，それだけではない．不良率，顧客満足度などの指標もある．後者は非財務的指標と呼ばれる．非財務的指標には，この他に，歩留まり率（原材料を効率的に使用しているかどうかを示す），市場占有率，納期や待ち時間，また従業員の能力開発の状況などもある．

ここで取り上げるデパートのミセス婦人服営業部では，財務的管理指標は予算で，非財務的管理指標は MD プラン（マーチャンダイジング計画）で与えられる．財務的管理指標は部レベルでは営業利益，その下の売り場レベルでは売上高（または差益高＝売上高−仕入高）になる．非財務的管理指標はターゲット顧客比率になる．なお，売り場を管理する者はセールスマネジャ，商品仕

---

16) ここで生産性を規定するのは，割り当てられる目標の確かさと PDCA の回し方の確かさである．後者についてはいうまでもないだろう．前者については次のようである．目標は経営者が客観的な状況を考慮にいれ，期待をこめて策定する．期待が大きすぎれば目標達成は不可能となり，小さすぎれば目標を達成しても大きな成果をもたらさない．いずれにしても，生産性は向上しない．ここに経営の難しさと面白さがあるように思う．

17) 業績管理論はマネジメント・コントロール・システム論で論じられているが，ここでは主として Anthony and Govindarajan (1998) に依拠し，Simons (1995) もまた参照した．

入れ担当者はバイヤーと呼ばれる．この2人が売り場の責任者となる．

　MDプランについて説明が必要であろう．MDプランには次の項目が書き込まれている．1つは顧客政策である．これは，営業部がターゲットとする顧客層（ミセス婦人服営業部の場合は35歳から44歳の婦人）を的確に捉えているかどうかを，前年度実績で確認し，今年度，ターゲット顧客層を獲得するためにはどうすべきかを分析したものである．ターゲット顧客層が減っているならば，前年のブランドを止めて，新しいブランドに変えるなどである．2つめはMD政策である．ここでは，どのような取引先から，どのような商品を仕入れ，どのような価格帯で，いかに販売していくか，いかに差益高を向上させていくかが示される．

　MDプランはMD統括部長が発する基本方針，さらに専属のシンクタンクの「マスターディレクション」[18]をふまえて作成される．婦人服関係の各営業部をたばねた婦人服グループ長，ミセス婦人服営業部長，売り場レベルのバイヤーがそれぞれMDプランを作成する．階層の下にいくにしたがって，当然のことながら，対象とする商品の範囲がせばまり，MDプランはより具体的になる．こうした手続きをとるのは，売り場レベルで作成されるMDプランが，会社全体，婦人服グループ，またミセス婦人服営業部の方針に沿うようにするためである．そうしなければ，売り場ごとの品揃えが調和をなくし，店全体，婦人服グループ，ミセス婦人服営業部としての統一的なメッセージを顧客に届けることができないからである．

　予算とMDプラン．これが仕事管理の2つの柱である．財務的指標は営業利益か売上高（差益高），非財務的管理指標はターゲット顧客率．では，実際にどのようにPDCAサイクルが回されるのか．会議に注目して見ていこう．

　まずは毎月の会議．月次面接と月次計画確認会議と呼ばれる．前者は売り場ごとに開かれ，責任者であるセールスマネジャ，バイヤーが月次計画（3ヶ月先の計画）を発表し，課長，部長などが質問するという形で進む．後者は月次面接の後に婦人服グループ長が主催して開催され，ミセス婦人服営業部長などの部長が営業部全体の月次計画を発表し，婦人服グループ長，店側のスタッフ

---

18) あらゆる商品や消費者の動向，市場に関する情報を調査収集，分析し，それをもとに発信される次期シーズンのトレンドを表したもの．

表5-3　月次計画

	売上高	差益高	利益高	備考
前年同月実績	××××万円	××××万円	××××万円	
今期月次目標	××××万円	××××万円	××××万円	予算の月割り
今期累積	××××万円	××××万円	××××万円	前月までの累積
トレンド値	××××万円	××××万円	××××万円	直近3ヶ月間の平均
対策後の月次予算	××××万円	××××万円	××××万円	修正値
商品政策	○○メーカーの新商品投入			
販売政策	バーゲンセールを行う			

が質問をするという形で進む．

月次計画は表5-3のようなフォーマットで示される．

この表で重要なのは対策後の月次予算と商品政策，販売政策である．今期月次目標はすでに決まった予算を月割りにした数字であって，動かせない．今期累積は文字通り，前月までの売上高，差益高，利益高の累積額である．この数字を見れば，前月までの予算の達成状況がわかる．累積で勝っているのか（予算を上回っているのか），負けているのか（下回っているのか）が示される．対策後の予算とは，下に書き込まれた商品政策，販売政策を行い，その結果，どのくらいの売上，差益，利益をあげようとするかという売り場の意思を示したものである．商品政策，販売政策はMDプランに沿って，また，その時々のトレンドを見ながら作成される．

月次面接では，3ヶ月先の計画が議論されることもあって，累積での勝ち負けが議論されるわけではない．むしろ，改定された商品政策，販売政策が対策後の予算を達成するのに十分であるかが論じられる．厳しい質問が課長，部長から浴びせられる．

月次計画確認会議は婦人服グループ所属のすべての営業部の部長，店側のスタッフが出席する大会議である．出席者はおよそ30人．ミセス婦人服営業部の部としての統一した意思を込めた月次計画が発表され，それに対して，さまざまな質問が飛ぶ．当事者によれば，売上が「良いならば良いなりに，いくらでも突っつき様ってあるじゃないですか．…結局，相当突っつかれますから，抜けがあればそれだけチェックされますし，…」(中村 2003, 23)ということで，緊張感のある場となる．

会議は，週ごとにも開かれる．MD統括部長が主催する全営業部長を集めた営業部長会議，婦人服グループ所属の営業部長を集めたグループ会議，ミセス婦人服営業部の各売り場のバイヤーを集めたバイヤー集合などがある．営業部長会議では，MD統括部長が店の売り上げ状況，具体的なMD政策についての指示を出す．成績の特に悪い営業部に対する厳しいコメントが出されることも時にはある．営業部長は毎週のように成績をチェックされているようなものである．婦人グループ会議では，婦人服グループ単位でより具体的な施策が話し合われる．

バイヤー集合での議論はさらに具体的になる．直近1週間の売上状況，顧客動向が各バイヤーから報告され，それをもとに，月次計画で策定した商品政策，販売政策の修正方針が，毎週，指示される．それだけでなく，予算の達成状況もチェックされ，それに対する施策が各バイヤーに求められる場でもある．

こうして定期的に開催される会議を通じて，予算とMDプランを軸に仕事管理のサイクルが回される．では，成果主義的報酬制度はこの仕事管理とどう対応しているのであろうか．

3.3 成果主義的報酬制度

このデパートでは成果主義的報酬制度[19]が導入されている．その要点を簡潔にまとめると次のようである．

第1に，成果主義的報酬制度は部長[20]以上の管理職に適用され，課長以下（セールスマネジャ，バイヤーを含む）には適用されていない[21]．

管理職の給与は職能資格に応じて支払われる定額の資格給と役割給からなる．役割給とは，管理職に期待される「役割」[22]に対して支給されるものであり，毎年，人事考課結果に応じて変動する．いわゆる成果主義的報酬部分である．役割給で重要なことは，毎年，自動的に昇給しないということである．前年度

---

19) 賞与についてはここでは触れない．課長，係長を含め，管理職の場合は，予算達成率との結びつきが強くなる．これについては中村（2003）を参照されたい．
20) 商品担当部長，販売担当部長などの担当部長も含まれる．
21) 調査時現在，課長，係長への拡大を労使間で議論しているところであった．
22) 同じく営業部長であっても，店によって，部によって期待される「役割」が異なり，格付けも異なる．

の評価が良くても，今年度の評価が悪ければ，役割給は下がる．毎年の人事考課の結果によって，役割給の額が決まる．管理職の給与は，毎年の賃上げを別とすれば，勤続を積めば自動的に上がるというものではない．

これに対し，課長以下の従業員の給与は職能資格ごとに決められる職能給（レンジをもつ）と職能資格手当（資格ごとの定額で，職能給の1割程度）からなる．職能給は，職能資格と資格内のランクによって決まる．たとえば職能資格4級でランクが12だと30万円というようになる．ランクは，制度上，人事考課によって，毎年アップ，あるいはダウンすることになっている．だが，実態としてはダウンはなく，毎年，職能給は上がる．職務遂行能力の向上を強く促すインセンティブは，課長以下の層については，消えてはいない．

第2に，管理職層の役割給のアップ・ダウンは予算達成率だけで決められるのではない．つまり財務的管理指標だけが成果として考慮されるのではない．

次のようである．①売上，営業利益などの最終成果だけを見るのは「本来の成果主義」ではなく，②最終成果とそれを生み出した行動を合わせて評価するのが「本来の成果主義」であり，③成果を生み出した行動に対する評価は，最終成果を出すためにどんな考え，工夫を行い，どんな行動を取ったかについて行われる．インタビュー記録でみよう．

「ミセス婦人服だったら35から44歳がターゲットです．このターゲットにあわせた施策が優れている．もし60歳とか70歳の人が買っているということだと，施策はあっていないということになる．（ミセス婦人服営業部が―引用者）60歳，70歳をターゲットにした品揃えをしたら，それは（良い―引用者）成果行動とはみなさないわけですよ．それから顧客に対してこちらがちゃんと提案できているのか，発信できているのか，顧客満足度を上げているのか．大きくいうとそういうことなんです．上長は（MDプランという―引用者）指針を出しているわけです．それに沿った行動をとれているかどうかということなのです」（中村 2003, 39-40）．

MDプランには顧客政策だけでなく，MD政策として品揃え政策，価格政策，取引先政策，差益向上政策，販売政策などが書き込まれている．シーズン当初に合意した計画がどの程度，達成されたかが，成果行動評価の対象となる．他方，最終成果は，営業部門の場合，売上高，営業利益などの予算達成率で測ら

れる[23]．

　重要なことは，仕事管理サイクルの2つの柱が，人事考課においても重視されているということである．管理職を対象とした成果主義的報酬制度は仕事管理と整合的である．

3.4　影　響

　デパートを素材に，仕事管理と成果主義をみてきた．中村・石田編（2005）は他に4つの事例を検討しているが，これらの事例も考慮にいれると，成果主義は人事管理に次のような影響を持つと思われる[24]．

　第1に，成果とは何かに着目することによって，仕事管理の仕組みの重要性が発見される．正しい経営戦略と効率的な仕事管理，これこそが企業の業績に直接，影響を及ぼす．人事管理はそれらをサポートする役割を担う．人事管理は仕事管理との整合性の観点から評価されなくてはならない．このような認識が広まっていくのではないだろうか．

　第2に，中高年層の賃金カーブを寝かせる．管理職に成果主義が導入され，彼らの賃金が自動的に上昇していかなくなるとすれば，非管理職の中高年の賃金カーブの傾きを従来のままにしておくわけにはいかない．

　企業内の賃金格差を分析している貴重な研究である都留・阿部・久保（2003），中嶋・松繁・梅崎（2004）によると，成果主義を導入する前，あるいは成果主義を導入していない企業であっても，40歳頃以降，急速に賃金格差は広がる．年収ベースの変動係数[25]をみると，40歳以前では0.1から0.15であるのに対して，40歳以上になると徐々に大きくなり，50歳では0.35くらいまでに上がる（中嶋松繁・梅﨑，前掲論文）．ところが，成果主義を導入すると，40歳頃以降の賃金格差が縮まっている（同上）[26]．他方，中央値でみると，

---

23)　成果行動と最終成果が具体的にどのようなウェイトで評価されるのかはあまり明確ではない．

24)　高橋（2004）の「要するに『成果主義』はみなダメなのである」（231）に対しては「成果主義はダメかどうかわからない」と考えている．これについては中村・石田編（2005，第7章）を参照されたい．

25)　変動係数とは標準偏差を平均で除したものであり，分布のバラツキの程度を示す．変動係数が大きいほど，バラツキが大きい．

年齢別にみた賃金カーブの傾きは緩やかになった（都留・阿部・久保, 前掲論文）．職能給の年功的運用に基づく賃金上昇圧力の軽減が，成果主義の1つのねらいだとすれば，それは達成されつつある．

40歳頃までは職能資格制度によって賃金を上昇させ，それ以降は成果主義によって，賃金カーブを寝かせる．こうした変化が賃金に生じつつある．今野（1993；今野 1998）が論じるように，一般職階層の間は能力開発を進め，勤続と共に上昇する長期決済型賃金，管理職層以後は仕事に応じて支払う短期決済型賃金という変化が生じつつあるように思える．成果主義は，賃金が勤続や年齢とともに毎年上昇する（上がり方には個人差があったとしても）という意味における「年功賃金」を，中年以降については，捨て去るという結果をもたらした．大きな変化である．こうして成果主義は仕事管理との整合性をとりつつ[27]，これまでの日本の人事管理を支えてきた能力主義[28]を部分的に改変した．

第3に，中高年の賃金カーブを寝かせることによって，結果として，高齢者の活用に道を開くこととなる（今野 1998, 235-236）．年齢を重ね，勤続を積んでいっても，賃金が自動的に上昇しなくなれば，決して，高齢者だからといってコスト高になるわけではないからである．もっとも，その可能性を開いただけであり，実際に，そうした変化が生じるかどうかは，今のところわからな

---

26) 成果主義によって賃金格差の縮小が必然的にもたらされるかどうかはわからない．強調すべき点は，成果主義の導入が，必然的に賃金格差の拡大につながるとは限らないということである．

27) 成果主義の成功にとっては，仕事管理との整合性をとることが必要である．だが，逆に，仕事管理の成功にとって，成果主義の採用が必要であるわけではない．成果主義を採用することによって，仕事管理がより効率的になるかどうかもわからない．人事管理は組織を構成する人びとの価値観，規範を反映せざるをえず，仕事管理とは別の論理で組み立てうるからである．だが，仕事管理との整合性をとることがなければ，成果主義は成功しない．ただし，成果との結びつきがはっきりとしない成果主義は，この限りではない．

28) 能力主義とは労働者が持つ仕事の能力（職務遂行能力）の差に応じて，処遇の差をつけることが公平であるとの観念である．そこでは労働者が持っている仕事の能力それ自体——発揮されようが，発揮されまいが——が重視される．これまでの日本の人事管理はこの能力主義を基礎に設計されてきた．これについては石田（1990），楠田（2004）を参照されたい．

い[29].

4. むすび

　以上，1990年代から現在までに，大企業の中で，労働をめぐりどのような変化が生じてきたのかをみてきた．次の3つが重要である．
　第1に，人事管理は生産性，業績に直接の影響を及ぼさない．ブルーカラーでは生産管理，ホワイトカラーでは仕事管理のあり様こそが生産性を決める．正しい戦略と効率的な生産管理・仕事管理，これらが業績を決める．だからといって，人事管理が重要ではないといっているわけではない．企業内キャリア，教育訓練，そして報酬制度などにおいて，適切な制度設計がされていなければ，生産管理も仕事管理もうまくいかない．言い換えれば，適切な人事管理は効率的な仕事にとっての十分条件ではないが，必要条件である．
　第2に，知的熟練と生産システムについては1990年代を通じて，その機能を阻害するような大きな変化は生じてはいない．むしろ，電機産業などでは生産システムの進化がみられた．だが，1990年代後半以降，それらが動揺するのではないかとの懸念が広がりつつある．外部人材，特に請負労働者の積極的活用がそうした懸念の原因である．外部人材活用は人件費総額の抑制がねらいであり，その背景には，グローバル化する国際競争がある．
　第3に，ホワイトカラーの成果主義は，仕事管理との整合性をとりながら，人事管理を変えた．日本の人事管理を支えてきた能力主義を部分的ではあれ，改変した．そして，年齢別賃金カーブを寝かせることによって，結果として，人件費総額上昇の圧力を軽減した．成果主義の導入によって，一般職階層に対しては長期決済型賃金，管理職層以後は短期決済型賃金という変化が生じつつある．それは，一方で，高齢者活用の道を広げる可能性を持つが，実際にそうした変化が生じるかどうかはわからない．
　ところで，外部人材の積極的活用であれ，成果主義の導入であれ，それを促

---

29) 大企業のホワイトカラー（特に管理職）が50歳以降になると，関連会社などに出向，転籍していき，「一社終身雇用」がその限りで空洞化していることについては稲上（2003，3章）を参照されたい．

す1つの要因は人件費総額の抑制であった．本章の最初で簡単に紹介した，労働市場での変化（正規従業員数の純減，雇用形態の多様化），労使関係における変化（春闘の崩壊）の背後にも，同じく，人件費総額の抑制が潜んでいることは見やすい．このように考えると，1990年代から今世紀にかけての十数年間は，企業側の人件費総額抑制を求める圧力が，働く者たちに容赦なくかけられた十数年間であったといってもよいように思える．

参考文献

愛知県労働部（1987），『知的熟練の形成：愛知県の企業』．
石川馨（1984），『日本的品質管理〈増補版〉』日科技連出版社．
石田光男（1990），『賃金の社会科学：日本とイギリス』中央経済社．
石田光男（1997），「工場の能率管理と作業組織」石田光男・久本憲夫・藤村博之・松村文人『日本のリーン生産方式：自動車企業の事例』中央経済社，1-97．
石田光男（2003），『仕事の社会科学：労働研究のフロンティア』ミネルヴァ書房．
稲上毅（2003），『企業グループ経営と出向転籍慣行』東京大学出版会．
今野浩一郎（1993），「新しい人事管理の潮流」『日本労働研究雑誌』No. 426, 2-14．
今野浩一郎（1998），『勝ち抜く賃金改革』日本経済新聞社．
宇田川勝・佐藤博樹・中村圭介・野中いずみ（1995），『日本企業の品質管理：経営史的研究』有斐閣．
大野耐一（1978），『トヨタ生産方式：脱規模の経営をめざして』ダイヤモンド社．
木村琢磨（2004），「電機企業における請負活用の実態」電機連合総合研究企画室『電機産業における業務請負適正化と改正派遣法への対応の課題──「電機産業における請負活用の実態に関する調査」報告書』電機連合総合研究企画室，27-73．
楠田丘（2004），『賃金とは何か：戦後日本の人事・賃金制度史』中央経済社．
玄田有史（2001），『仕事のなかの曖昧な不安：揺れる若年の現在』中央公論新社．
玄田有史（2004），『ジョブ・クリエイション』日本経済新聞社．
厚生労働省（2002），『労働経済白書　平成14年版』日本労働研究機構．
厚生労働省（2003），『労働経済白書　平成15年版』日本労働研究機構．
小池和男・猪木武徳編（1987），『人材形成の国際比較：東南アジアと日本』東洋経済新報社．
小池和男・中馬宏之・太田惣一（2001），『もの造りの技能』東洋経済新報社．
小杉礼子編（2002），『自由の代償／フリーター：現代若者の就業意識と行動』日本労働研究機構．
小杉礼子・堀有喜衣（2004），「若年無業・周辺的フリーター層の現状と問題」『社会科学研究』第55巻第2号，5-28．

木暮正夫（1988），『日本の TQC：その再吟味と新展開』日科技連出版社．
佐藤博樹（1999），「雇用システムの変化から見た人事管理の課題」『日本労働研究雑誌』No. 470, 48-54.
佐藤博樹（2004），「モノ作り競争力の維持向上と外部人材活用上の課題」電機連合総合研究企画室編『電機産業における業務請負適正化と改正派遣法への対応の課題：「電機産業における請負活用の実態に関する調査」報告書』電機連合総合研究企画室，7-19.
白石栄司（2003），『高失業社会への移行：統計から見た実態』日本労働研究機構．
生産性研究所編（1995），『ホワイトカラーの生産性向上のために』社会経済生産性本部．
高橋伸夫（2004），『虚妄の成果主義：日本型年功制復活のススメ』日経 BP 社．
高橋陽子・玄田有史（2004），「中学卒・高校中退と労働市場」『社会科学研究』第 55 巻第 2 号，29-49.
田杉競・森俊治（1956），『生産管理研究』有信堂．
中部産業・労働政策研究会（1995），『産業成熟時代の分業関係とグループ労連の役割：中京地区自動車産業の事例から』中部産業・労働政策研究会．
中部産業・労働政策研究会（2003），『ものづくりの伝承と中期的な労務施策』中部産業・労働政策研究会．
土屋直樹（1997），「大手製鉄所製造職場の作業組織と人材形成」仁田道夫・森建資・土屋直樹『鉄鋼業の労使関係と人材形成』日本労働研究機構，35-134.
都留康編（2001），『生産システムの革新と進化：日本企業におけるセル生産方式の浸透』日本評論社．
都留康・阿部正浩・久保克行（2003），「日本企業の報酬構造：企業内人事データによる資格，査定，賃金の実証分析」『経済研究』Vol. 54, No. 3, 264-285.
テイラー，フレデリック，W.（1969），『科学的管理法〈新版〉』（上野陽一訳・編）産業能率短期大学．
中嶋哲夫・松繁寿和・梅崎修（2004），「賃金と査定に見られる成果主義導入の効果：企業内マイクロデータによる分析」『日本経済研究』No. 48, 18-33.
中村圭介（1989），「企業の中の未組織層：臨時工とパートタイム労働者」平和経済計画会議・経済白書委員会編『1989 年度 国民の経済白書』日本評論社，105-120.
中村圭介（1996），『日本の職場と生産システム』東京大学出版会．
中村圭介（2001a），「90 年代の労働組合：成果と課題」連合総合生活開発研究所編『労働組合の未来をさぐる：変革と停滞の 90 年代をこえて』連合総合生活開発研究所，9-53.
中村圭介（2001b），「働く者の戦後史」武蔵大学公開講座ワーキング・グループ編『武蔵大学公開講座 昭和の歴史を考える』御茶の水書房，99-136.
中村圭介（2003），「百貨店における部門別業績管理と人事管理─A 社」ディスカッション・ペーパー・シリーズ（東京大学社会科学研究所）J-130.
中村圭介（2004），「縮む労働組合」『社会科学研究』第 56 巻第 1 号，3-32.
中村圭介（2005），「衰退か再生か」中村・連合総合生活開発研究所編（2005），3-26.

中村圭介・連合総合生活開発研究所編（2005），『衰退か再生か：労働組合活性化への道』劁草書房．
中村圭介・石田光男編（2005），『ホワイトカラーの仕事と成果：人事管理のフロンティア』東洋経済新報社．
西堀栄三郎（1981），『品質管理心得帖』日本規格協会．
日経連職務分析センター編（1969），『間接部門の効率化：少数精鋭化実現のために』日本経営者団体連盟．
日経連広報部編（1993），『ホワイトカラーの生産性向上事例集』日本経営者団体連盟広報部．
日経連広報部編（1996），『本社改革事例集』日本経営者団体連盟広報部．
仁田道夫（2003），『変化のなかの雇用システム』東京大学出版会．
日本規格協会編（1987），『JIS 工業用語大辞典　第2版』日本規格協会．
平地一郎（2004），『労働過程の構造分析：鉄鋼業の管理・労働・賃金』御茶の水書房．
藤本隆宏（2004），『日本のもの造り哲学』日本経済新聞社．
ベル，ローランス，F.（1957），「インダストリアル・エンジニアリングとは何か」日本生産性本部訳編『インダストリアル・エンジニアリング　上』日本生産性本部，3-25．
本田由紀（2004），「トランジションという観点から見たフリーター」『社会科学研究』第55巻第2号，79-111．
門田安弘（1985），『トヨタシステム』講談社．
連合総合生活開発研究所（2001），『新しい生産システム下における中核的技能者の育成に関する調査研究報告書』連合総合生活開発研究所．

Anthony, Robert N. and Govindarajan, Vijay (1998), *Management Control Systems*, ninth edition, Irwin/McGraw-Hill.
Simons, Robert (1995), *Levers of Control : How Managers Use Innovative Control Systems to Drive Strategic Renewal*, Harvard Business School Press.

6章
逆機能に陥った日本型生活保障システム
●
大沢真理

1. はじめに

2004年12月に公表された『少子化社会白書 平成16年版』によれば,日本の人口構成上,「出生数または出生率の回復のチャンス」は,2010年頃までだという.チャンスがこれから数年間しかないというのは,約800万人にのぼる第2次ベビーブーマー世代の女性たちが,この間に25-34歳の「出産適齢期」を通過してしまうからだ(内閣府 2004, 93).「1.57」ショックといわれた1990年から15年.もちろん対策がとられなかったわけではなく,種々の分析も提言もなされてきた.にもかかわらず,日本社会は「少子化の流れを変える」チャンスを逸し続けて,今回の白書によるラストチャンス宣言に至った.

このチャンスをつかみたいと真に望むならば,従来の生活保障システムを転換する必要があるというのが,本章のインプリケーションとなる.なお念のため,本章は,出生率を回復するという政策目的が無条件に妥当であると考えるものではなく,そのための処方箋を提出するものでもない.本章の直接の課題は,現代日本の生活保障システムの特徴,およびその近年の動向について,比較ジェンダー分析をおこなうことにある.

本章および本シリーズ第Ⅱ巻第8章では,社会保険と公的扶助からなる社会保障とともに税制(以上は所得移転とも呼ばれる),保育や教育,保健・介護といった社会サービス,そして雇用政策や労働市場の規制をあわせて,「社会的セーフティネット」と呼び,それらと家族や企業の制度・慣行との好適な接

合が，日々の生活と将来の安心を保障すると考えて，全体を「生活保障システム」と呼ぶ．日本の生活保障システムは，高度成長期以来，家族と企業という2つのサブシステムがかなりの部分を担うことを織り込んで設計され，1990年代初めまでは相応に機能してきた．本章では，この2つのサブシステムに焦点をあてる．2つのサブシステムのいずれも，男性が主たる稼ぎ手で女性は家庭を中心とする，という類の性別の役割期待や分業，すなわち「ジェンダー」を基軸としてきた．日本がそうした強固な「男性稼ぎ主（male breadwinner）」型のシステムをもつことについて，福祉レジームをめぐる近年の国際比較研究では認識がほぼ共有されている．

従来型の企業と家族は，1990年代以降，日本の「よさ」や「強み」を支える柱どころかリスク要因に転化し，そのため，企業と家族に依拠していた生活保障システムは繕いようもなく破綻し「逆機能」の状況に陥ってしまった．この逆機能の所産のひとつが少子化であると考えられる．もちろん，従来の社会的セーフティネットの機能不全はいずれの国でも生じており，少子化も日本に限られる現象ではない．しかし日本では，先進国のなかで最悪の景気停滞と経済失政によって膨大な財政赤字を累積させながら，喫緊のはずの「構造改革」がかけ声に終わっている面が多く，本シリーズ第Ⅱ巻第8章で見るように，社会保障改革は端的に先送りされてきた．日本型の生活保障システムは，機能不全というよりも，それが作動することによってむしろ安心の基盤を損ない，将来への不安を増幅するという「逆機能」の状況にある．

以下，第2節では，福祉国家（レジーム）類型論の展開をたどりなおし，日本の生活保障システムの特徴をより的確に捉えられる類型論を提示する．福祉レジームのなかでも「男性稼ぎ主」型は，「ポスト工業化」への対応にいきづまっていることが最も明白だといわれるが，日本ではどのような事態が進行しているのか，第3節で検討する．最後に，生活保障システムの端的な破れ目として自殺問題を一瞥し，結びに代えたい．

2. 日本型生活保障システムの座標

エスピン・アンデルセンは，1990年の著書『福祉資本主義の三つの世界』

で（Esping-Andersen, 1990），「自由主義」的（アングロサクソン），「保守主義」的（大陸ヨーロッパ），「社会民主主義」的（スカンジナヴィア）という福祉国家の3類型を提起して国際的な注目を集め，最近にいたる比較福祉国家研究のブームの旗手となった．なお，その3類型は1980年時点での位置づけである．ところが，エスピン・アンデルセン自身が同書の「日本語版への序文」で認めたように，日本は彼の類型論にとって試金石でもあるような分類困難なケースだった（エスピン・アンデルセン 2001, v, xiii）．日本の特徴をより的確に捉えられる類型を設定するためにも，ここでまず元来の3類型論を確認しよう．

よく知られているようにエスピン・アンデルセンの福祉国家3類型は，まず「脱商品化（de-commodification）」[1]という概念を基軸とする（Esping-Andersen 1990, 21-22, and chap.2）．資本主義社会では，労働者の生存が自己の労働力を販売することにかかっているという意味で，人々は商品化されている．脱商品化指数が高いとは，老齢退職や失業・傷病のために労働力が一時的または恒久的に「売れない」場合でも，相当の所得が社会保険制度によって補償され，かつその費用が，本人の拠出よりも政府や雇用主によって負担されることを意味する[2]．

労働力が「売れない」ことによる所得喪失のリスクが，社会的にカバーされ，しかも権利とされていることによって，労働力が純粋な商品としての地位から脱すると捉えるのである．同書の「日本語版への序文」は，脱商品化について，「個人（と家族）が市場に依存することなく所得を確保し消費できる」程度を示すものと言い換える（エスピン・アンデルセン 2001, iv）．

他方で，エスピン・アンデルセンが社会の「階層化」のあり方を分類する際

---

1) 脱商品化の度合いを示す指数は，①社会保険（年金，失業保険，疾病保険）の給付の標準的な純収入にたいする比率（所得代替率），②その受給資格をえるための加入年数要件，③財源のうち個人負担の割合，などを要因とする．
2) 社会保険料の事業主負担分を実質的に誰が負担しているかについて，つぎの3つの可能性がある．①現金給与が削減されることにより労働者に転嫁（後転ともいう），②企業自身が負担，③製品価格に上乗せされることで消費者に転嫁（前転ともいう）．橘木によれば，先進諸国では①が20-60％，②が40-80％とされるが，日本では実質的に企業が負担していたとみなされる（橘木 2005, 99-100）．

には，保守主義的体制は，職域によって分立している年金制度の数（「コーポラティズム」），および公務員にたいする年金給付費の対 GDP 比（"Etatism"）によって捉えられる．自由主義的体制は社会扶助と私的な保健医療および私的年金をつうじて，社会主義的体制は普遍主義の度合いをつうじて，それぞれ捉えられる（Esping-Andersen 1990, chaps. 2,3）．国家（社会保障給付）と市場（賃金所得）の関係，および階級にかかわる不平等を重視する分類といえよう．

しかし，エスピン・アンデルセンの分類結果は一貫していなかった．たとえば日本とスイスは，脱商品化序列ではフランス，ドイツといった保守主義的福祉国家にごく近いとされ，福祉国家を社会の階層化システムとして捉えて分類する際には，自由主義的福祉国家群に位置づけられている（Esping-Andersen 1990, 52, 74）．日本とスイスの位置づけに一貫性がないばかりでなく，日本の脱商品化評点そのものに不整合が見られる（大沢 1996, 88）．むしろ，1980年時点の日本福祉国家は，支出の規模が OECD 諸国の最低レベルであって，社会政策が選別主義的で家族支援志向が弱く，また「脱商品化」の度合いが低く個人に市場参加を強いるという点では「自由主義」的である．同時に社会保険の職域別分立と階層性（勤め先企業規模別の格差など）の面で「保守主義」的であると考えられる．

日本やスイスのすわりの悪さを別としても，エスピン・アンデルセンの福祉国家類型論は，比較社会政策研究に多大の影響を与えただけに，種々の批判も受けてきた．ここでは2種類の批判をふり返ろう．

第一にそれは，ジェンダー中立的なタームで記述や分析をおこないながら，分析概念や分析単位が男性を起点にすることが少なくないと，フェミニストから批判された（Lewis 1992；Orloff 1993；Sainsbury ed. 1994）．老齢退職や失業・傷病のためではなく，育児や高齢者の介護といった家族的責任のために，労働力を商品化しにくいという状況は，脱商品化概念には織り込まれていない．また，「個人（と家族）」という引用が示すように，「個人」が暗黙のうちに男性世帯主であるために，それが「家族」と等値されがちである．もちろん批判ばかりでなく，新しいジェンダー・センシティブな福祉国家類型論も提出されてきた．エスピン・アンデルセン自身は，フェミニストからの批判に答えて，1990 年代後半以降，国家と市場にたいする家族の関係を分類指標に組みこみ，

福祉国家類型論を福祉レジーム類型論へと進化させた（宮本 2003；居神 2003）.

第二に，労働能力者の生活保障としては，再分配以上に一次的分配が重要であるという論理が成り立つ．労働力が「売れなかった」場合に事後的に所得を移転することが不要ではないとしても，まずは「売れ残り」が出ないようにし，「売れた」場合にも不当に買い叩かれたり，使い潰されたり使い捨てられたりしないように保護されていれば，再分配はさほど重要ではないからだ．この観点からは，経済成長促進政策や雇用維持政策を通ずる十分な雇用機会の提供，最低賃金制度，労働時間や職場の安全衛生の規制，労働組合による労働条件の維持向上が，着目される．それらが機能すれば福祉国家による再分配は小さくてすむという意味で，労働市場政策が福祉国家の「機能代替（functional equivalents）」となる（Bonoli 2003；三浦 2003）．三浦まりは具体的に，性別や年齢階層別に異なる失業リスクと所得維持のパターンを，「雇用パフォーマンス」と定義して，福祉国家による所得保障との代替関係を検討している（Miura 2001）.

欧米では，比較福祉国家研究の隆盛にリードされる形で，福祉の代替としての労働市場規制が着目されたとすれば，日本の研究史では逆の流れが見られた．そもそも大河内一男の社会政策論は，まさに「売れた」労働力が，不当に買い叩かれたり，使い潰されたり使い捨てられたりしないようにするための法制を，経済的に合理的な本来の社会政策と規定していた．具体的には，「労働者保護法」（労働時間短縮，賃金適正化，児童や女性の就業制限，職場の安全衛生などの規制），および労働組合の「解放立法」（組合の法的承認と団体交渉権や争議権の保護）である（大河内 1963）．この社会政策概念では社会保障・福祉サービスを包括できないという点が提起されたのは，1980 年代の前半だった（岡田 1981；武川 1985）．また，機能代替ということば自体は用いなくても，1980 年代初頭までの日本の福祉国家について，「成長が福祉を代位した」という面は，社会科学研究所の全所的共同研究においてつとに指摘されていた（柴垣 1985, 168）．宮本太郎，埋橋孝文は，地方の公共事業をも視野に入れつつ，同様の「代替」を指摘した（宮本 1997；埋橋 1997）.

さてエスピン・アンデルセン自身は，1999 年の著書『ポスト工業化経済の社会的基盤』で，「脱家族化（de-familialization）」という指標を導入しつつ

「福祉レジーム」論を提起した．脱家族化は，家族の福祉やケアにかんする責任が，福祉国家からの給付ないしは市場からの供給によって緩和される度合，あるいは社会政策（または市場）が女性にたいして，労働力として商品化されるための自律性，もしくは独立した世帯を営むための自律性を与える度合を示す[3]．

　福祉レジーム論では，福祉供給において国家・市場・家族の三者がどのような比重を占めるかが，その三者が構成する福祉レジームの制度構造を決めるという考え方が明確にされた．社会民主主義（スカンジナヴィア）レジームでは，政府（狭義の福祉国家）が福祉供給に大きな比重を占め，自由主義（アングロサクソン）レジームでは市場（企業）に福利厚生・職業訓練などの機能が内部化されている．保守主義（大陸ヨーロッパ）レジームでは家族の比重が大きくて政府は家族機能を支えているとして，「家族主義」的とも呼ばれる．福祉レジーム論は福祉国家類型論の再構成であり，やはり1980年前後の実態にそくして設定されている（エスピン・アンデルセン2000，第5章）．

　なお，三浦が指摘するように，そこでは労働市場規制は独立的に論じられ，福祉レジームとの関連は必ずしも明確でない（三浦2003，111）．また，脱家族化指標を組み込んだ福祉レジーム論でも，日本はすわりが悪い．政府の比重が家族支援としては小さく，大企業が福祉機能を内部化しているという意味で自由主義的であるとともに，家族への依存が大きいという面で保守主義的であるからだ．宮本は，家族福祉と企業福祉が強固に補強しあっている日本のレジームの形態が，欧米福祉国家には見られないことに注意を促している（宮本2003，17）．

　私は，家族と企業の制度や慣行に留意しつつ，エスピン・アンデルセンの3つのレジームと重なりあう類型を以下のように立てている．ここでも念頭に置いているのは，1980年前後の実態である．生活保障システムは，労働力を再生産する家庭生活と，収入をもたらす雇用就業のあり方について，とりわけそ

---

[3] 指標は，①家族向けサービス（健康保健を除く）にかんする公的支出の対GNP比，②家族手当と税控除の総合的価値，③3歳未満児にたいする公的保育のカバレッジ，④65歳以上高齢者にたいするホームヘルプ・サービスのカバレッジ，である（エスピン・アンデルセン2000：87, 97-98）．

こでのジェンダー関係にかんして,「標準」または「典型」を指定して設計されてきたと考えられる. それを類型化すれば, ①男性が主たる稼ぎ手であり妻は主に家事・育児等を担う「男性稼ぎ主」である (べき) と見るか, ②あるいは女性も男性も職業生活と家庭や地域での生活を両立する (べき) と見るか, ③それとも公共政策が労働力の再生産費を顧慮しないか, と大別される. 指定される「標準」とは, 客観的な事実認識である以上に「規範」である. いいかえると生活保障システムの制度設計は, 家族やジェンダー関係の「実態」のたんなる反映ないし従属変数ではなく,「実態」そのものを形成する力の1つである.

①の家族規範のもとでは, 男性が安定的な雇用と「家族賃金」, すなわち家族を含めた生活を保障する処遇, および社会保障の対象となる. 壮年男性に安定的な雇用と家族賃金を保証するべく労働市場が規制される. 他方で健康保険, 雇用保険, 年金などの社会保険が, 世帯主である男性雇用者の労働力が「売れない」場合, すなわち傷病, 失業, 老齢退職等のライフコース・リスクに応じて備えられており, 妻子は世帯主に付随して保障される. 家庭責任は妻がフルタイムで担うものとされ, それを支援する保育, 介護等のサービスは, 低所得や「保育に欠ける」などのケースに限って, いわば例外として提供される.

欧米諸国が第2次世界大戦後に福祉国家建設を進めた時期には, 家族について「男性稼ぎ主」規範はいずれの国でも強かった (Esping-Andersen 2002, 20, 68;深澤 2002, 223-225). とはいえセインズベリは, アメリカ, イギリス, オランダ, スウェーデンを比較し, スウェーデンの制度では当初から「男性稼ぎ主」規範の刻印が薄く, 早くも1970年代にはそれを払拭したと指摘している (Sainsbury 1996, chap.3).「男性稼ぎ主」型の典型となったのは,「家族主義的」とも形容される大陸ヨーロッパ諸国である.

スウェーデンをはじめとする北欧諸国では, 1970-80年代の積極的労働市場政策の展開, 社会福祉サービスの拡充そしてジェンダー平等化とともに, 女性も男性も職業と家庭や地域での活動を両立する, つまり稼ぐとともにケアもする (べき) と見るようになった (上記の②の場合). 男女各人が本人として働きにみあった処遇と社会保障の対象となり, 家庭責任を支援する社会サービスの対象ともなる. そのような「両立支援」型の生活保障システムでは, 雇用平

等のための規制とともに，児童手当，乳幼児期からの保育サービス，高齢者介護サービスや育児休業などの家族支援が制度化される．また，税・社会保険料を負担する単位は世帯でなく個人になり，税の家族配慮は控えめとなり，遺族給付が廃止される（武川 1997；武川 1999；Korpi 2000）．

さらに上記の③では，アメリカが典型であるように，家族の形成を支援する公共政策は薄く，労働市場でもとくに生活保障的な処遇をしない．これを「市場志向」型と呼ぼう．

日本の社会政策では大陸ヨーロッパ諸国以上に家族主義が強く，強固な「男性稼ぎ主」型であることについては，諸説がほぼ一致している（エスピン・アンデルセン 2000, 89, 125, 129；Gottfried and O'reilly 2002；大沢 2002, 106-110）．日本の強固な「男性稼ぎ主」型については，それが「伝統的」なものではなく，高度成長期以降に導入され，1980 年代に仕上げられたものであることが，注意されなければならない（大沢 2002, 第 2 章）．その構成要素を確認しておこう．

まず周知の「日本型雇用慣行」であるが，そこに注目する際に「裏面」を見逃してはならない．長期安定雇用や年功制を適用されたのは大企業や官公庁の男性正規雇用者であって，大企業でも女性社員は，年功賃金のもとで賃金が低い若年のうちに補助的な仕事を担当し，（結婚ないし出産のおりに）退職するものと位置づけられてきた．雇用保護と賃金の双方に相当の性別格差が生じることになるため，「雇用パフォーマンス」の性別格差は大きくならざるをえない．日本の雇用保護のジェンダーにかかわる特徴を如実に示したのが，1973年の第 1 次石油危機直後の事態である．この時期には，鋭い景気後退のなかで厳しい雇用調整がおこなわれたが，日本では女性の労働力人口は 1974 年から 1975 年にかけて 60 万人減少し，労働力率も 2.5％ 低下して 45.7％ という史上最低水準を記した．他方で男性の労働力人口は 57 万人増加し，労働力率もわずかに 0.7％ 低下したにすぎない．これにたいして，OECD が指摘したように欧米諸国では労働市場からの女性の退出が男性以上に大きいことはなかった（OECD 1976）．

つぎに税制を見ると，日本の税制は個人単位だが，配偶者や子の扶養，老人や障害者との同居や扶養について，控除を通じて大きな家族配慮がおこなわれ

ている．税・社会保険料負担については単位におとらず人的控除等が重要である．とくに配偶者にかんしては配偶者控除と同特別控除の2つがあり，「男性稼ぎ主」にたいして過大な配慮になっている．現在では，配偶者にかんする控除の制度をもつのは，G5諸国で日本だけである．制度はともかくとして，家計にたいする税の帰着はどうかという疑問が生じるだろう．これについては次節で最近の状況を見ることとする．

一方，現金・サービスの給付面を国際比較すると，日本の社会政策は，片稼ぎだろうが共稼ぎだろうが，家族形成や子育てにたいする支援が最も薄いグループに属する（Korpi 2000；所 2003）[4]．税制における控除は小さくないものの，児童手当が桁違いに小さく（都村 2000），育児休業制度も，取得可能期間や休業中の所得保障の面で，アメリカを除く先進諸国とくらべて薄い（OECD 2001，152-153；男女共同参画会議影響調査専門調査会 2002，図表3-2；前田 2004，第2章）．法定の制度のみならず企業の自発的措置も含めた両立支援策の比較は，本シリーズの第Ⅱ巻第8章で参照する．

他方で，雇用者の社会保険制度のなかでも公的年金制度の「モデル年金」は，40年間雇用されて厚生年金に加入しつづけた夫と厚生年金の加入歴ゼロ年の妻という，完全な「男性稼ぎ主」カップルについて設定されている．この場合，妻は夫に扶養される配偶者として，40年間，保険料を徴収されない第3号被保険者でありつづけたことになる[5]．いわゆる年金の給付水準とは，この「モデル年金」にかんして設定されており，1985年の年金改革以来，基礎年金を含む年金給付の名目世帯賃金収入に対する比率をさす．シリーズ第Ⅱ巻第8章で国際比較も含めて見るように，共稼ぎや単身といった世帯類型では，給付水

---

4) コルピは1985-90年についてランキングをおこない，日本を「市場志向」グループに分類した．

5) 雇用者に扶養される配偶者は，国民年金では第3号被保険者となり，保険料を徴収されずに基礎年金を給付される．被扶養と認められるための年収の上限は，健康保険と同額の130万円である．年収はともかく，雇用されて就業時間がフルタイム雇用者の4分の3以上になると，厚生年金が適用される第2号被保険者となり（4分の3基準），報酬比例の保険料を負担する．4分の3基準を満たさなくても，年収が130万円を超えれば第1号被保険者となり，定額保険料を負担しなければならない．第3号被保険者の分の保険料は共働きや単身者を含む雇用者（第2号被保険者）の全員が分担しており，第3号被保険者の99％は女性である．

準は「モデル年金」より低い．

さらに遺族年金の支給条件には，明文の男女別扱いがある．すなわち遺族基礎年金は，18歳未満の子がいる「妻」または18歳未満の子のみが受給できる．遺族厚生年金を受給できるのは，遺族基礎年金が受けられる者のほか，①子のない「妻」，②55歳以上の夫・父母・祖父母，③18歳未満の孫で，最優先の「妻」には年齢条件もない．ようするに男性が稼ぎ主であること，「妻」は夫に扶養されるものであって，子どもがない場合も一生稼得力が乏しいことが，前提されている．このような男女別の取扱いは現今の主要国には見られない（本シリーズ第Ⅱ巻第8章の表8-1を参照）．

以上のような社会政策システムにかんして，1980年代には，「日本型福祉社会」のスローガンのもとに多くの改正がおこなわれた．なかでも遺族年金制度の変遷と第3号被保険者制度の創設は，示唆するところが大きい．

じつは，18歳未満の子がない妻では，1954年から1965年までは（昭和30年代），夫死亡時に妻が40歳未満なら「遺族」と認められず，40歳以上でも55歳までは支給停止だった（社会保障審議会年金部会第22回資料1-2）．働ける場合は「働いて頂く」と，当時の保険局長は国会答弁している（田宮2003）．雇用機会や賃金の男女格差が現在よりはるかに大きかった高度成長前半期（昭和30年代）には，子がない寡婦には「働いて頂く」というのが政府の立場だったのだ．

これが一転して1965年に，妻が遺族と認められるための年齢要件が撤廃され，55歳までは支給停止という条件も廃止された．1980（昭和55）年の年金改正の際には，40歳未満の子のない妻を遺族の範囲から除外する政府法案が提出されたが，この条項は国会で削除された．1985年改正でも，審議会は遺族の範囲の絞り込みを提言したものの（田宮2003），実際には，夫死亡時に妻が35歳以上などを目安として40歳から支給される「中高齢寡婦加算」の導入，および短い被保険者期間を300月とみなすという給付拡充がおこなわれた（社会保障審議会年金部会第22回資料1-2）．女性が夫に死別したというだけで（子がなくても），いわば"無能力"とみなされる度合は，高度成長期半ばの1965年から1985年にかけて，累次の改正によって強まったのである．

日本は1985年に男女雇用機会均等法を制定し女性差別撤廃条約を批准した

が，社会政策の大きなベクトルとしては，国家ではなく家族，とりわけ女性が，福祉の担い手であるべきことが強調され，従来から大企業の労使にとって有利だった仕組みも維持強化された．反面で，女性が，家事・育児，夫の世話や老親の介護などを引き受け，稼ぐ面ではパート就労程度で家計を補助するに止める場合には，税制や年金制度上の特別の扱いを通じて福祉が供給された．具体的には，配偶者の法定相続分が3分の1から2分の1に引き上げられ（1980年），配偶者控除の限度額が再三引き上げられ（1984年，87年，88年，89年），配偶者特別控除（1987年），贈与税の配偶者特別控除（1985年）が導入され，上記の遺族給付の拡充とともに基礎年金第3号被保険者制度が創設された（1985年）．「男性稼ぎ主」型が仕上げられたと述べるゆえんである．

ふり返ると，「男性稼ぎ主」型で大企業本位という特徴をもつ日本の生活保障システムが，一定程度機能しえていたとすれば，それはつぎの条件による．①会社が右肩あがりに伸びることを前提に，②妻の"内助の功"に支えられた男性正社員が，「終身雇用」され年功的に処遇される，③男性は退職金と年金によって老後の所得を保障され，その「世話」は妻や息子の嫁がおこなう，④妻の座は終身指定席で，夫の死後も遺産や遺族年金で生活を保障される．そうした企業と家族のあり方は，日本では1960年代から1980年代前半にかけて，規範であるとともに一定程度の実態だった．しかし，1990年代の後半ともなれば，大企業や超有名企業もあっけなく破綻し，リストラ・降給は例外でなく，子どもは無事に育ってもフリーターで結婚しない（できない）かもしれない．そして，裁判離婚が有責主義から破綻主義となり，妻の座はもはや終身指定席ではない．

3. ネガティブ・スパイラルの日本的発現

類型論が1980年前後のクロス・セクションの対比であるとすれば，1980年代から1990年代にかけての「ポスト工業化」にたいする各国の適応については，エスピン・アンデルセンは1996年の編著『転換期の福祉国家』で，「3つのルート」を提唱した．3つの類型に属する諸国がグループごとに異なる対応をとってさらに分岐するというものである．すなわち，北欧諸国では，家族政

策や職業教育により男女の就労を支援する"投資としての福祉"戦略がとられ（「スカンジナヴィア・ルート」），アングロサクソン諸国では労働の規制緩和と社会政策の選別主義の強化（「ネオリベラル・ルート」），そして保守主義諸国では労働市場の二重構造の深化と全体としての労働力率の低下（「労働削減ルート」）が，それぞれ起こっているという（Esping-Andersen 1996, 10-20）．しかし後述するように，この「3つのルート」論でも日本はすわりが悪い．

ともかく，ポスト工業化への対応が最も明白にいきづまっていると指摘されたのが，家族主義的，すなわち「男性稼ぎ主」的な大陸ヨーロッパ諸国の「労働削減」戦略である（Esping-Andersen 1996, 24；エスピン・アンデルセン編 2003, 40）．というのは，労働市場と家族の「柔軟性（flexibility）」を拡大することが，ポスト工業段階の経済と社会のニーズであるからだ．柔軟性としてエスピン・アンデルセンが着目するのは，雇用主の観点からは，賃金柔軟性（生産性と利潤に応じた賃金決定），機能的柔軟性（新技術への適応力の拡大），雇用柔軟性（必要に応じて雇い入れ解雇できる度合い）である．個人と家族の観点からの柔軟性としては，家族の義務を果たしながら夫婦がともにキャリアを追求できる度合いが重要であり，同時に，離婚など家族が解体する確率が上昇すること，失業・再教育・職種変更のようなキャリア途中の変化の可能性が高くなることをも意味する（Esping-Andersen 1996, 80）．

にもかかわらず，「男性稼ぎ主」型の対応では，若年層と女性の就業機会を狭め，中高年層を労働市場から早期に退出させてまで（「労働削減（labour reduction）」），壮年男性の雇用を保護しようとし，家族はあいかわらず男性稼ぎ主の収入に依存せざるをえない．その結果，税と社会保険料を負担するベースは狭まり，現役労働者1人あたりの税・社会保険料の負担が高まり，社会保険料の事業主負担を回避しようとする雇用主は，フルタイム労働者の追加的な雇い入れをますます渋ることになる，という．このレジームは，「自己増強的なネガティブ・スパイラル」，ないし「自らを養ってくれる手そのものをも食べてしまうという傾向を内部に組み込んでいる」のである（Esping-Andersen 1996, 68, 79-80）．

既述のように日本は，諸外国よりも強固な「男性稼ぎ主」型の生活保障システムをもつが，どのようなスパイラルが見られるだろうか．まず，雇用パフォ

ーマンスを性別・年齢階層別に留意して見ていこう．

3.1 雇用パフォーマンス

　国際労働機関 ILO は，2004 年 9 月 1 日に，世界人口の 86％ にあたる 90 か国以上について，総合的な「経済安全保障指数（Economic Security Index：ESI）」を初めて算出しランキングを発表した（ILO 2004）．総合 ESI は，所得や雇用の安定性，職場の安全衛生，労働組合や使用者団体を通じた意見表明・発言機会の保証といった 7 つの指数をベースに測定され，日本の指数は 90 か国中 18 位だった．上位は北欧諸国が占め，これに西欧大陸諸国が続き，イギリスは 15 位，アメリカは日本より低い 25 位だった．日本が 18 位となったのは，雇用保護で 26 位，意見表明・発言機会の保証で 22 位と低くなっていたためであり，たとえば職場の安全衛生では 9 位とトップテンに入っている．

　経済安全保障を構成する 7 つの指数のいずれも，インプット指標・プロセス指標・成果指標からなる．雇用保護は，労働者が不当で恣意的な解雇から保護されており，不当解雇にたいして補償がえられることをさす．その数値では，まずインプット指標として以下の有無を組み込む．①雇用の終了にかんする ILO 158 号条約の批准，②予告期間や離職手当，不当解雇規定などの雇用保護にかんする国内法制，③解雇の事前協議や行政手続きなど団体的な過剰人員整理にかんする保護手段．つぎにプロセス指標として，Ⓐ団体交渉協約によってカバーされる労働者の比率，Ⓑ独立の労働審判所の有無，を組み込んでいる．そして成果指標として，ⓐ就業者に占める賃金雇用者の比率，ⓑ就業者に占める公共部門雇用者の比率，ⓒ賃金雇用者の性比（男性にたいする女性），をとりあげる．日本は，インプット指標では 0.105 と低く，プロセス指標では 0.833，成果指標が 0.713 で，総合した雇用保護指数は 0.591 となった．条約を批准していないためにインプット指標が低く，総合した指数が低くなったことはまちがいない．しかし，プロセス指標はとりたてて高いわけではなく（工業国はたいてい 0.833 か 0.667，雇用保護指数第 1 位のフィンランドと第 10 位のイスラエルで 1.000），成果指標だけをくらべても 24 位と，2 位しか繰りあがらない（ILO 2004, 160-161, 401-402）．

　しかし，おしなべて雇用保護が強くないとしても，人口の一部について保護

は強固でありうる．というより，ある部分の保護が強固であることと，他の部分で保護が乏しいことが，表裏の関係にある場合が少なくないと考えられる．その意味で注目されるのは，正規雇用者の解雇からの保護である．

経済協力開発機構 OECD の年々の *Employment Outlook* は，正規雇用について「解雇からの保護の強固さにかんする総合指標（Overall strictness of protection against dismissals）」を発表している．2004 年版によれば 2003 年時点で 28 のメンバー国のなかで，日本は高い方から 10 位であり，G7 諸国のなかではドイツ，フランスについで強固である．1990 年代後半においても 28 か国中 10 位で，指標の絶対値は 1980 年代後半から変化していない（OECD 2004：112）．

「パート・アルバイト」に代表される「非正規」とは，日本では圧倒的に女性と若年者（およびある年齢以上の男性）の雇用形態である．そして三浦が留意するように，整理解雇が実際に困難なのは労働組合が組織されている企業である（三浦 2003, 122）．解雇から保護されている正規雇用者とは，大企業の壮年男性従業員であろう．非正規は通常期間の定めのある雇用，つまり有期雇用であるが，OECD の同シリーズの「有期雇用の規制の強固さにかんする総合指標（Overall Strictness of Regulation of Temporary Employment）」を見ると，2003 年の日本は 28 か国中低い方から 10 位である．G7 諸国のなかではフランスが最も強固で，ドイツ，イタリアがこれに続き，日本はちょうど中位となる．1990 年代後半には 28 か国中低い方から 15 位だったので，2003 年には順位が 5 ランク低下し，指標の絶対値も 1980 年代後半から徐々に低下してきた．

両指標を組みあわせて 1980 年代後半から 90 年代後半をへて 2003 年にいたる変化を図示すると，図 6-1 のとおりである．そこに示されるように，もともと双方の「強固」さが大きくなかった自由主義的な諸国では，アメリカとカナダを別として，有期雇用の規制強化や，場合によっては正規雇用者の解雇からの保護の強化も生じたことが分かる．正規雇用者の解雇からの保護が強固だった諸国（オランダ，スウェーデン，ドイツ，日本およびノルウェー）では，有期雇用のみが規制緩和された．そして，正規雇用者の解雇からの保護が中程度だった諸国（イタリア，ベルギー，デンマーク）でも，有期雇用のみが相当に規制緩和されたのである．

ようするに，相対的にも絶対的にも日本での有期雇用の規制は強固でなかっ

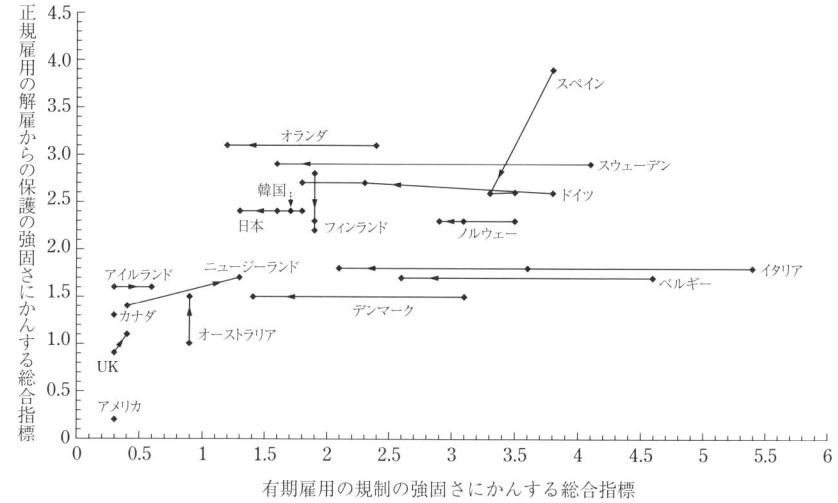

図 6-1 労働市場の規制：1980 年代後半，1990 年代後半，2003 年

縦軸：正規雇用の解雇からの保護の強固さにかんする総合指標
横軸：有期雇用の規制の強固さにかんする総合指標

出典：OECD（2004）: Tables 2.A2.1. and 2.A2.2.

たのであり，しかも緩和されてきた．正規雇用者の解雇からの保護がこの間に変わらない強固さを保ってきたことと対比される．

では失業のリスクはどうか．日本の完全失業率は1990年代半ばから上昇し，男性の失業率のほうが高い．しかし，性別・年齢階層別に留意して国際比較すると，以下が目立つ（OECD 2004, 297-305）．第一に，日本では16歳から24歳の若年層（男女）の失業率が上昇したが他のOECDメンバー国では1990年代とくらべて低下した国が多い．とくにEU圏の15-24歳層では，1995年から2000年の間に失業率が4分の1低下した（European Commission 2001, 26）．第二に，25歳から54歳までの壮年層では，日本の失業率はなお低い方であり，しかも男性の失業率のほうが低い（北欧諸国とアングロサクソン諸国では男性の失業率のほうが高い）．第三に，55-64歳の高年層の男性の就業率がメンバー国の中で断然に最も高い．「労働削減」は，日本の中高年男性には妥当しないといわなければならない．

日本で，男性の失業率のほうが女性より平均的に高いのは，若年層と高年層で失業率が高いためであり，それでも高年層では他国よりも就業率が高いのである．壮年から高年に至る日本男性の雇用パフォーマンスは，依然として，国

際比較や女性との比較という相対的な意味で，良好であるといえよう．とはいえ年齢による男性の実質賃金の上昇は，1970年代半ばから世代を追って鈍ってきた．現在59〜63歳になった第2次世界大戦中（1940年代前半）生まれの男性たちは，20歳代前半の賃金にたいして40歳代には3.7倍から4.4倍，ピークの50歳代前半には4.5倍も稼ぐことができた．戦後生まれで現在50歳代後半の「団塊」世代は，40歳代後半に3.6倍程度のピークを経験した後，低下局面に入ったようであり，現在50歳前後の1950年代生まれは，やっと2.5倍である（男女共同参画影響調査専門調査会 2002, 図表1-1）．

そして1998年以降，平均賃金が低下するなかで，男性の50代前半層での低下が目立つ（賃金構造基本統計）．平均では，時間外手当やボーナスで調整するだけでなく，所定内給与までが低下したのが1999年で（現金給与総額では前年比4.7％低下），所定内給与は2000-2001年にはわずかにもち直したものの，2002年，2003年と減少してきた（毎月勤労統計調査によれば，現金給与総額では2000年を100として2003年には95程度）．

3.2　非正規化

同時に，パートや派遣など「非正規」の労働者の雇用が，働きにみあった処遇を整えないまま広がっている．労働力調査によれば，女性について正規の職員・従業員の割合は，1985年の68.1％から2004年の48.4％まで低下し，同時期に男性は92.8％から83.7％に低下した．とくに女性の雇用が急速に非正規化していることが明らかだ．

諸外国とくらべると，2003年の日本の雇用者に占めるパートタイム労働者の比率は，男性で14.7％であり，OECD諸国ではオーストラリア，オランダについで高く，女性では42.2％でオランダ，オーストラリアについで高い（OECD 2004）．パートタイム労働者の比率が上昇すると同時に，みずから進んでではなく，やむなくパートで働くケースが増えている．しかも，フルタイムとのあいだの賃金格差は拡大してきた．時間あたり賃金で，フルタイムを100とするパートタイムの賃金は，1990年代初めには女性で72.0，男性で57.8だったものが，2003年にはそれぞれ65.7と49.9まで低下した（男女共同参画会議影響調査専門調査会 2004, 資料38-2, 68-2）．

女性のフルタイムとパートの賃金格差を国際比較すると，時間賃率の中位数（メディアン）でフルタイムを100としてパートは，オランダで93.1，スウェーデンで92.3，ドイツで87.5（以上，1995年），オーストラリアで86.8（1997年），イギリスで74.5（2000年）にたいして，日本は66.4（2001年），アメリカは62.5（1996年）だった（OECD 1999，24；内閣府編 2003b，28）．日本のパートタイム雇用者の比率がオーストラリアやオランダについで高いといっても，両国ではフルタイムとの賃金格差が小さいのにたいして，日本での格差は大きく，しかも拡大してきたことに注意する必要がある．

　日本型雇用慣行にかんしてまとめよう．正社員の量は絞り込まれ，正社員にたいする日本型雇用慣行は変容しているが，大量の非正規労働者の不安定で低い処遇は，従来の日本型雇用慣行（の裏面）そのものである．この表裏の関係にかかわって，2002年8月はじめに三菱総合研究所が興味深いシミュレーション結果を発表した．仕事と責任が正社員と同様のパートの賃金を，正社員100にたいして77.6まで引き上げると（現状は59.3），正社員は相対的に"お買い得"な労働力となるおかげで雇用が増加するという．格差を放置し，正社員の労働時間短縮もしなかった場合は，正社員は2002年から5年間で48万人減少し，パートが23万人増えると推計された．これにたいして正社員の時短とパート格差是正の両方をおこなうと，5年間で正社員は71万人増加し，パートは30万人増加するという（三菱総合研究所 2002）．企業にとってはパートの賃上げを生産増でカバーできるため，コスト増加の要因にはならないと結論した．

　しかしその後3年間，フルタイムとパートの賃金格差は縮小されないどころか拡大してきた．企業は従来型の雇用慣行の影を引きずりながら，正社員雇用の縮減に拍車をかけ，雇用不安や生活不安を増すリスク要因となっている．そして家族は，その不安を緩和する役割を引き受けられない．若年層の雇用機会は劣化する一方である．夫婦共稼ぎが増えても，男性の肩の重荷はさほど軽減されてこなかった．妻がパートタイム就労の場合が多く，税や社会保険料の負担を考えて年収を抑えている女性が相当数にのぼるうえ，そもそも30歳代後半以上の女性には，短時間で低賃金の仕事しか提供しない企業が多い．

　総務省家計調査によれば，勤労者世帯の実収入に占める世帯主の配偶者（女

性）の収入の比率は，1980年代の後半に8％台だったものが，1990年代には9％台となるが，2003年でも10.0％にすぎない（核家族共働きで妻も勤労者という世帯に限定しても，25％程度）．また，白波瀬佐和子による綿密な国際比較では，ドイツ，イタリア，スウェーデン，台湾，イギリス，アメリカ，日本の7か国の雇用者共稼ぎ世帯で，世帯勤労収入にたいする妻の収入の割合は，最高のスウェーデンの52.7％にたいして，日本は最低で22.9％にすぎない（Shirahase 2003, 16）．1993年に24-34歳だった女性たちの追跡調査によれば，1995年から2002年までの8年間に，夫が35歳未満の夫婦では，夫が所得を2年以上連続して減らしていても，妻の所得がそれを補っていないと見られる（樋口・太田・家計経済研究所編2004, 42-43）．

3.3 自営業ルネサンスの例外

女性や若者の雇用機会が劣化したり，機会が開かれていない状況にたいして，「起業」に期待がかけられる場合が少なくない．実際，1990年代後半からいくつかのOECDメンバー国における自営業の成長が注目されてきた．*Employment Outlook 2000* の第5章は，「自営業の部分的ルネサンス」と題してこの傾向を分析している．非農林業就業者に占める自営業者（無償の家族従業者を除く）の比率を見ると，1973年には日本は14.0％と，イタリア，スペインについで高かった．それが1997年には9.7％とメンバー国の単純平均11.9％より低くなっている．自営業者数では，日本は1970年代には増加していたが，1980年代に減少し，1990年代（1990-97年）では年率マイナス1.4％と，メンバー国で最も大きな減少率を示した．この間，自営業者が相対的絶対的に増加した国は，カナダであり，イギリスは1980年代，ドイツは1990年代の増加がいちじるしい．1990年代に自営業の成長に貢献したセクターは，産業別では，金融仲介業，不動産業，つづいてサービス業（コミュニティ・サービス，社会サービス，対人サービス）である．職業別では専門職・技術職・準専門職であるという．性別では，大多数のメンバー国で女性自営業者数が伸びたなかで，日本は停滞の1970-80年代のあと1990年代は年率マイナス2.8％と，ひとり陥没した（OECD 2000, 158-162）．ようするにサービス業・知識職業・女性が牽引した先進国の自営業ルネサンスにたいして，日本は例外なのである．

OECD事務局では，メンバー国にわたる時系列ベースで自営業者の比率や数を説明する変数を探ろうとしたが，一貫した変数セットを発見することができなかったという（OECD 2000, 174）．ただ第5節で，大多数のメンバー国で1980年代初めから採用されてきた自営業振興策を，既存の自営業者，失業者の開業，若年層・女性の開業に分けて紹介している．日本はそこにとりあげられていない．諸国における自営業振興策の規模を，たとえば1990年代後半の失業者の開業にたいする公的支援にそくして見ると，カナダでは積極的労働市場政策支出の4％，ドイツでは2.1％，スウェーデンでは3.7％などであり，利用者は失業者全体の1％ないし6％だった（OECD 2000, 178）．

そもそもカナダ，ドイツ，スウェーデンが1990年代後半に積極的労働市場政策に向けた公的支出は，それぞれGDPの約0.5％，1.3％，2％であるのにたいして，日本では約0.1％にすぎない（雇用保険の失業給付にGDPの0.4％程度）（OECD 2000, 224-229）．日本での支援策は，経済産業省や厚生労働省による創業塾や起業家支援セミナー，政府系金融機関による起業家支援融資制度（女性・高齢者に優遇金利）などに限られている（男女共同参画会議影響調査専門調査会 2004, 32-34）．

3.4 税・社会保障負担

さて，雇用の非正規化は，当然に税・社会保障拠出を負担するベースを狭めるが，この間，日本の現役労働者1人あたりの税・社会保障負担が顕著に高まったとは考えられない．個人所得課税の実質実効税率は1980年代末から1993年にかけてわずかに上昇したのち，1990年代末にかけて段階的に低下した（平成14年度年次経済財政報告，2-1-4図）．健康保険料率にはほとんど変化がなく，厚生年金保険料率は，1985年の男性12.4％，女性11.3％から，1994年改革で男女とも14.5％となり，1995年4月から17.5％（1％はボーナスから），2003年4月からは総報酬制に転換して13.58％（標準報酬にたいしては18.35％）となった．20年弱のあいだに6ポイント上昇したことになるが，この間，標準報酬月額の最高限が62万円に据え置かれており，その最高限を超える高賃金者の総所得にたいする年金保険料の割合はこれほど上昇していない．労働者個人にとっては，所得税率の低下と年金保険料率の引き上げが相殺しあ

ったと見られる．しかし，もちろん事業主にとっては，個人所得税率が下がっても労働費用が下がるわけではなく，事業主が半分を負担する年金保険料率が上がったことは，そのまま法定福利厚生費ひいては労働費用の上昇を意味した．

では，国際比較すると税・社会保障負担の家計への帰着はどんな特徴をもつのか．埋橋孝文はOECDの1999-2000年のデータを用いて，等しい世帯所得を得る共稼ぎ世帯，専業主婦世帯，単身世帯に分けて（すべて子どもはゼロ人と仮定），所得税＋地方税＋社会保障拠出（マイナス現金移転）の負担率を，オーストラリア，ドイツ，日本，スウェーデン，イギリス，アメリカについて比較研究した．その結果について，私なりに整理しよう．

まず，オーストラリア，スウェーデン，イギリスでは，専業主婦世帯と単身世帯という「一人稼ぎ」の世帯の負担率がほぼ等しく，それらより共稼ぎ世帯の負担率が低い．オーストラリアでは，一人稼ぎ世帯より共稼ぎ世帯の負担率が10ポイント弱低かった．イギリスの共稼ぎ世帯の負担率は一人稼ぎ世帯より4ポイントないし10数ポイント低く，世帯所得が低いほうがより低くなっている．スウェーデンでは共稼ぎ世帯の負担率は一人稼ぎ世帯より2ポイントないし7ポイント低く，世帯所得が高くかつ夫婦の所得格差が小さいほうが，より低くなる．オーストラリアとイギリスの結果は，所得税の累進性のためであり（イギリスでは，稼いでいる妻の基礎控除と社会保険料の所得控除も作用），スウェーデンの結果は基礎控除などの控除のためである．男女対等な共稼ぎへのインセンティブが強いのは，スウェーデンの制度であろう．

これらにたいしてドイツ，アメリカ，日本では，共稼ぎ世帯と専業主婦世帯という「夫婦」世帯の負担率がほぼ等しく，それらより単身世帯の負担率が高い．ドイツでは，夫婦世帯より単身世帯が10ポイント強高い．アメリカでは単身世帯の負担率が数ポイント高い．日本では，共稼ぎ世帯と専業主婦世帯の負担率はほぼ等しいということができ[6]，それらより単身世帯の負担率が2ないし3ポイント高い．ドイツとアメリカの結果は，累進所得税のもとでの夫婦2分2乗課税のためであり（アメリカでは専業主婦にも基礎控除を適用），日

---

[6] 低所得層（平均賃金所得の3分の1のケースとちょうど平均のケース）では共稼ぎ世帯の負担率がわずかに重く，高所得層（平均賃金所得の133％と167％）では専業主婦世帯の負担率がわずかに重い．

本の結果は所得控除の種類と規模が大きいためである．

　以上にも増して注目されるのは，日本の家計の税・社会保障負担率が格段に低いことである．負担率が最も高いのはスウェーデンで30％ないし40％であり，ドイツでは20％ないし47％であるが，（新）自由主義的な福祉レジームをもつはずのオーストラリア，アメリカ，イギリスでも，負担率は10％ないし35％にのぼる．これにたいして日本では12％ないし19％にすぎない．比例性をとる社会保障拠出率は，所得の多寡によらず日本では10％を占め，これはドイツの約20％とくらべれば低いが，スウェーデンの7％弱，イギリスの約8％よりも高い（埋橋2002）．格段に低いのは税負担率である．単身者の負担率が夫婦世帯よりも2ないし3ポイントしか高くないとしても，税が格段に軽いという条件のもとでのこの差は，ドイツ・アメリカでの差にくらべて影響が小さいとはいえないだろう．

3.5　自己防衛による問題の悪化

　不況と雇用不安にたいして企業と家族がとる防衛策が，問題をさらに悪化させてきた．企業が，ことさらにリストラや非正規化による人件費削減に走ったのにたいして，家計は，稼ぎ手を増やして収入の維持や増大を図るよりは，消費を抑えてきた．

　所得の減少だけでは説明できない消費支出の抑制について，日本銀行の生活意識に関するアンケート調査にたいする回答では（複数回答），「将来の仕事や収入に不安があるから」が61.7％，「年金や社会保険の給付が少なくなるとの不安から」が57.2％となっている．1998年以来，将来の仕事や収入にたいする不安は60％台前半で増減を繰り返してきた．注目すべきは，年金等の社会保険給付にたいする不安の高まりであって，1998年頃は50％前後だったものが，2001年以降60％近くまで上昇してきている（内閣府編2003a，39-40）．親と同居せず親からの経済的援助も受けていない場合，世帯主が30歳代の世帯で年金の将来に不安を感じている家計は，不安をもたない家計よりも金融資産を多く保有している，というミクロデータの分析結果もある（村田2003）．

　人件費削減も消費抑制も，個々の企業や家計（ミクロ）にとっては，さしあたり合理的な防衛策であるとしても，社会全体として合成された結果（マク

ロ）は，景気を冷却することになる．典型的な「合成の誤謬」といえよう．

少子高齢化もスパイラル状に進行してきた．経済的負担感や先行き不安から結婚や出産を回避するという当面の自己防衛が，結局は少子高齢化を加速させ，年金財政や介護負担の将来見通しをいっそう悪化させているのである．

2000年国勢調査にもとづく2002年1月の将来推計人口では，長期の出生率を1.39と仮定したうえで，2050年の65歳以上人口割合を35.7％と推計したが（中位推計），周知のように2003年の実績は1.29だった．もはや1.5を超える出生率は圧倒的に高いハードルと感じられる．

近年までの出生率の低下は，若い人々が結婚を遅らせ（晩婚化），生涯未婚率も上昇したことによって起こってきた．そうした少子化の要因をめぐる社会的状況について，『平成10年版 厚生白書』は，家族での「母親への子育て負担の集中」，職場での「職場優先，男性中心，新卒・正規職員中心の就業環境」といった「現状」を掘り下げた．さらに2002年1月の将来人口推計は，従来見られなかった新しい傾向を織り込むことになった．30歳代の結婚した夫婦の出生力が「晩婚化以外の要因」でも低下していることである．

晩婚化の状況から見よう．出生動向基本調査によれば，「いずれ結婚するつもり」と回答する未婚者の割合は，1980年代と1990年代も後半まで低下し続けた．それが，1997年から2002年のあいだに下げ止まっている．しかし，「結婚には利点がある」と考える未婚男性は調査ごとに減少してきた．全国の20～34歳の未婚者（学生を除く）にたいする内閣府の2003年「若年層の意識実態調査」によれば，男性にとって"金銭的な余裕"という結婚の敷居が高いことが明らかだ．上述のように，税・社会保障負担において単身世帯よりも夫婦世帯が相当に優遇されているにもかかわらず，"妻子を養ってこそ男性"という「男性稼ぎ主」規範にとらわれ，「縁遠く」なっているのだろう．

いっぽう女性では，出産後に就業を継続することが容易ではなく自分の収入が途絶え，子育てなどの負担が集中しかねないことが，結婚の敷居を高めている（内閣府編2003a，171，174）．出生動向基本調査によれば，女性の未婚者では結婚相手の条件として，「家事・育児への姿勢」，「仕事への理解と協力」を重視する者が増えている．女性は共稼ぎの覚悟を強めており，男性側の意識とのあいだにギャップが生じていると考えられる．

雇用の非正規化が結婚抑制的に働くであろうことは直視されるべきである．内閣府の上記 2003 年「若年層の意識実態調査」が示すように，正社員の男性の 33.9％ に対してパート・アルバイトの男性では 44.4％ が，「金銭的に余裕がないから」を，未婚の理由にあげている（内閣府編 2003a, 171）．他方で 1993 年に 24-34 歳だった女性たちの追跡調査によれば，25 歳の時点で未婚だった者のうち，正社員だった者にくらべて無職または非正規社員だったものは，40 歳になるまで一貫して結婚している比率が低い（樋口・太田・家計経済研究所編 2004, 78-79）．

夫婦の出生力はどうか．内閣府の上記 2003 年「若年層の意識実態調査」は，夫婦にたいして理想の子ども数（平均 2.22 人）より予定している子ども数（平均 1.99 人）が少ない理由をたずねている（3 つまでの複数回答）．結果は，「子どもを育てるのにお金がかかる」が 60.2％ でトップである．この数値は，妻が正社員である共働き夫婦では 59.0％ だったのにたいして，妻がパート・アルバイトでは 69.7％，夫が正社員で妻が専業主婦の夫婦では 75.0％ だった（内閣府編 2003a, 208）．3 人目はもちろん，2 人目を産み育てるためにも，フルタイム共稼ぎは必須であることがうかがえる．にもかかわらず，厚生労働省の第 1 回 21 世紀出生児縦断調査（2001 年）によれば，第 1 子出産 1 年前に職業についていた母親のうち約 7 割が出産半年後には無職となっていた（男女共同参画会議影響調査専門調査会 2004, 13）．

関連して注意すべきは，OECD 諸国では，30-34 歳の女性の就業率と合計特殊出生率との相関係数が正であり（0.44），日本の 30-34 歳女性の就業率はメンバー国のなかで最低に近いことだ（川口 2004）．また国内の都道府県別に，30-39 歳の女性の労働力率と出生率の関係を見ると，正の相関関係がうかがえる（男女共同参画会議影響調査専門調査会 2002, 図表 2-2）．育児期の女性の労働力率が高い県で出生率も高いのだ．さらに，ある程度経済発展が進んだ諸国では，男女の賃金格差が小さい国で，出生率も高いという傾向が見られるが（Kosai, Saito and Yashiro 1998），日本の男女賃金格差は先進諸国のなかでは最大級であり，格差の縮小ははかばかしくない（厚生労働省雇用均等・児童家庭局編 2003, 3）．

当然ながら，これらの相関に着目することは，出生率の引上げを目標として

女性の就業率の上昇や男女賃金格差の縮小を提言することを意味しない[7].

4. むすびにかえて：自殺大国ニッポン

1998 年から 7 年連続で年間の自殺者数が 3 万人を超えた．世界保健機構 WHO が 2004 年 6 月段階で入手している統計によれば（各国の統計の年次は異なる），日本の自殺率（2000 年）の高さは世界の 99 か国中第 10 位であり，性別では女性が，スリランカ（1991 年），中国（1999 年の特定調査地域）についで第 3 位，男性は旧ソ連東欧とスリランカという 10 か国について第 11 位だった．日本女性の自殺率には，この 50 年間あまり変化がなく，過去も現在も日本が女性の自殺大国であることは，銘記されなければならない．スリランカの調査年が古く，中国の数値が全国的でないことを勘案すると，日本女性の自殺率は世界最高水準といってよい．女性の自殺率を年齢別に見ると，スリランカでは 15-24 歳が最高であるのにたいして，日本では年齢が高まるにつれて高率となる．

日本男性の自殺率は 1955 年にピークを記したのち 1970 年まで低下，その後 1985 年まで上昇し，近年では 1990 年から急上昇してきた．男性の自殺率が高い 11 か国から調査年が古いスリランカをのぞいて，自殺率を年齢階層別に見よう．ハンガリー，エストニア，スロベニアでは 75 歳以上の層で最も高い．これにたいして日本を含む他の 7 か国（リトアニア，ロシア，ベラルーシ，ウクライナ，カザフスタン，ラトビア，日本）では，45-64 歳で最高である（http://www.who.int/mental_health/prevention/suicide/suicideprevent/en/）．人口動態統計によれば，1960 年代半ばから 1980 年くらいまでは，日本男性の年齢階層別自殺率も年齢が高いほど高かったが，1990 年頃から 40 代 50 代の自殺率が急上昇して現在の状態に至った．

自殺率のカーブは完全失業率のカーブと恐ろしいほど並行していることが知られている．問題の背景に不況と雇用不安があることは明らかだが，それらは，相対的に雇用パフォーマンスが高いはずの中高年男性を直撃している．いまだ

---

7) 赤川学は，相関に着目することとそうした提言とを混同するきらいがある（赤川 2004）．

に「男性稼ぎ主」として「妻子の扶養」や住宅ローンを一身に背負わなければならないことが，中高年男性の雇用不安をことさらに切実にしているのだろう．

では，この不況のトンネルを抜けて経済成長が戻れば，ふたたび福祉を代替できるのだろうか．最新の通商白書によれば，回答は否定的にならざるをえない．すなわち，景気が回復しつつあるといわれる昨今，企業の営業余剰が増大しても雇用者の報酬は上昇せず，マクロでも景気循環と雇用増減の連関が低下したことが目立つ（経済産業省 2004）．アメリカでいち早く見られた Jobless/Joyless Recovery が日本でも定着しようとしているのだ．

引用文献

赤川学（2004），『子どもが減って何が悪いか！』ちくま新書．
居神浩（2003），「福祉国家動態論への展開：ジェンダーの視点から」埋橋編（2003），43-67．
埋橋孝文（1997），『現代福祉国家の国際比較：日本モデルの位置づけと展望』日本評論社．
埋橋孝文（2002），「専業主婦（片働き）世帯への「政策的配慮」：オーストラリア・ドイツ・日本・スウェーデン・イギリス・アメリカ 6 カ国の税・社会保障制度」関西学院大学『経済学論究』56 巻 3 号，47-65．
埋橋孝文編（2003），『比較のなかの福祉国家』（講座・福祉国家のゆくえ 2）ミネルヴァ書房．
大河内一男（1963），『社会政策（総論）改訂版』有斐閣全書．
大沢真理（1996），「社会政策のジェンダー・バイアス：日韓比較のこころみ」原ひろ子・前田瑞枝・大沢真理編『アジア・太平洋地域の女性政策と女性学』新曜社．
大沢真理（2002），『男女共同参画社会をつくる』NHK ブックス．
岡田与好（1981），「社会政策とは何か」『社会科学研究』32 巻 5 号．
川口章（2004），「女性の就業と出生率の動向」社会政策学会 109 回大会共通論題報告．
経済産業省（2004），『通商白書平成 16 年版』．
厚生労働省雇用均等・児童家庭局編（2003），『男女間の賃金格差の解消に向けて：男女間の賃金格差問題に関する研究会報告』国立印刷局．
柴垣和夫（1985），「日本の福祉金融：非課税貯蓄制度と住宅金融を中心に」東京大学社会科学研究所編『福祉国家 5　日本の経済と福祉』東京大学出版会．
武川正吾（1985），「労働経済から社会政策へ：社会政策論の再生のために」社会保障研究所編『福祉政策の基本問題』東京大学出版会．
武川正吾（1997），「福祉国家の行方」岡沢憲芙・宮本太郎編『比較福祉国家論』法律文化社．

武川正吾（1999），『社会政策のなかの現代：福祉国家と福祉社会』東京大学出版会．
橘木俊詔（2005），『企業福祉の終焉：格差の時代にどう対応すべきか』中公新書．
田宮遊子（2003），「公的年金制度の変遷：ジェンダー視点からの再考」『国立女性教育会館研究紀要』7号．
男女共同参画会議影響調査専門調査会（2002），『「ライフスタイルの選択と税制・社会保障制度・雇用システム」に関する報告』．
男女共同参画会議影響調査専門調査会（2004），『「ライフスタイルの選択と雇用・就業に関する制度・慣行」についての報告』．
都村敦子（2000），「児童手当と世代間連帯」『週間社会保障』2091．
所道彦（2003），「比較のなかの家族政策：家族の多様化と福祉国家」埋橋編（2003），267-296．
内閣府編（2003a），『平成15年版国民生活白書』．
内閣府編（2003b），『平成15年版男女共同参画白書』国立印刷局．
内閣府（2004），『少子化社会白書 平成16年版』国立印刷局．
樋口美雄・太田清・家計経済研究所編（2004），『女性たちの平成不況 デフレで働き方・暮らしはどう変わったか』日本経済新聞社．
深澤和子（2002），「福祉国家とジェンダー・ポリティックス：ジェンダー関係の戦略的転換への途」宮本編（2002），215-246．
前田正子（2004），『子育てしやすい社会 保育・家庭・職場をめぐる育児支援策』ミネルヴァ書房．
三浦まり（2003），「労働市場規制と福祉国家：国際比較と日本の位置づけ」埋橋編（2003），109-133．
三菱総合研究所（2002），「パートタイム賃金格差縮小の労働需要および労働費用への影響分析：賃金格差縮小は企業のコスト負担増なしに雇用者の増加をもたらす」http://www.mri.co.jp/NEWS/2002/pr02080100.html
宮本太郎（1997），「比較福祉国家の理論と現実」岡沢憲芙・宮本太郎編『比較福祉国家論：ゆらぎとオルタナティブ』法律文化社．
宮本太郎（2003），「福祉レジーム論の展開と課題：エスピン・アンデルセンを越えて？」埋橋編（2003），11-41．
宮本太郎編（2002），『福祉国家再編の政治』（講座・福祉国家のゆくえ1）ミネルヴァ書房．
村田啓子（2003），「ミクロデータによる家計行動分析：将来不安と予備貯蓄」日本銀行金融研究所 Discussion Paper, 2003-J-9．

Bonoli, Giuliano (2003), "Social Policy through Labour Markets: Understanding National Differences in the Provision of Economic Security to Wage Earners," *Comparative Political Studies*, Vol. 36, No. 9. 1007-1031.
Esping-Andersen, Gosta (1990), *The Three Worlds of Welfare Capitalism,* Cambridge : Polity Press．（岡沢憲芙・宮本太郎監訳『福祉資本主義の三つの世界 比較福祉国家の理

論と動態』ミネルヴァ書房,2001年.)
Esping-Andersen, Gosta (ed.) (1996), *Welfare States in Transition National Adaptations in Global Economies*, London : SAGE. (埋橋孝文監訳『転換期の福祉国家 グローバル経済化の適応戦略』早稲田大学出版部,2003年.)
Esping-Andersen, Gosta (1999), *Social Foundations of Postindustrial Economies*, Oxford : Oxford University Press. (渡辺雅男・渡辺景子訳『ポスト工業経済の社会的基礎 市場・福祉国家・家族の政治経済学』桜井書店,2000年.)
Esping-Andersen, Gosta, with Gallie, D., Hemerijck, A. and Myles, J.(2002), *Why We Need a New Welfare State*, Oxford : Oxford University Press.
European Commission (2001), *Employment in Europe 2001, Recent Trends and Prospects*, European Commission.
Gottfried, Heidi and O'reilly, Jacqueline (2002), "Reregulating Breadwinner Models in Socially Conservative Welfare Systems : Comparing Germany and Japan," *Social Politics*, Spring 2002, 29-59.
ILO (2004), *Economic Security for a Better World*, Socio-Economic Security Programme. Geneva : International Labout Office.
Korpi, Walter (2000), "Faces of Inequality : Gender, Class, and Patterns of Inequalities in Different Types of Welfare States," *Social Politics*, 7, 2. 127-191.
Lewis, Jane (1992), "Gender and the Development of Welfare Regimes," *Journal of European Social Policy*, 2, 3. 159-173.
Kosai Yutaka, Saito Jun and Yashiro Naohiro (1998), "Declining Population and Sustained Economic Growth : Can They Co-Exist?" Jcer Discussion Paper, No.50.
Miura, Mari (2001), "Globalization and Reforms of Labor Market Institutions : Japan and Major OECD Countries," Discussion Paper F-94, Institute of Social Science, University of Tokyo.
OECD (1976), *The 1974-5 Recession and the Employment of Women*, Paris : OECD.
OECD (1999), *Employment Outlook*, OECD.
OECD (2000), *Employment Outlook*, OECD.
OECD (2001), *Employment Outlook*, OECD.
OECD (2004), *Employment Outlook*, OECD.
Orloff, A.S. (1993), "Gender and the Social Rights of Citizenship : State Policies and Gender Relations in Comparative research," *American Sociological Review* 58, 3. 303-328.
Sainsbury, Diane (ed.) (1994), *Gendering Welfare States*, London : SAGE.
Sainsbury, Diane (1996), *Gender, Equality and Welfare States*, Cambridge : Cambridge University Press.
Shirahase, Sawako (2003), "Wives' Economic Contribution to the Household Income in Japan with Cross National Perspecitive," Luxembourg Income Study Working Paper Series, No.349.

III

国際的文脈の変化

7章
「アジア化」する日本経済
生産・消費の地域化と新たな国際分業体制
●
末廣　昭

1. はじめに

　日本の東アジア関与[1]をみていく場合，大きな転機になったのは，1985年のプラザ合意と1997年のアジア通貨金融危機の2つである．プラザ合意は，円高圧力のもとで日本企業，とりわけ製造企業の対東アジア進出を加速させただけではなく，韓国，台湾，シンガポールといったアジアNIESの対東南アジア向け投資も急増させた．そして，この外国人直接投資ブームが引き金となって，東南アジア諸国では未曾有の「経済ブーム」が生じ，さらにこれがバブル経済へと発展していき，長期不況に悩む日本金融機関の資金を吸収していった．
　一方，アジア通貨危機は，日本が本格的に東アジア地域へ関与する決定的な契機となった．総額640億ドルという巨額の公的資金を投入していった日本は，通貨危機から3年後の2000年に「アジアとの地域協力」を経済外交の中心にすえるようになり，2002年1月には小泉首相がシンガポールで，「東アジア・コミュニティ」（an East Asian community）構想を打ち出すほど，東アジア諸国との連携を強調するまでになった[2]．また，このアジア通貨危機を契機に，

---

1) 本章で「東アジア」という場合には，北東アジア諸国・地域（韓国，中国，台湾，香港）と東南アジア諸国もしくはASEAN 10の双方を指し，東アジアに日本を含めた場合を，「拡大東アジア」と呼ぶことにする．「東アジア」の地域概念は，世界銀行『東アジアの奇跡』（1992年）以後，国際的に使用されているもので，日本でもほぼ定着している．

日本企業のあいだでは東アジアを「地域」として捉える戦略が明確になっていく．さらに，1990年代後半の中国経済の台頭と，日本企業の中国向け投資の急増の結果，日本と東アジア諸国の貿易・投資は飛躍的に拡大し，こうした拡大が日本経済の回復にも大きく貢献するようになった．

さて，ここで注目したいのは，以上のような動きが東アジア域内の貿易，投資，労働移動の拡大と域内相互依存率の上昇を伴っていた点である．つまり，経済活動の拡大が，日本を中心とする「二国間レベル」のあいだで生じただけではなく，中国と韓国・台湾，中国と東南アジア諸国のあいだでもほぼ並行して生じている点が重要であった．この点を，渡辺利夫は「アジア化するアジア」（Asianizing Asia）と呼んだ（渡辺編 2004，序章)[3]．そして，この域内のアジア化現象は，自由貿易協定（Free Trade Agreement：FTA）や二国間の経済連携協定（Economic Partnership Agreement：EPA）の推進を目指す最近の政府間交渉によって，よりいっそう強化されつつある（浦田編 2002）．同時に，域内のアジア化現象と日本企業の地域戦略の展開は，従来のような垂直的分業体制（日本を頂点として順次，技術集約度の低い産業を後発の工業国が発展させていく「雁行形態的」分業体制，あるいは特定産業のうちより労働集約的な生産工程を後発国が分担する産業内分業体制を指す）から，より水平的で相互補完的な分業体制へと姿を変えつつある（末廣 2000）．

そこで本章では，プラザ合意から「東アジア・コミュニティ」構想に至るまでの約20年間の日本と東アジア地域とのダイナミックな関係を，日本政府の対東アジア政策の変容と，日本企業の対東アジア進出の進展という2つの側面から整理してみたい．なお，議論の手続きは以下のとおりである．まず，第2節で「アジア化するアジア」の現状を貿易と投資に関する統計データから確認

---

2) 「an East Asian community」の外務省の公式訳は「東アジア・コミュニティ」である．コミュニティのCが小文字になっている意味は，「おわりに」で論じたい．日本のマスメディアがしばしば使っている「東アジア共同体」という用語を日本政府が訳語として使用していないのは，日本語の「共同体」が喚起する共同体への加入条件と規制といった，領域概念としての閉鎖性や排他性を避けるためである．

3) 「アジア化するアジア」という概念をいち早く示したものとして，アジア通貨危機後の東アジアを展望した渡辺利夫の『中央公論』（1999年6月号）の論文がある（渡辺 1999）．

する．次いで，第3節で『経済白書』『世界経済白書』『通商白書』の記述から，日本が東アジアをどのようにみてきたのかをサーヴェイする．第4節ではプラザ合意以後の日本企業の海外進出の動向を概観し，第5節では通貨危機以後の日本政府の対東アジア関与の積極的な動きを紹介する．第6節では，中国の経済的な台頭を視野に入れながら，日本と東アジア地域のあいだの，もしくは東アジア地域内部での新たな国際分業の形成について議論する．そして，本論の最後で「東アジア・コミュニティ」構想の可能性と日本企業の方向性について触れてみたい．

2. アジア化するアジア：貿易と投資

2.1 貿易の域内依存率の上昇

「アジア化するアジア」をもっとも端的に示すのは，東アジア域内の貿易依存率の上昇である．まず表7-1をみると，拡大東アジア（東アジア＋日本）の域内貿易依存率は，1985年の36％から2002年の52％へと大きく上昇した．急速な比率の上昇はプラザ合意以後の10年間で生じている．この数字は，一貫して域内貿易比率が高いEUの63％より低いが，北米自由貿易地域（NAFTA）の46％をすでに上回っていることに注意しておきたい．

次に，東アジア地域（日本を除く）の拡大東アジア向けの輸出比率の推移を

表7-1 主要3地域の域内貿易依存比率の推移 （単位：％）

年次	拡大東アジア（東アジア＋日本）				NAFTA	EU
		東アジア				
	NIES	ASEAN				
1980	8.5	3.5	22.6	33.6	—	52.6
1985	9.5	4.9	26.3	36.2	36.6	53.8
1990	12.3	3.9	32.8	41.6	36.8	64.9
1995	14.0	5.2	38.4	50.1	41.9	64.1
2000	13.5	7.9	39.3	50.0	46.5	62.0
2002	13.2	8.5	42.1	51.8	45.8	62.5

注：NIESは，韓国，台湾，香港，シンガポール；ASEANはタイ，フィリピン，マレーシア，インドネシアの4ヵ国；「東アジア」はNIES，ASEANに中国を加えたもの．
出所：渡辺利夫編（2004, 8）．原典はIMF, *Direction of Trade Statistics*.

表 7-2 東アジアの輸出相手先地域の比率　　　　（単位：%）

年次	拡大東アジア（東アジア＋日本）			NAFTA	EU	世界合計
	東アジア	日本				
1980	23.0	19.8	42.8	—	15.1	100.0
1985	26.3	16.9	43.2	30.9	10.8	100.0
1990	32.9	14.6	47.5	25.1	15.7	100.0
1995	39.2	13.0	52.2	21.8	13.7	100.0
2000	37.3	12.1	49.4	23.5	14.7	100.0
2002	39.7	11.0	50.7	22.4	13.7	100.0

出所：渡辺利夫編（2004, 6）．原典は IMF, *Direction of Trade Statistics*.

みると（表7-2），同じ1985年から2002年のあいだに43％から51％へと上昇した．ここで強調すべきは，日本の比率が同期間に17％から11％へと大きく下がっているのに対し，東アジア地域向けの比率が26％から40％へと飛躍的に伸びている点である．この比率の上昇には，中国と東アジアの他地域との貿易の増加が大きく寄与していた．一方，1970年代から1980年代前半までの東アジア，とりわけアジアNIES（韓国，台湾，香港，シンガポール）の工業化を支えてきたアメリカ（北米）市場は，同期間に31％から22％へと9ポイントも下がった．したがって，かつてのような日本－北米，日本－アジアNIES，アジアNIES－北米の「成長（貿易）のトライアングル構造」（後述）は後退し，東アジア域内の貿易が，現在の同地域の経済成長を牽引していることが分かる．

2.2　世界の直接投資と東アジア域内の動き

表7-3は，1996年から2002年までの直接投資の動きを投資の出し手と受け手に分け，それぞれ国・地域別に整理したものである．まず注意しておきたいのは，直接投資の受け手の合計額が1996年の3,849億ドルから1999年に1兆750億ドルへと跳ね上がり，2002年には6,534億ドルへと再び下がっている事実である．この期間，直接投資の受け手に占める先進国の比率は57％，77％，73％であった．これらの数字は，1990年代後半から先進国の主要産業で活発に進行していった上位企業同士の合併や企業買収（M&A）が，直接投資の流れを「先進国→途上国」ではなく，「先進国⇄先進国」へと変えていったことを示している（末廣 2003a，第3章）．また貿易と同様に，EU域内での直

接投資の圧倒的な大きさも，表からみて取ることができるだろう．

一方，東アジア（日本を除く）の比率をみると，世界の直接投資のうち1996年は21％，1999年は8％，2002年は12％を占め，そのうち半分近くを中国が占めていたことが分かる．2002年当時，世界の輸出総額に占める東アジアの比率が19％であったことを勘案すると，直接投資の受入れ金額の比率は貿易のそれよりはかなり低かった．

興味深いのは，表としては掲げていないが，東アジア域内の直接投資の数字である．この数字は表7-3と違って，『ジェトロ貿易投資白書』に掲載されている各国の直接投資の受入れ金額を足し上げたもので，中国は実行ベース，香港は国際収支ベース，シンガポールは製造業のみ，フィリピンやインドネシアは投資奨励企業の認可ベースといったように，国によって数字の典拠が異なる

表7-3 世界の対外直接投資（出し手）と対内直接投資（受け手）（1996年, 1999年, 2002年）

(単位：100万ドル，％)

(1) 対外直接投資（投資の出し手）

年次	世界計	東アジア	中国	日本	アメリカ	ヨーロッパ	先進国	途上国
金額								
1996	391,554	49,467	2,114	23,442	91,880	184,859	332,921	57,584
1999	1,005,782	35,752	1,775	22,267	155,410	715,254	945,687	57,978
2002	670,420	33,949	2,518	32,301	137,836	396,370	619,587	50,834
％								
1996	100.0	12.6	0.5	6.0	23.5	47.2	85.0	14.7
1999	100.0	3.6	0.2	2.2	15.5	71.1	94.0	5.8
2002	100.0	5.1	0.4	4.8	20.6	59.1	92.4	7.6

(2) 対内直接投資（投資の受け手）

年次	世界計	東アジア	中国	日本	アメリカ	ヨーロッパ	先進国	途上国
金額								
1996	384,910	82,545	40,180	200	86,520	114,040	219,688	152,493
1999	1,075,049	90,369	38,753	12,308	301,020	486,728	829,818	222,010
2002	653,363	75,678	49,308	9,245	39,633	381,623	475,954	177,410
％								
1996	100.0	21.4	10.4	0.1	22.5	29.6	57.1	39.6
1999	100.0	8.4	3.6	1.1	28.0	45.3	77.2	20.7
2002	100.0	11.6	7.5	1.4	6.1	58.4	72.8	27.2

注：日本は東アジアに含めない．ロシア・東欧は途上国に含めず，別カテゴリー．
出所：日本貿易振興会編『ジェトロ投資白書2002年版』同会，2002年，2-3頁；日本貿易振興機構編『ジェトロ貿易投資白書2003年版』同会，2003年，13頁より筆者作成．

という問題を抱えている．この問題を差しあたって棚上げにして，日本，中国，アジア NIES，ASEAN 4（フィリピン，タイ，マレーシア，インドネシア）の数字を集計すると，「拡大東アジア」の直接投資の受入れ総額は，1990 年の 614 億ドルから 2002 年には 2,674 億ドルへと増加し，拡大東アジアの域内比率は 51％ から 53％ へと若干上昇した．一方，アメリカからの直接投資の比率は同期間に 20％ から 12％ へと大幅に下がり，同様にヨーロッパの比率も 9％ から 5％ へと下がっている．このことから，貿易の動きと同じく，直接投資の分野でも拡大東アジア域内の比率の着実な上昇，つまり「アジアのアジア化」現象が進んでいることが確認できる．

3．3 つの白書にみる「アジア」の位置づけ

3.1 アジア・太平洋地域への関心

1985 年のプラザ合意を転機として，日本を含む拡大東アジア域内の経済活動や人の動きの相互依存関係は着実に深化していった[4]．それでは，日本政府の東アジア地域への関心はどのように推移していったのか．この点を確認するために作成したのが表 7-4 である．表は，『経済白書』（経済企画庁），『世界経済白書』（同上），『通商白書』（通商産業省，現経済産業省）という 3 つの白書の中で，日本政府が「アジア」という地域をどのように取り上げてきたのかを整理したものである．

表を一瞥すれば明らかのように，3 つの白書がアジアに言及するのは，過去 20 年間のなかでも驚くほど少なかった．各白書の総論においてアジアが単独で「特集」（ひとつの章）として取り上げられたのは，『世界経済白書』の場合が 1994 年度，『通商白書』にいたっては 2000 年度が最初というのが実情[5]で

---

[4] 本章では紙幅の関係で「人の動き」を捨象した．人や労働力のアジア域内の動きについては，今井 (2004)，入管協会編（各年版）を参照されたい．

[5] もっとも，経済企画庁は 1996 年度から『アジア経済』という別の報告書を作成し，総論とともに東アジア各国，ロシア極東，中央アジア，オーストラリア，ニュージーランドの動きを紹介するようになる（1997 年度版で 344 頁の分量）．

7章 「アジア化」する日本経済　　　211

表7-4　『経済白書』『世界経済白書』『通商白書』にみるアジアの取り上げ方

年度	経済白書（経済企画庁）	世界経済白書（経済企画庁）	通商白書（通産省，経済産業省）
1981年	アジアの記述なし	アジアの記述なし	アジアの記述なし
1982年	アジアの記述なし	第3章　困難深まる発展途上経済	ST：世界経済活性化に向けての我が国の役割（アジアの記述なし）
1983年	アジアの記述なし	アジアの記述なし	アジアの記述なし
1984年	ST：新たな国際化に対応する日本経済（アジアの記述なし）	拡大するアメリカ経済と高金利下の世界経済（アジアの記述なし）	アジアの記述なし
1985年	ST：新しい成長とその課題（アジアの記述なし）	第1章第3節1で「停滞色を強めるアジア経済」(67-76頁)	アジアの記述なし
1986年	ST：国際的調和をめざす日本経済（アジアの記述なし）	第4章第3節「NICsの国際収支の変化」(211-227頁)	第3章第3節「アジアNICsの輸出拡大と進展する産業内分業」(261-290頁)
1987年	ST：進む構造転換と今後の課題（アジアの記述なし）	第3章　変化する国際分業体制：米・日・NICs・アセアンの重層構造(145-221頁．いわゆる貿易トライアングル論	アジアの記述なし
1988年	ST：内需型成長の持続と国際社会への貢献（アジアの記述なし）	アジアの記述なし	第3章　多様化・国際化する事業活動とアジア地域との経済相互依存関係の深化(161-238頁)
1989年	第3章　グローバル化が進む日本経済（アジアの記述なし）	第3章第4節「アジア太平洋貿易の発展とその課題」(318-348頁)	アジアの記述なし
1990年	アジアの記述なし	アジアの記述なし	アジアの記述なし
1991年	第4章第2節5で「アジア太平洋地域の国際分業の現状」(311-319頁)	第3章「市場経済移行国の経済改革」のなかで中国とベトナムを初めて取り上げる．第4章で「アジア経済圏」に言及	第4章第3節「躍動するアジア太平洋地域経済」(331-366頁．アジアNIESとして言及)
1992年	第4章　日本の市場経済の構造と課題（いわゆる日本経済システムの特性をアメリカ流に分析）	第4章第1節「西太平洋地域の分業の新たな展開」(288-320頁)	第3章　自由かつ明確な世界通商システムに向けて（地域統合の動きを批判）
1993年	ST：バブルの教訓と新たな発展への課題	第2章　経済自由化で活性化する新興経済（アジアと東欧を取り上げる）	アジアの記述なし
1994年	第4章第1節2で「アジアとの相互依存関係の深まりと動態的水平分業関係の進展」(298-301頁)	第3章　国際金融の新展開と東アジア(190-302頁．東アジアという地域区分，初出)	第3章第2節「東アジアとの関係を強める日本企業」(232-257頁．東アジアという地域区分，初出)
1995年	ST：日本経済のダイナミズムの復活をめざして（アジアの記述なし）	ST：国際金融の新展開が求める健全な経済運営（アジアの記述なし）	第3章　複層化する世界通商システムとアジア太平洋経済のダイナミズム(216-312頁．APECを意識)

年			
1996年	第2章第6節「途上国の追い上げと日・米・アジアとの国際分業の変化」	この年から,独自に『アジア経済』を刊行.各国別の動向と小特集,末尾に基本経済統計(2000年度まで刊行)	アジアの記述なし
1997年	アジアの記述なし	第1章第4節「総じて鈍化傾向のアジア大洋州」(66-91頁)	第1部 通商をめぐる新たな動き(地域協力・地域経済統合を意識)
1998年	第1章 景気停滞が長びく日本経済	ST:アジア通貨・金融危機後の世界経済.第2章がタイトルの特集	アジアの記述なし
1999年	ST:経済再生への挑戦(アジアの記述なし)	ST:アメリカ経済の長期拡大と問題点(アジアの記述なし).『アジア経済』のほうは,通貨危機後の経済回復を特集	第2章 深化する世界経済のグローバル化と通貨経済危機の広がり(とくにアジア特集ではない)
2000年	ST:新しい世の中が始まる.第1章第1節7で「輸出入を通じたアジア経済との好循環」(78-94頁)	第4節「景気が拡大するアジア・大洋州」.特集のITは,別途『アジア経済』でも特集を組む	第3章 地域統合の拡大と深化:相互依存の強まるアジア経済と日本(最初の本格的な特集,地域協力推進へ方針転換)
2001年	省庁再編により刊行中止	省庁再編により刊行中止	第1章 東アジアを舞台とした大競争時代(最初の日本・アジア経済特集)
2002年			第1章 グローバリゼーションの中での東アジア経済の変容とこれからの日本
2003年			第1章第2節「中国経済の成長と今後の課題」;第2章 東アジアにおける経済関係の深化と我が国企業の活動

注:STは白書のサブタイトルを示す.網掛けはアジアに焦点をあてたもの.
出所:各白書の目次と内容にもとづき,筆者作成.

あった.そこで,もう少しこの点を時間軸に沿って検討してみよう.

3つの白書のうち,最初に東アジア(アジアNICs)の動向に注目したのは『通商白書1986年版』である.つまり,円の切り上げを先進国のあいだで確認した「プラザ合意」の翌年であった.続いて『世界経済白書1987年版』が,アメリカ,日本,NICs,ASEAN間の貿易の重層的構造を特集で組んだ.これは,涂照彦がのちに『東洋資本主義』(1990年)のなかで,「日・米・NICs間の成長のトライアングル構造」と定式化した構図であった.具体的には,日本はアメリカとアジアNICsの双方に対して貿易黒字を記録し,アジアNICsは日本に対する貿易赤字を,アメリカに対する貿易黒字でまかなうという構図がそれである.別言すれば,アメリカがアジアNICsの工業品の巨大な「アブソ

ーバー」になり，日本がアジア NICs に対して中間財・資本財を供給し，東アジア地域は日本の「セコハン技術」を導入して，労働集約的な繊維・衣類や家電製品をアメリカに輸出することで，当該地域の輸出志向型工業的発展は支えられてきたという理解がそれである．したがって，この構図はアメリカ市場を中心にすえており，同時に太平洋をはさんでアメリカと東アジアの双方の連関をみるという立場であった．実際，1991 年度の『経済白書』や『通商白書』は，「アジア太平洋地域経済」を鍵となる概念として使用している[6]．

これに対して，「東アジア」という言葉が登場するのは 1994 年が最初であり，『世界経済白書』は主として金融機関の動きとの関連で，『通商白書』は製造企業のアジア進出との関連で記述を行った．つまり，1985 年のプラザ合意以降の「直接投資ラッシュ」が東アジア地域に与えたインパクトが，ようやく政府関係者のあいだで認知されたわけである．1996 年度から経済企画庁が独自に刊行を開始する年次報告書『アジア経済』も，その流れの中から生まれてきたものであった．しかし，「東アジア」に対する関心はまもなく後退していき，通産省（経済産業省）が『通商白書』を通じてこの地域を改めて大きく取り上げるには，2000 年度まで待たねばならなかった．

3.2 地域統合の対象としての「東アジア」

通産省が東アジア地域に関心を向け始めたのは，じつは 1980 年代半ばにまで遡ることができる．とくに，1987 年から開始された第一次「新アジア工業化総合協力プラン」（New Asian Industries Development Plan，通称 New "AID" Plan）がその転機となった．この計画は通産省が政府開発援助（ODA）を，東アジアの工業的発展の支援に積極的に活用しようとした最初の事例であり，アジア工業発展（Asian Industries Development）を援助（AID）と重ね合わせた点に，当時の意気込みを感じることができる[7]．

---

6) この時期の日米関係を軸とする「アジア太平洋経済協力」の動向については，大庭（2004，第 6 章）に詳しい．
7) New "AID" Plan の概要については，前田（1986），関昇（1990）を参照．タイについては，国際協力事業団『タイ王国工業分野開発振興計画調査報告書』（全 4 巻，1988-90 年）にまとめられている．

この計画は主として ASEAN 5 ヵ国を対象に，主要な輸出産業とサポーティング産業（とくに金型）を抽出して，各国別に詳細な産業実態調査を実施し，日本の公的資金と中小企業の技術力を使って，東アジア各国の産業競争力の強化とその底上げを図ろうとする新しい試みであった．ところが，この計画が実施に移されたときと同じ時期に，日本の中小企業は円高圧力のもとで大挙，東アジアへの進出を実施し，東アジア諸国も急増する海外からの直接投資を活用して産業構造の高度化を図った．その結果，東アジアの現実の動きが日本政府の「政策の呼び水効果」を待たずに先行するという事態が生じた．その結果，1992 年から始まる第二次「New "AID" Plan」は，相手国の関心をほとんど惹きつけることができず，ODA の金額も減額された．

摘記すべきは，このときの計画が必ずしも通産省の「国家的戦略」として立案されたものではなかったという事実である．この計画を立案した当時の若手官僚自身たちからの聞き取り調査によると，「対米通商問題が一段落したので，ここらあたりでアジアについて何か仕掛けよう」という発想で，休日を返上して若手が集まり，短期間のあいだに作り上げたものであったという[8]．この当時，通産省の主流派は，日米経済関係の安定とそれに資するかたちでのアジア NIES との連携を依然重視しており，「東アジア」を独自の地域と位置づける発想はまだなかった．

ところが，1997 年の通貨危機を契機に通産省は従来の方針を大きく転換し，東アジアへの関係を深めていく（第 5 節）．しかし，こと「通商政策」について言えば，同省は一貫して「東アジアとの地域協力」ではなく，特定の地域への関与を避ける「開かれた地域主義」を主張していた．例えば，1997 年度の『通商白書』は，北米やヨーロッパにおける地域統合の動きを特集したが，そこでの論調は，「日本は制度的枠組みを持つ地域統合に参加していない数少ない先進国であり，それらの地域統合が通商制限的措置をとらないように監視していく必要がある」（『平成 10 年版通商白書　総論』第 5 章第 3 節の 3「地域的枠組みへの対応」）と述べ，APEC のような「開かれた地域主義」を除く地域統合に対しては，きわめて消極的な立場をとっていた（中川 2006）．

---

[8]　2003 年 5 月，担当官からの筆者の聞き取り調査（東京）．

その方針が180度転回するのは，2000年度の『平成13年版通商白書』からである．経済産業省は，同白書の総論第3章で「地域統合の拡大と深化：相互依存の強まるアジア経済と日本」と題する特集を組み，東アジアとの地域協力を前面に打ち出した．そして翌年2001年度の『通商白書』は，総論第1章に「東アジアを舞台とした大競争時代」と題する大特集をすえ，白書としては初めて，東アジア経済の現状と日本企業の動向を詳しく紹介した．

以上のような『通商白書』の記述変化の背景には，地域統合という「グローバル経済行きのバス」に乗り遅れるなという焦燥感もあったとはいえ，より基本的な理由としては，通貨危機を契機に，東アジア地域との連携が長期不況に悩む日本経済の活性化にも不可欠であるとの認識が，政府や企業のあいだで浮上してきた点を指摘できるだろう（経済産業省2002）．いずれにせよ，ここで確認しておきたいのは，第2節で述べた「アジア化するアジア」は，日本の政策的誘導のもとで進んだのでは決してなく，現実の方が政策に先行していった事実，つまりデファクトとしての「アジア化するアジア」が日本に東アジアとの連携という道を選択させたという事実であった．

4. 東アジアの経済ブームと日本企業の進出

4.1 プラザ合意以後の直接投資ラッシュ

ここで少し時間が前後するが，いまいちど1985年のプラザ合意に立ち戻り，2003年までの直接投資の動きを概観しておきたい．まず，世界全体の直接投資（フロー）をみると，1980年から1984年の5ヵ年の平均に占める途上国向けの比率は21％であったのが，1990年から1994年の5ヵ年には34％へと上昇した．つまり，プラザ合意をはさんだ10年間は，世界の直接投資の流れが先進国向けから途上国向けへとシフトした時期だったのである．そして，この途上国向け直接投資額の合計に占める東アジア地域の比率は，1985年（合計111億ドル）の28％から，1990年（267億ドル）の42％，さらに1994年（779億ドル）の55％へと急上昇していった（経済企画庁『平成7年版世界経済白書』，216-218頁）．この東アジア向け直接投資の拡大を支えたのが，プラ

ザ合意以降の日本からの直接投資であり，対米ドルに対して日本と同様に現地通貨の切り上げがなされた韓国，台湾，シンガポールの東アジア向け直接投資であった．

そこで，日本からの直接投資（届出ベース）を地域別・業種別に整理してみると，表7-5のようになる．表では，1989年以降を4年刻みに時期区分し，東アジア地域の経済動向（日本ではない）を考慮して，それぞれ経済ブーム期（1989～92年），バブル経済期（1993～96年），経済危機期（1997～2000年），経済回復・発展期（2001～03年）の4つに分類してある．また，「プラザ合意前」（1981～84年）の4年間の数字も参考のために掲げておいた．

「プラザ合意前」と「経済ブーム期」を比較すると，日本の対外直接投資は件数で1万365件から2万1,580件へと2.1倍，金額ベースでは8兆2,500億円から27兆5,000億円へと3.3倍に増加した．もっとも製造業向けはこの間，2兆2,300億円から3兆3,800億円へと1.5倍にとどまっている．製造業の中では電機機器の伸び（5.1倍）が著しかった．その結果，製造業に占める電機機器の比率は「プラザ合意前」の17％から「経済ブーム期」には59％へと大きく上昇し，地域別分布ではアジア向け，とりわけASEAN 4向けが伸びた．また，金融保険向けの投資が4倍以上の伸びを示したことも，この時期の特徴である．

次に，1989年から2003年までの投資の流れを件数の推移で見ると，日本のアジア向け投資がピークに達するのは「バブル経済期」であり，全業種では世界全体の50％，製造業に限定するとじつに70％を超えた．また，金額ベースでもこの時期にピークを記録している．一方，アジア地域の中をさらに中国，アジアNIES，ASEAN 4の3つに細分してみると，中国向けの投資はバブル経済期に突出し，ASEAN 4向けの投資は経済ブーム期にもっとも比率が高かったことが分かる．

さて，表7-5との関連で注意を促しておきたい点が2つある．ひとつ目は，1989年から2003年までの製造業の累計数字をとると，中国の合計2兆1,165億円に対して，アジアNIESが合計4兆9,750億円（中国向けの2.4倍），ASEAN 4が合計5兆7,330億円（中国向けの2.7倍）であり，両者とも中国向けを大きく引き離していた事実である．中国向け投資が1990年代半ば以降に

7章 「アジア化」する日本経済

表7-5 日本のアジア，アメリカ向け対外直接投資の推移（1981〜2003年）

年度	件数（件数，％）					金額（億円，％）				
	*1981-84 プラザ合意前	*1989-92 経済ブーム期	*1993-96 バブル経済期	*1997-2000 経済危機期	*2001-03 回復・発展期	*1981-84 プラザ合意前	*1989-92 経済ブーム期	*1993-96 バブル経済期	*1997-2000 経済危機期	*2001-03 回復・発展期
全業種合計	10,365	21,580	11,330	7,593	6,361	82,474	275,040	187,985	248,500	126,138
アメリカ	32.5	8.5	5.5	1.8	1.5	31.7	45.4	43.4	31.2	23.8
アジア	27.8	26.7	49.8	35.7	26.0	23.1	13.7	22.7	15.4	17.8
中国	0.0	3.6	21.8	7.3	12.3	0.5	1.2	6.3	2.3	6.0
アジアNIES	....	9.9	10.2	12.2	6.2	....	6.2	6.9	5.3	5.3
ASEAN4	....	12.6	15.3	13.8	6.6	....	6.1	8.7	6.8	5.7
製造業計	2,934	1,318	659	554	257	22,311	33,777	25,594	38,046	17,516
アメリカ	31.8	21.8	12.1	19.6	14.4	40.9	45.4	37.5	38.1	32.4
アジア	45.4	51.2	73.0	58.8	65.5	26.2	22.6	36.4	22.9	27.7
中国	0.0	9.2	38.9	14.8	37.1	0.3	2.4	13.1	4.4	11.3
アジアNIES	....	12.0	7.5	14.2	9.4	....	6.0	6.3	6.3	5.5
ASEAN4	....	28.6	23.0	25.7	16.7	....	13.5	15.5	10.6	9.5
うち電機機器	480	990	913	623	388	3,883	19,862	18,394	34,224	15,270
アメリカ	37.7	26.9	20.9	22.8	16.5	64.6	46.1	45.6	70.2	42.5
アジア	43.3	52.0	70.1	63.4	68.8	14.4	22.0	37.5	16.7	24.3
中国	0.4	7.0	26.9	12.7	35.6	0.0	2.8	12.2	3.3	10.0
アジアNIES	....	13.5	12.2	19.7	13.1	....	4.9	9.6	5.5	6.9
ASEAN4	....	29.9	27.8	27.4	16.8	....	14.1	14.6	7.3	6.5
うち輸送機器	179	368	460	366	379	4,18	9,750	9,536	14,440	14,831
アメリカ	31.8	38.9	20.4	24.3	21.1	49.5	42.8	35.0	18.0	12.7
アジア	47.5	29.3	66.5	55.2	57.0	15.3	12.5	25.6	23.5	23.6
中国	1.7	2.2	23.5	9.8	31.7	0.0	0.6	10.3	3.5	9.8
アジアNIES	....	4.9	3.5	6.0	4.7	....	2.7	2.4	1.8	2.7
ASEAN4	....	19.8	34.6	32.2	18.2	....	8.2	10.6	14.7	8.5
金融保険	267	883	579	1,599	3,217	10,930	45,001	28,169	56,058	37,693
アメリカ	23.2	20.8	14.0	12.4	2.0	35.7	30.2	39.1	13.5	8.2
アジア	16.9	23.4	30.6	25.2	2.4	3.4	9.6	12.9	4.8	5.3
中国	0.0	0.5	0.3	03	0.3	0.0	0.1	0.1	0.1	1.0
アジアNIES	....	15.7	18.1	17.4	1.4	....	6.1	7.4	2.8	3.6
ASEAN4	....	6.9	10.4	6.7	0.6	....	3.5	5.2	1.8	0.7

注：アジアNIESは韓国，台湾，香港，シンガポール，ASEANはフィリピン，タイ，マレーシア，インドネシア4ヵ国を指す．1981〜84年については，台湾，フィリピン，マレーシアの国別業種別データが利用できないため，合計値は不明．

出所：(1)「対外民間投資特集」（大蔵省『財政金融統計月報』452号，1989年2月）．
(2)財務省「対内及び対外直接投資状況：業種別対外直接投資実績，国別・地域別)」http://www.mof.go.jp/1c008.thm.（アクセス日 2004年12月3日）．

急増したことは事実であるが，累積でみると ASEAN 向け投資の方が依然として大きい事実に留意する必要がある．

ふたつ目は，アジア向け投資が伸びたとはいえ，金額ベースで最大の比率を占めるのは一貫してアメリカであったという事実である．例えば，全業種だけではなく，製造業全体をみても自動車産業をみても，アメリカ向け投資の方がアジア向けのそれより大きかった．これは，1件あたりの投資金額が大きいこと（アジア向けは中小企業が多い），大型の企業買収が日本のバブル経済期に続いたことが関係している．ただし，自動車産業について言えば，経済危機期にアジア向けがアメリカを抜き，また，世界全体に占めるアメリカ向けの比重が，時期を経るにしたがって傾向的に下がっている事実に注意すべきであろう（後述）．

4.2 日本製造企業の生産・輸出体制と製品のライフサイクル

それでは，このような東アジア向けやアメリカ向けの直接投資の増加は，日本の製造企業にどのような変化をもたらしたのか．この点を明らかにするため

表 7-6 カラーテレビの国内生産，輸出，輸入，海外生産の推移（1970～2002 年）

（単位：1,000 台，％）

年次	国内生産	輸出	輸入	国内需要	海外生産	輸出比率	輸入比率	国際化率
1970	6,399	….	—	….	—	….	….	….
1976	11,148	….	—	….	—	….	….	….
1981	12,643	6,428	—	6,215	6,486	50.8	….	51
1984	14,961	9,302	—	5,659	10,751	62.2	….	72
1985	17,897	13,425	4	4,476	11,365	75.0	0.1	64
1986	13,809	6,729	2	7,082	12,351	48.7	0.0	89
1990	13,243	4,312	1,060	9,991	19,937	32.6	10.6	151
1994	9,445	3,620	5,844	11,669	32,985	38.3	50.1	349
1995	7,854	2,916	7,854	12,792	35,483	37.1	61.4	452
1996	6,486	2,342	7,505	11,649	43,585	36.1	64.4	672
1999	3,444	2,965	8,625	9,104	37,878	86.1	94.7	1,100
2000	2,383	3,053	9,755	9,085	37,343	128.1	107.4	1,567
2001	1,656	2,427	9,755	8,984	41,035	146.6	108.6	2,478
2002	1,480	1,841	8,569	8,208	40,756	124.4	104.4	2,754

注：(1)輸出比率＝輸出／国内生産；輸入比率＝輸入／国内需要（国内生産－輸出＋輸入）；国際化率＝海外生産／国内生産．
(2)四角で囲ったのは，それぞれのピーク年．比率の場合には輸出比率は金額を考慮したピーク年，輸入比率は 50％ を超えた年，国際化率は 100％ を超えた年．

出所：電波新聞社『電子工業年鑑　1995 年版』同新聞社，1995 年，652-658 頁；『同　2004 年版』296 頁．

7章 「アジア化」する日本経済   219

表7-7 VTRの国内生産,輸出,輸入,海外生産の推移 (1980~2002年)
(単位：1,000台,％)

年次	国内生産	輸出	輸入	国内需要	海外生産	輸出比率	輸入比率	国際化率
1980	4,441	….	….	….	—	….	….	—
1983	18,216	15,237	….	2,979	309	83.6	….	2
1985	30,581	25,475	47	5,153	2,063	83.3	0.9	7
1986	33,789	27,689	14	6,114	2,727	81.9	0.2	8
1988	31,660	21,863	367	10,164	5,297	69.1	3.6	17
1990	31,640	25,839	264	6,065	7,290	81.7	4.4	23
1991	30,699	21,991	317	9,025	10,128	71.6	3.5	33
1993	19,986	14,814	680	5,852	14,227	74.1	11.6	71
1994	19,202	15,235	1,340	5,307	21,929	79.3	25.2	114
1995	16,115	9,775	3,133	9,473	20,096	60.7	33.1	125
1997	12,615	3,485	4,362	13,492	25,447	27.6	32.3	202
1999	7,933	5,318	4,915	7,530	27,048	67.0	65.3	341
2000	5,513	3,902	3,902	5,513	23,376	70.8	70.8	424
2001	2,309	1,190	1,190	2,309	17,841	51.5	51.5	773
2002	1,563	542	542	1,563	16,944	34.7	34.7	1,084

注：表7-6と同じ．
出所：電波新聞社『電子工業年鑑　1995年版』同新聞社，1995年，638-646頁；『同　2004年版』314頁．

に整理したのが，表7-6と表7-7に示した，カラーテレビとVTRの国内生産，輸出，輸入，国内需要，海外生産（いずれも数量ベース）のそれぞれの推移である．表には，各製品のライフサイクルを示す指標として，(1)輸出比率（輸出／国内生産），(2)輸入比率（輸入／国内需要），(3)国際化率（海外生産／国内生産）の3つを掲げておいた．

1950年代に国内生産を開始し，1960年代半ばからアメリカ向け輸出を開始した日本のカラーテレビは，1985年に国内生産と輸出のピークを記録した．海外生産が本格化するのはプラザ合意以降である．急激な円高を引き起こしたプラザ合意の翌1986年には，カラーテレビの輸出が対前年比，数量ベースで50％，金額ベースでは55％も激減した．その結果，海外への生産シフトが急速に進行し，1988年には遂に，カラーテレビの海外生産（1,593万台）が国内生産（1,322万台）を追い越した（電波新聞社『電子工業年鑑　2004年版』，299頁）．その後は，海外生産と国内生産の差は急速に広がり，1996年には海外生産が国内生産の7倍近くにもなっている．

海外生産の拠点になったのは，「アメリカ市場」を軸に分類すると，消費市場立地型のアメリカ，近隣輸出基地としてのメキシコ，遠隔輸出基地としての

東南アジアの3つである．例えば，1997年現在の東南アジアを例にとると，タイが617万台，マレーシアが807万台，シンガポールが205万台であり，その製造企業の大半を日本企業が占めた（末廣 2000, 56）．一方，1994年には輸入比率が50％を超え，2000年以降は輸入が国内需要を上回るという状況（在庫を含む）が続いている．日本が海外から輸入しているカラーテレビの相手先は，東南アジア諸国の日系企業（マレーシアなど）もあるが，1990年代半ば以降は韓国製品，そして2000年以降になると中国製品の伸びが著しかった．つまり，消費のアジア化が進んでいるのである．

カラーテレビよりも国内生産がはるかに遅く，また国内生産開始と同時に輸出ドライブがかかったVTRの事例をみても，傾向はほぼ同じである．VTRの国内生産と輸出のピークは，カラーテレビより1年遅れの1986年であり，海外生産が国内生産を上回ったのは1994年で，カラーテレビよりは6年あとであった．1997年の東南アジアにおけるVTRの生産状況をみると，マレーシアが1,162万台と他を圧しており，インドネシアの545万台，タイの399万台がこれに続く．もっとも，カラーテレビと違って，DVDとの激しい競争に晒されたVTRは，1999年頃から急速に国内生産を縮小させ，最近では海外生産も減少の段階に入った．日本のカラーテレビとVTRの生産・輸出・輸入・海外生産の推移は，日本製造業の生産・消費体制の地域化を示すと同時に，かつてバーノンが直接投資との関連で提示した「プロダクトサイクル・モデル」を，見事に実証しているといえよう（末廣 2000, 第2章）．

4.3 経済のバブル化と日本金融機関

以上のような日本の東アジア向け直接投資の増加は，1980年代後半から始まる東アジア諸国の「経済ブーム」の引き金になった．しかも，この直接投資の増加期は，東アジア諸国が開始する金融の自由化と産業投資（外国直接投資を含む）の自由化の時期とも重なったため，東アジア諸国の高い経済成長と産業構造の高度化を促す重要な資金源となった．この点は詳述する余裕がないので他著に譲るが，1990年代半ばまでの製造業向け投資の増加によって，東アジア域内の貿易の相互依存関係がいっそう強まったことを強調しておきたい[9]．

ところが，1993年を転機に，日本からの直接投資と東アジア諸国の経済と

表7-8 日本,アメリカ,ヨーロッパの銀行による新興市場向け貸付残高

(単位:100万ドル,%)

Region/Period	1993年12月	1995年6月	1997年6月	1998年6月	1999年6月
アジア*					
日本系銀行	72,704	107,979	123,827	98,544	74,824
アメリカ系銀行	17,175	22,213	32,291	22,609	22,687
ヨーロッパ系銀行	93,614	146,997	226,144	197,173	183,956
BIS報告国合計	183,493	280,440	389,441	324,811	286,970
(日本の%)	(39.6)	(38.5)	(31.8)	(30.3)	(26.1)
香港,シンガポール					
日本系銀行	212,484	274,368	152,389	88,181	64,989
アメリカ系銀行	10,582	11,523	14,062	9,047	8,531
ヨーロッパ系銀行	115,148	182,700	258,174	210,591	160,014
BIS報告国合計	338,214	473,457	433,481	314,238	233,534
(日本の%)	(62.8)	(57.9)	(35.2)	(28.1)	(27.8)
ラテンアメリカ					
日本系銀行	18,753	14,452	14,526	14,784	11,774
アメリカ系銀行	52,586	55,185	60,348	64,183	62,348
ヨーロッパ系銀行	118,471	125,805	166,412	204,898	197,948
BIS報告国合計	189,810	203,824	251,086	295,712	283,438
(日本の%)	(9.9)	(7.1)	(5.8)	(5.0)	(4.2)

注:*アジア向けには香港,シンガポールを含めない.
出所:末廣(2000, 86). BIS, *Consolidated International Banking Statistics*, various issues.

のあいだには,新たな関係が生じる.この点を示唆するのが,前掲表7-5の「金融保険」の項目で,日本からのアジア向け投資が世界全体に占める比率は,件数,金額ともバブル経済期に伸びを示した(もっとも,絶対金額は経済ブーム期のほうが大きい).この点を投資ではなく,金融機関の貸付の面からより詳しく見たのが,国際決済銀行(BIS)が報告する国別金融機関の貸付残高の推移をまとめた表7-8である.この表は,日本系,ヨーロッパ系,アメリカ系の商業銀行の「香港・シンガポール向け」「香港・シンガポールを除くアジア向け」「ラテンアメリカ向け」の3つの地域に対する貸付残高の推移を示したものである.

表によると,東アジア地域で経済ブームがバブル経済に転化する1993年末時点で,日本の金融機関が貸付残高に占める割合は,香港・シンガポール向け

---

9) たとえば,次のような文献を参照.谷浦編(1989),末廣(2000).

の合計金額の63％，他のアジア諸国向けの合計金額の40％に達した．これは，1990年に日本でバブル経済が崩壊したあと，有利な融資先を探していた日本の金融機関が，新興市場である東アジアに注目し，いっせいに貸付を増加させていったことを意味する．

例えば，タイ政府は従来の地場商業銀行を通じた海外借入に加えて，1993年にバンコク・オフショア市場（BIBF）を開設した．そして，1994年10月に，オフショアライセンスをもった20行の融資残高1,500億バーツのうち，じつに88％を日本の銀行6行のみが占めたと報告している（末廣・東編 2000，100）．また，通貨危機が生じる直前の1996年に，タイにおける海外資金の純流入額は合計5,176億バーツに達したが，その内訳は，直接投資6％，証券投資16％に対して，銀行借入が54％（うちオフショア市場を通じた借入が39％）と，明らかに銀行借入中心の資金調達構造へと変化していった．

こうした日本やヨーロッパの銀行の東アジア向け融資は，当初は地場銀行や地場の企業を通じて生産目的の投資に向かったが，その後は不動産投資など「経済のバブル化」を加速させる資金源となる．そして，東アジアで通貨危機が勃発したとき，日本やヨーロッパ系の銀行が資金をいち早く引き上げたことが，その後の各国の金融危機，さらには資金不足に伴う国内経済不況を引き起こす重要な要因になったのである（Woo et al. 2000，表7-8を参照）．

5. 通貨危機後の日本の東アジア関与

5.1 アジア通貨危機への日本の対応

日本の東アジアへの関与を決定づけたのは，1997年7月にタイから始まり，その後東アジア地域に「伝染病」のごとく波及していった通貨・金融危機であった（Jomo ed. 1998；末廣 2000，第4章）．この危機に対する日本政府の対応は迅速であり，同年8月には東京で「タイ向け緊急融資」の国際会議を開催し，IMFほか，中国，オーストラリアなど9ヵ国の協力を得て，緊急融資172億ドルをとりまとめた．そして，11月にはインドネシア向け392億ドル，12月には韓国向け350億ドルの融資を，IMFと連携して実施している（表7-9

7章 「アジア化」する日本経済　223

表7-9　日本の対アジア関与の動き (1997～2004年)

年	月	事　項
1997	1	橋本首相，日本・ASEAN首脳会議の定例化を提案．ASEAN側が「ASEAN＋日本，韓国，中国」を逆提案．同年12月，「ASEAN＋3」首脳会議実現．
	7	タイで通貨危機，発生．その後，香港，マレーシア，インドネシア，韓国に波及．
	8	タイに対して172億ドルの緊急融資決定（IMF40億ドル，日本40億ドル）．
	11	インドネシア向け392億ドルの協調融資決定（IMF100億ドル，日本50億ドル）．
	12	韓国向け350億ドルの協調融資決定（IMF210億ドル，日本100億ドル）．
1998	6	大蔵省国際局のなかに「アジア通貨室」（現地域協力室）を設置（官報記載は2000年7月）．
	10	アジア諸国の危機克服のため，日本が総額300億ドルの資金支援を公表（新宮沢構想）．
	12	第2回「ASEAN＋3」首脳会議で，日本はアジア諸国の経済構造改革のために，上限6,000億円の追加的「特別円借款」の供与を表明．
1999	6	通産省『21世紀ビジョン』を産業構造審議会で公表．「アジア経済圏構想」を提案．
	8	日本経営者連盟が「アジア経済再生ミッション」（団長　奥田碩）を派遣．11月に「日本を開くこと」（第三の開国）を提唱する報告書をまとめる．
	10	日本ASEAN産業経済協力委員会（AMEICC）が「実体経済再生のための共同行動計画」を採択．
2000	5	第2回「ASEAN＋3」財務担当大臣会議をチェンマイで開催．ASEAN，日本，中国，韓国のあいだの二国間スワップによる資金協力を盛り込んだ「チェンマイ・イニシアティブ」を採択．
	5	第1回「ASEAN＋3」労働担当大臣会議で，地域レベルの労使関係プログラムの推進を合意．2002年6月の「日・ASEAN協力委員会」で，向こう3年間のASEAN政労使セミナーの開催を決める．
	7	森首相，沖縄サミットでアジアの「IT革命支援」に150億ドルの資金支援を表明．
	11	中国の朱鎔基首相がASEANに対してFTA締結を提案．日本の対ASEAN・FTA交渉もこれに刺激されて加速する．
2001	7	ASEAN閣僚会議で，「ASEAN統合強化のための発展格差是正に関するハノイ宣言」（後発加盟国CLMVに対する支援強化）に合意．メコン河流域開発，インドシナ半島を横断する道路建設（東西回廊）などへの協力を決定．
	10	第1回「ASEAN＋3」農業担当大臣会議開催．食糧安全保障（コメの備蓄協定）で合意．
	11	中国・ASEAN首脳会議で，向こう10年以内のFTA締結を合意．
2002	1	小泉首相，東南アジア訪問の旅の最終地シンガポールで「東アジア・コミュニティ」構想を表明．同時に，日・ASEAN包括的経済連携構想の推進を提唱．
	1	「日本・シンガポール新時代経済連携協定」（JSEPA）を締結．
	4	タイとのあいだで「日本タイ経済連携協定作業部会」設置．以下，同様の作業部会をフィリピン（同年5月），マレーシア（2003年2月）と設置．
	6	外務大臣を議長とする「ODA総合戦略会議」を設置．2003年8月にアジアを戦略的地域と位置づける「新ODA大綱」を策定する．
	10	ブッシュ大統領，「米・ASEAN経済連携」（Enterprise for ASEAN Initiative：EAI）を提唱．
	11	ASEAN首脳会議で，タイ・日本が提案していた「アジア債券市場開発」（Asian Bond Markets Development）に合意．
	11	中国・ASEAN首脳会議で，「ASEAN・中国との間の包括的経済協力に関する枠組み協定」を締結．農業，情報通信，人材育成，投資，メコン河流域開発の5分野での経済協力も合意．
	11	日本・ASEAN首脳会議で「日・ASEAN包括的経済連携構想」に関する共同宣言を採択．
	12	経済産業省が『経済連携の推進』を刊行．そのなかで日本経済の再生を目的に「東アジ

		アビジネス圏構想」を提唱.
2003	7	日本・インドネシア経済連携協定推進のための作業部会を設置.
	10	タイ・中国のあいだでコメ,穀物類を除く農産物自由貿易協定を締結.中国が提唱する「アーリーハーベスト方式」(農産物問題の前倒し交渉)の具体化の最初の事例.
	12	日本・ASEAN 特別首脳会議を開催.21 世紀の日本と ASEAN の永続的パートナーシップを謳った「東京宣言」と 100 以上の具体的措置に関する「行動計画」を採択.
2004	7	「ASEAN＋3」外相会議で,中国が「ASEAN＋3」首脳会議を「東アジア・サミット」として定例化することを提案.
	10	「日本・フィリピン経済連携協定」を締結.
	12	「日本・タイ経済連携協定」の 21 項目のうち 10 項目について合意.ただし,両国の歩みよりは難航する(2005 年 8 月,大枠で合意).

出所:末廣・山影編 (2001),山影編 (2003),末廣 (2003b),谷口 (2004),バンコク JODC センター資料より作成.

の年表,参照).さらに,翌 1998 年 6 月には,危機に見舞われた東アジア諸国の経済回復と構造改革の実施に対する支援のために,総額 300 億ドルに及ぶ特別資金協力,いわゆる「新宮沢構想」を公表し[10],翌 1999 年 3 月までにタイ 19 億ドル,マレーシア 15 億ドル,フィリピン 14 億ドル,インドネシア 24 億ドルの緊急融資を実施した(これとは別枠で,同年ベトナムに対しても 10 億ドルの融資を決定)(末廣・山影編 2001, 246-251).また,1998 年 12 月の「ASEAN＋3(日本,韓国,中国)」首脳会議では,6,000 億円を上限とする「特別円借款」の供与も約束している.その結果,1999 年 3 月までに日本政府が約束した資金支援は総額 800 億ドルにのぼり,640 億ドルが 1999 年 3 月までに実行に移された(通産省『平成 11 年版通商白書 総論』,195 頁).

通貨危機を転機とする日本の東アジア支援は,投入した公的資金の桁外れの大きさもさることながら,次の 4 点で従来の日本の対アジア政策と根本的に異なっていた点に注意する必要がある.

第 1 に,今回の資金支援はアメリカとの事前の相談や協調行動を抜きにして,日本側の主導で実施された.アメリカと中国の反対によって実現には至らなかったが,1997 年 9 月に日本が単独で提案した「アジア通貨基金(Asian Monetary Fund)」構想は,その後,東アジア地域内の資金協力の枠組みを決めた

---

[10] このときの特別融資を「新宮沢構想」と呼んでいるのは,1986 年 9 月に,当時大蔵大臣であった宮沢喜一が IMF 暫定委員会に対して,ラテンアメリカで深刻化している債務累積危機への対応として新基金構想(日本は 36 億ドル供出)を提案した「宮沢構想」と区別するためである.

「チェンマイ・イニシアチブ」（2000年5月）などへと発展していく．1990年にマレーシアのマハティール首相がアメリカ抜きの地域協力構想である「東アジア経済グループ」（EAEG）を提唱したとき，アメリカの強い反発を意識しながら，「閉鎖的な地域主義」という理由でEAEG構想に反対した日本政府の動きからは，到底予想もできない展開であった．

　第2に，日本政府はこの通貨危機を転機に，東アジアを「二国間関係の束」としてではなく，ひとつの「地域」（region）として強く認識するようになった．1998年6月に大蔵省国際局の中に「アジア通貨室」を新設し，新宮沢構想の枠組みやアジア通貨協力の計画を検討するようになったのは，その端的な表れである[11]．また，第3節で紹介したように，通産省は従来，欧米における地域統合の動きには批判的であり，特定の地域へのコミットメントを避ける「開かれた地域主義（open regionalism）」を主張していた．しかし，通貨危機を転機に，東アジアを「特別の地域」として位置づけるようになった．

　第3に，日本はアジア通貨危機への処方箋として，IMF・世界銀行が東アジア諸国に導入しようとした金融制度改革，企業経営再構築の2つを柱とする「アングロ・アメリカ的制度改革」とは別に（World Bank 1998），産業構造調整事業（Industrial Restructuring Plan：IRP）や中小企業支援（SMEs支援）など，実物経済（real sector）の回復支援を重視する方針を打ち出した（大辻 2001）．この発想は，古くは通産省の「New "AID" Plan」にみられるが，1999年6月に公表した同省の『21世紀ビジョン』は，「アジア諸国へのサプライ・サイドからの支援」を明確に謳い，実物経済重視の旗幟を鮮明にした．金融セクターの建て直しを何よりも重視する国際金融機関（アングロ・アメリカン的制度支援）に対抗して，実物経済の建て直し（産業競争力の強化）を重視するという，日本の過去の経験を生かしたアプローチを提唱したのである（末廣・山影編 2001, 243-245）．

---

11) それまで，日本の大蔵省はG7にならって，東アジア地域でも財務大臣・中央銀行総裁会議を定期的に開催していたが，国際局の中堅幹部を中心に国別の対策チームを編成し，東アジア地域に対する通貨・金融協力のあり方を本格的に検討させたのは，このときの「アジア通貨室」（官報記載は2年後の2000年7月）の設置が最初であった．同部署はその後，「地域協力室」に名前を変え，東アジアとの協力関係について検討を続けている．

第4に,そしてこれが重要な側面であるが,日本政府はこの危機を契機に,東アジア諸国に進出した日本企業と日本経済を一体として捉え,東アジア経済の回復とさらなる発展が,長期不況に悩む日本経済の回復にもつながるという認識を深めた.そうした認識は,東アジアに進出した日本企業の海外での業績向上が,国内における「利潤圧縮のメカニズム」の打破[12]や新たな雇用の創出に貢献するという,経済産業省の「東アジアビジネス圏構想」(2002年12月)にみてとることができる.

5.2 FTA・EPAの推進と「ASEAN＋3」の枠組み

通産省(経済産業省)が東アジアとの地域協力の枠組みとして重視したのは,本シリーズの第Ⅱ巻9章の中川論文(中川 2006)が指摘するように,多国間フォーラムを通じた国際的なルールの形成から,バイラテラリズム(二国間主義)やリージョナリズム(地域主義)へのパラダイム転換である.日本の方針がEUやNAFTAと違うのは,最初から「地域統合」を進めるのではなく,日本を軸に二国間ベースの「経済連携協定」(Economic Partnership Agreement : EPA)を網の目のようにはりめぐらし,これをベースに緩やかな地域協力の体制を構築しようとする点にあった.そこで,まず農業問題など厄介な案件のないシンガポールとのあいだで,2002年1月に「日本・シンガポール新時代経済連携協定」(JSEPA)を締結し,以後,EPAを推進するための作業部会を,タイ(2002年4月),フィリピン(2002年5月),マレーシア(2003年2月),インドネシア(2003年7月)とのあいだで,次々と設置していった(韓国とは作業部会ではなく,「日本・韓国FTA共同研究会」を発足させている).

一方,2000年5月に中国の朱鎔基首相が,「中国・ASEAN経済連携協定」を提唱したことから,日本の対ASEANへのFTA交渉の働きかけも加速する.具体的には,中国の提案に対抗して,2002年1月に「日・ASEAN包括的経済連携構想」の推進を小泉首相が提案し,同年11月には,中国・ASEAN首脳会議で合意をみた「中国・ASEAN包括的経済協力」に時期を合わせる形で,

---

[12] バブル崩壊後の日本経済における企業の「利潤圧縮メカニズム」については,橋本(2002)が明快な説明を行っている.

日本・ASEAN首脳会議の場で「日・ASEAN包括的経済連携構想」に関する共同宣言を採択した（表7-9の年表，参照）．この構想では，2010年から2012年をめどにASEAN旧加盟国と，2015年から2017年をめどにASEAN新加盟4ヵ国（ベトナム，カンボジア，ラオス，ミャンマー）と，それぞれ包括的な経済協力の枠組みを形成することが計画されている．その結果，日本は二国間アプローチと地域的アプローチを，東アジアとりわけASEAN加盟国を相手に同時並行的に進めるという方針をとった．

ところで，通貨危機後，東アジアをめぐる政策や枠組みを議論する場として登場してきたのは，従来のAPECや日本・ASEAN首脳会議ではなく，1997年12月にASEAN自身が提案してきた「ASEAN＋3（日本，韓国，中国）」という枠組みであった．とくに，1999年以後は，「ASEAN＋3」財務担当大臣会議，外務担当大臣会議，労働担当大臣会議，農業担当大臣会議などが，通貨・金融協力，ASEAN政労使セミナー，コメの備蓄協定など具体的な地域協力を検討する場として，その重要性を増している（山影編 2003, 第1章, 第6章）．しかし，この「ASEAN＋3」という枠組みは，ASEANと組むことで東アジアにおける中国の勢力拡大を牽制しようとする日本側の思惑と，ASEANを取り込むことで東アジア地域における自国の存在を強化しようとする中国側の思惑がぶつかる場でもあった（佐藤 2002）．この点は，2003年12月に「ASEAN＋3」を「東アジア・サミット」に改組し，アメリカ抜きの地域秩序を作り出そうとする中国政府の新しい提案と，それに対する日本側の当惑に端的に示されている．この問題は最後にもう一度取り上げてみたい．

6. 中国の台頭と新たな国際分業の形成

6.1 投資の新しい動向：拡大する東アジア向けと停滞する欧米向け

通貨危機後の日本の新たな東アジア関与の大きな特徴のひとつは，すでに述べたように，東アジア経済と日本経済を不可分の関係として，あるいは「東アジアビジネス圏」として捉える考え方の浮上であった．このような考え方の背後には，1980年代末以降の日本企業の東南アジア向け投資ラッシュや，中国

経済の台頭が深く関わっていることは，第2節のさまざまな指標からも容易にみてとることができる．もともと，日本政府がアジア通貨危機に対して積極的に支援を行った理由のひとつは，通貨危機が経済危機に発展し，この経済危機が東アジアに進出していった日系製造企業や，バブル経済期に地場企業に貸し込んでいった金融機関に深刻な打撃を与えることを，できるだけ防止する意図を持っていた．日本が「実物経済」の建て直しを重視した背景には，日本企業の利害を防衛するという側面もあったのである．

そして，東アジア諸国が通貨危機から回復するのに伴って，日本企業の東アジア進出は，再び増加していく（前掲表7-5の「回復・発展期」を参照）．この時期の進出を増加させたのは，第1に中国向け投資の急増であり，第2に通貨危機後，過重債務問題に陥った地場のパートナーに対する緊急融資（増資）であり（石油化学，鉄鋼，化学など），第3に自動車や電機電子産業にみられる積極的な「地域戦略」の展開であった[13]．しかも，この時期の企業進出は，1990年代前半と違って，欧米への進出を上回る勢いで進んでいった[14]．

6.2　カラーテレビとパソコンにみる生産・輸出体制の変容

こうした東アジア向けの新たな投資ラッシュが，じつは東アジア地域に新しい生産・輸出体制を作り上げていることが重要である．図7-1と図7-2はその点を示している．まず，第4節で取り上げたカラーテレビの動きをみておこう．日本のカラーテレビは，当初国内で生産し，その半分以上をアメリカ市場に輸

---

[13]　タイを「ハブ拠点」に位置づけ，生産・輸出の拠点化と現地法人に対する所有と経営支配権の確保を図ろうとする日本自動車企業の動きは，末廣（2005）に詳しく紹介しておいた．

[14]　この点を明確に示しているのが，東洋経済新報社『海外進出企業総覧：国別編』（1988年版，1993年版，1997年版，2003年版）の海外現地法人数の推移である．仮に1979年，1992年，2002年をベンチマークとしてとると，現地法人の数は，アジア（2,131社→5,496社→1万465社）が2.58倍から1.90倍，うち中国（3社→447社→2,979社）が149.00倍から6.66倍，アジアNIES（1,344社→2,866社→3,653社）が2.13倍から1.27倍，ASEAN 4（719社→2,049社→3,373社）が2.85倍から1.65倍へと推移した．一方，同じ期間にアメリカ（1,131社→3,563社→3,638社）は3.15倍から1.01倍に大きく低下し，ヨーロッパ（793社→3,093社→3,405社）も3.90倍から1.10倍へと極端な落ち込みをみせている．

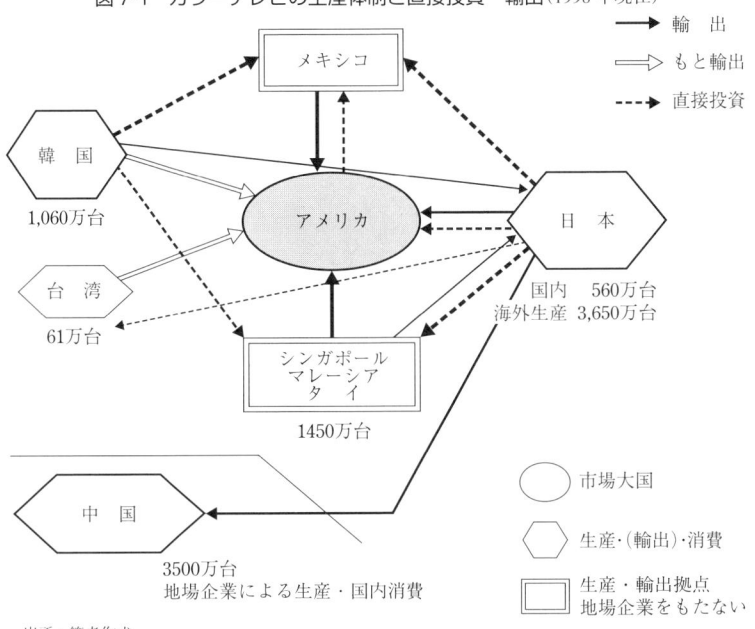

図7-1 カラーテレビの生産体制と直接投資・輸出（1998年現在）

凡例：
→ 輸出
⇒ もと輸出
---→ 直接投資

- 韓国 1,060万台
- 台湾 61万台
- メキシコ
- アメリカ
- 日本　国内 560万台／海外生産 3,650万台
- シンガポール・マレーシア・タイ 1450万台
- 中国 3500万台　地場企業による生産・国内消費

○ 市場大国
⬡ 生産・(輸出)・消費
□ 生産・輸出拠点 地場企業をもたない

出所：筆者作成．

出することから始まった．その後，アメリカのテレビ組立メーカーが韓国や台湾に進出し，半製品としてアメリカ市場に輸入して日本製品に対抗したため，日本企業は韓国，台湾に輸出拠点を構築していく．ところが，1970年代後半になると，これらの地域では地場企業が台頭し，直接アメリカ市場へと輸出するようになる．一方，日米の間では通商摩擦が激化し，日本企業はアメリカにつぎつぎと生産拠点を作りながら，同時にアメリカ向けの新たな輸出拠点として，メキシコと東南アジア諸国にも進出していった（Kenney and Florida eds. 2004, chapter 4）．そして，最後には韓国企業が日本企業のあとを追うように，メキシコと東南アジア諸国へと進出していくのである．まさに「キャッチアップ型工業化」の典型を示す事例である（末廣 2000, 52-55；Amsden 1989）．

ここで注目しておきたいのは，巨大な生産量を誇る中国の地位である[15]．1992年当時，中国は日本から150万台のカラーテレビを輸入していた．しか

---

15) 中国のテレビ産業の興味深い分析については，丸川（1999），黒田（2001）を参照．最新の動向は丸川編（2004）に詳しい．

図7-2 PCの生産体制と国際価値連鎖(2003年現在)

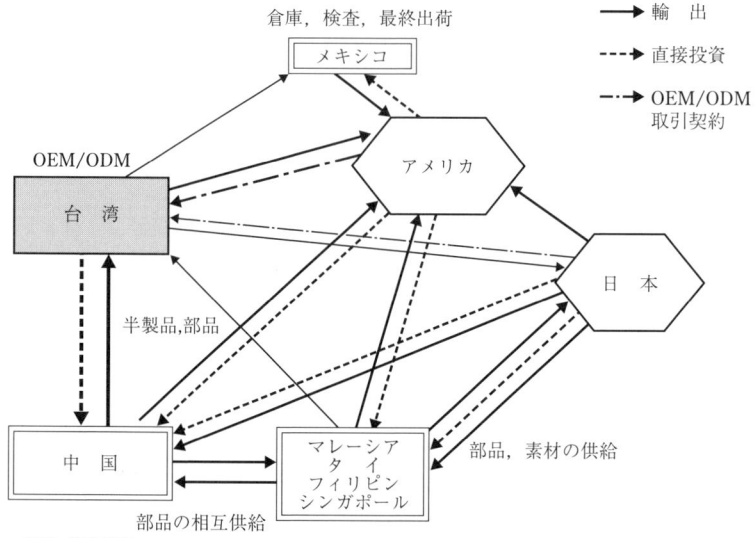

倉庫,検査,最終出荷

メキシコ

→ 輸　　出
--→ 直接投資
-・-→ OEM/ODM
　　　取引契約

OEM/ODM

台　湾

アメリカ

日　本

半製品,部品

中　国

マレーシア
タ　イ
フィリピン
シンガポール

部品,素材の供給

部品の相互供給

出所：筆者作成.

しその後，急速に現地供給体制を確立していき，1990年に1,000万台であった国内生産は，1995年に2,000万台を突破し，タイ，シンガポール，マレーシア3ヵ国の合計台数（1,800万台）を抜き，さらに2001年には4,000万台を超えるまでに発展した（丸川編 2004, 154）．その結果，日本からの中国向け輸出は2002年には4万台にまで減少し，逆に日本はマレーシア（319万台）に次いで，中国から303万台のカラーテレビを輸入するのである（電波新聞社『電子工業年鑑 2004年版』，300-302頁）．

　中国カラーテレビ産業の発展の大きな特徴は，アジアNIESや東南アジア諸国のそれと違って，国内生産が輸出ではなく国内市場の拡大によって牽引され，しかもその生産を地場の企業（長虹，TCL，康佳，海爾など）がもっぱら支えてきた点である（丸川編 2004, 160-162）．中国製品が世界市場に登場するのは1990年代後半に入ってからであった．したがって，1960年代末から1990年代前半まで続くカラーテレビの生産・輸出拠点の地理的移動は，もっぱらアメリカという市場を舞台に，日本企業とアジアNIES企業（とりわけ韓国企業）が激しい輸出競争を展開していたと要約できる．そしてこうした輸出競争

が，当初はアジア NIES からの，そして 1980 年代以降は東南アジア諸国からの工業製品輸出を支えることになったわけである（3.1 節の「成長のトライアングル構造」の第一世代）．

一方，図 7-2 に示したパーソナルコンピュータ（PC）の事例は，カラーテレビのそれと大きく異なっている[16]．世界の PC 産業は，基本的には(1)中央演算機能（CPU）を牛耳るインテル社とオペレーティング・システム（OS）を支配するマイクロソフト社という「業界規格」を規定する世界企業（これを Wintelism と呼ぶ），(2)自社ブランドで PC を生産・販売する大手メーカー（HP，デルコンピュータ，IBM，NEC，東芝など），(3)上記の企業から委託されて設計・生産・在庫管理を行う台湾などの OEM/ODM メーカー（これを「ターンキー・サプライヤー」と呼ぶ），(4)マザーボード，HDD，マウス，周辺機器など独立した半製品・部品を製造する EMS 企業（Electronics Manufacturing Services．各社ブランドの製品の製造・組立に特化した企業）や中国，東南アジア諸国，メキシコの海外工場，の 4 つがそれである．ノート型パソコンの場合，ブランド別の販売実績でみると，(2)のグループのうち上位 3 社（いずれもアメリカ系企業）が世界の 40％ を占めるが，生産実績でみると，受託生産を行う台湾と中国で世界の 7 割以上を占めていた．しかも，中国におけるパソコンの生産・輸出を支えるのは，その大半が台湾，日本，アメリカなどの大手企業の海外子会社であった．

したがって，パソコンの場合には，全体の生産・輸出体制の中に「中国」がしっかりと組み込まれている．しかも，製品の流れは韓国，東南アジア諸国，メキシコからアメリカ市場へと一方的に向かうカラーテレビと違って，部品や半製品が台湾と中国，中国と東南アジア諸国，中国・台湾と日本のあいだを行き来する．このような域内貿易に依存する生産・輸出体制はパソコンだけではなく，他の組み立て型の電子製品や，あるいは最近の小型商用車の場合にも見ることができた（森 2004；Yusuf et al. eds. 2004）．第 2 節で紹介した貿易と

---

[16] パソコン産業を台湾・中国を中心に分析したものとしては，川上（2003），Naughton ed.(1997)，Amsden and Chu（2003, chapter 2），Kenney and Florida eds.（2004, chapter 5）を参照．新ビジネス・モデルの台頭とパソコン産業の関連については，末廣（2003a，第 4 章）で説明しておいたので，参照されたい．

投資の東アジア域内依存率の上昇は，まさにこうした新しい生産体制の進展とともに生じたのである．

6.3 新しい「貿易のトライアングル」と国際分業体制

新しい生産体制がどのようなダイナミズムを東アジア域内にもたらしているのかを，日本とタイ，タイと中国の貿易構造の変化を例にとって説明しておこう．表7-10は，日本・タイの貿易を1980年，1990年，2003年の3時点で示したものである．まず，二国間の輸出入合計額は1990年の133億ドルから2003年の279億ドルへと2.1倍も伸びた．より劇的な変化はタイからの輸入品の構成に表れている．1980年当時，タイからの輸入は天然ゴム（タイヤの原料）が単品で38％，食料品が30％を占め，農産物加工品を除く工業品のシェアは24％に留まった．ところが，工業品のシェアは2003年には69％に上昇し，なかでも電気機械の比重が25％にも達したことが表から分かる．日本とタイの貿易は，長く続いた垂直分業的な貿易構造，つまり日本は中間財・資本財を輸出し，タイは原料・農水産物を輸出するという構造から，機械機器類の「水平分業的な関係」へと短期間に変容していったのである．

表7-10 タイと日本の貿易構造の変化（1980年，1990年，2003年）

(単位：100万ドル，％)

品目	日本への輸出			品目	日本からの輸入		
	1980年	1990年	2003年		1980年	1990年	2003年
食料品	29.7	36.5	19.7	軽工業品	8.2	6.7	6.7
鶏肉	….	5.7	2.7	重工業品	88.9	90.6	….
魚介類	11.4	19.2	8.1	化学品	14.3	8.0	9.0
砂糖	5.7	4.5	1.1	プラスチック	2.4	2.4	3.2
天然ゴム	38.2	9.1	4.5	金属品	26.8	15.5	14.6
工業品（加工品）	24.2	47.4	69.2	鉄鋼製品	21.7	11.5	10.0
機械機器類	….	….	45.2	機械機器類	47.8	67.1	64.9
電気機械	….	16.5	24.9	一般機械	17.0	28.8	24.9
輸送機械	….	….	3.4	電気機械	10.1	17.5	27.3
繊維製品	4.0	6.8	3.4	＊電子部品	….	7.5	13.4
貴石，半貴石	4.3	5.4	0.4	輸送機械	19.5	19.2	10.9
すず地金	9.4	1.1	0.1	＊自動車関連	12.2	12.3	10.4
その他輸出合計	1,120	4.147	11,893	その他輸入合計	1,917	9,126	16,040

出所：通商産業省（経済産業省）『通商白書』1982年版，1992年版，2004年版より作成．

表7-11 タイと中国の貿易構造の変化：上位10品目（1996年，2003年）

（単位：億バーツ，%）

	中国への輸出 474億		中国への輸出 2,362億		中国からの輸入 495億		中国からの輸入 2,511億	
	1996年	%	2003年	%	1996年	%	2003年	%
1位	天然ゴム	26.5	天然ゴム	12.7	電子部品	11.2	コンピュータ部品	10.4
2位	コメ	14.6	コンピュータ部品	12.1	鉄鋼製品	10.8	コンピュータ製品	8.7
3位	冷凍エビ	7.5	コンピュータ製品	8.5	化学品	10.8	携帯電話，デジタルカメラ	7.4
4位	コンピュータ部品	7.2	石油関連品	6.2	機械類	9.6	光電管	2.6
5位	砂糖	6.7	集積回路	3.6	織物類	8.7	トランスフォーマー	2.4
6位	化学製品	4.1	化学原料	2.4	コンピュータ部品	6.7	集積回路	2.1
7位	冷凍品	3.9	タピオカ製品	2.3	家電製品	4.9	発電機，モーター	1.6
8位	合繊糸	2.8	天然ガス	2.0	皮革原料	3.3	銀製品	1.5
9位	化学原材料	1.6	石油製品	2.0	金属製品	3.2	ビデオ関連品	1.4
10位	織物	1.4	発電機，モーター	1.9	衣類，履物	2.2	電線，光ファイバー	1.4
	小計	76.3	小計	53.7	小計	71.5	小計	39.5
	輸出合計	100.0	輸出合計	100.0	輸入合計	100.0	輸入合計	100.0
	電子関係	7.2	電子関係	24.2	電子関係	17.9	電子関係	35.4
	原料・農産物	59.2	原料・農産物	19.1	その他工業品	53.6	その他工業品	3.1

出所：タイ商務省編，*Trade Statistics and Economic Indicators*, B.E.2539（1996年版）；大泉（2004）.

一方，表7-11に示したタイと中国のあいだの貿易構造にも，2000年以降，急速な変化が生じている．もともとタイは，中国にコメ，天然ゴム，砂糖，天然ガスを利用した石油化学品などを供給し，中国からは雑貨や低価格の工業品を輸入していた（Khian ed. 2003）．ところが，2003年になると，タイの中国向け輸出の26%，中国からの輸入の35%を，コンピュータ部品などの電子部品が占めるようになる．この貿易品の構成変化に伴って，タイ・中国間の貿易額は1996年の969億バーツから2003年には4,873億バーツ（5.1倍）へと飛躍的に伸びた．なお，日本との関係と違うのは，タイ・中国間では，タイが原料・農産物と電子関係の2つを輸出する「二重構造」的性格をもっているのに対し，中国からの輸入はコンピュータ部品を含む多様な工業品で構成されている点である．いずれにせよ，タイと中国のあいだでもコンピュータ部品を中心に「水平分業的な関係」が生まれつつあることが分かるだろう．

このような水平的分業の急速な進展を引き起こした最大の要因は，日本の電機電子メーカーの中国進出である．中国に進出した日本企業がタイから必要とする部品を輸入し，タイに進出した日本企業が日本からだけではなく，中国の

日系企業や地場企業から部品を輸入した結果が，表7-11に表れているからである．重要なことは，日本の東アジア向け直接投資の増加を軸に，日本，中国，タイの間で有機的な貿易の結合が生じ，これが新しい「成長のトライアングル構造」(第二世代)を作り出している点であろう．新しい後発国である中国の台頭は，ともすれば中国製品がアメリカ市場や日本市場でアジアNIESや東南アジア諸国の製品を駆逐するという，「win-lose」のゼロサム的な関係としてのみとらえられがちである．しかし，中国の台頭が日本やタイからの製品輸出を増加させるという，「win-win」の共存的関係も引き起こしている点に，もっと注目すべきある（大泉 2004）．

しかも，日本，タイ，中国のあいだにみられる「貿易のトライアングル構造」は，かつてのようにアメリカ市場を重要な核としない．同時に日本市場がアメリカ市場に代替したわけでもない．市場は東アジア全域に広がり，生産・輸出基地も東アジア全域に広がりつつある．現在の東アジアの成長を支えているのは貿易のトライアングル構造ではもはやなく，「アジア化するアジア」そのものであろう．その意味で，「成長メカニズムの地域化と内部化」が東アジアで生じているのであり，日本経済の再生は東アジア諸国との協調を抜きにしては語ることができないのである．

7. おわりに：「東アジア・コミュニティ」の可能性

1990年代に入ってから，中国を含めた東アジア，日本を含めた拡大東アジアの域内における相互依存関係は着実に強まっている．そして，このデファクトとしての「アジア化するアジア」を追認し，さらに制度的に補強するためのFTA・EPA交渉も，現在その実現に向けて進行しつつある．日本にとって「失われた10年」となった1990年代は，東アジア地域との関係でいえば，日本企業が同地域を単なる先進国向け，とりわけ北米市場向けの迂回生産・輸出拠点ではなく，巨大な消費市場として認識し，政府が同地域との新しい連携を模索する10年であったともいえる．EUが東欧諸国を組み入れるようになり，NAFTAもアメリカ，カナダ，メキシコの3ヵ国から中南米諸国すべてを含む全米自由貿易地域（Free Trade Area of the Americas : FTAA）へと発展の動き

を示している現在，東アジアを「共に歩み共に進むコミュニティ」（a community that acts together and advances together）と位置づけた「東アジア・コミュニティ構想」は，今後の日本の方向性を示すものであろうし，日本企業や日本社会の持続的な発展のためにも重要な選択肢であろう．

それでは，この構想はヨーロッパのような「共同体」へと発展していくのであろうか．この点について3つの問題点を指摘しておきたい．

第1は，コミュニティの定義とこの構想に対する日本と他国のスタンスの違いである．「東アジア・コミュニティ構想」のコミュニティは，ECのように大文字のCではなく，小文字のcを使用している．これは加盟国や領域を特定することなく，将来的にはオーストラリア，ニュージーランドの参加や，アメリカの関与を，日本政府が想定しているからである（谷口 2004, 122-127）．一方，「東アジア・サミット」を提案した中国や，「ASEAN＋3」の枠組みを重視するASEAN加盟国は，アメリカを含まない域内協力関係の強化を目指している．つまり，日本政府の「東アジア」に対する地域概念はメンバーを特定しない，あいまいなメッセージに留まっている．この点，もっと構想を具体的に提示し，アメリカとの関係を明確に位置づける必要があろう[17]．

第2は，日本政府が東アジアを「地域」として捉える方針に転回して以後も，じつは地域主義的アプローチと二国間主義的アプローチのあいだの調整がなされていない点である．この点は日中関係，日米関係を何より重視し，同時にEPAの推進を外交の手段と捉える外務省の立場と，日本企業を含む「東アジアビジネス圏」の推進を目的に，日・ASEAN間の包括的な経済連携をより重視する経済産業省の立場の違いにも明確に示されている．両者の調整がなされていないため，「歴史問題」や反日感情問題がクローズアップされるたびに日中関係にきしみが生じ，農産物貿易をめぐる意見の対立が日・タイ間のEPA交渉を難航させたりする．その結果，二国間関係の問題が地域協力の足を引っ張り，さらには東アジア各国に進出した日本企業の地域大の事業展開を妨げる

---

17) 2005年7月の「ASEAN＋3」外相会議では，12月に開催予定の「東アジア・サミット」にオーストラリア，ニュージーランド，インドの3ヵ国の招聘を決めたが，アメリカの扱いについては討議しなかった．なお，ロシアが今後の参加を希望している．

という現象さえ生じている．

この点については，谷口が的確に指摘しているように，日本はもっと積極的に環境問題，エネルギー問題，農業問題，通貨・金融問題に対して「広域的視点」から問題の解決に取り組み，中国をはじめ東アジア諸国と協力する体制を構築していく必要があるだろう（谷口 2004，第6章）．「地域が抱える問題を地域で解く」という姿勢をもっと前面に打ち出さないと，「東アジア・コミュニティ構想」は画餅に終わってしまう可能性がある（末廣 2003b）．

第3は，ASEAN加盟国のASEAN離れである．機構としてのASEANは結成から40年のあいだに着実に発展し，現在では地域の重要な核を形成するようになった．「ASEAN＋3」の枠組みが機能しているのも，じつはASEANが地域レベルの協議体として機能しているからである．しかしその一方，年に1,000回を越すといわれる会議の開催，そして「全会一致」を基本原則とする運営方式は，加盟国に多大なコストと時間を要求する．その結果，タイなどは独自に近隣諸国と新しい協力スキーム（イラワジ河ーチャオプラヤー河ーメコン河経済連携戦略，ACMECS）を開始し，中国とは単独で農産物自由貿易の協定を締結した．タイは「ルック・イースト」ではなく「ルック・ウェスト」の方針の下，最近では経済協力の相手をインド（2004年9月にFTAで合意）やアフリカ諸国にも求めている（末廣 2003b）．ASEAN加盟国の目から見れば，「東アジア・コミュニティ構想」は北東アジア中心の構図，もしくは日中関係を軸とする大国間の論理と映りかねない．北東アジアと東南アジアを包摂する，より広い視点が日本には要請されているのである．

いずれにせよ，「失われた10年」という痛みを伴う経験は，日本の企業と社会が今後も持続的な発展を続けていくためには，東アジアとの協調が不可避の選択であることを明らかにした．本章で紹介した日本とタイ，タイと中国の貿易関係の変化が示唆するように，地域内での相互依存体制の深化は，必ずしも域内に「勝ち組・負け組」の二極分化を促すとは限らないし，日本企業の海外進出がただちに国内における「産業の空洞化」を生み出すわけでもない（関満博 2003）．むしろ，新しい水平分業関係の構築と役割の分担を通じて，相互に発展していく可能性をひめていると捉えるべきであろう．

この点を強く意識しているのは，じつは企業の場合，日本国内の本社の社員

ではなく，タイなどの支店や海外工場で働いている海外派遣組であった．タイとインドシナ近隣諸国，そして中国との経済交流の拡大が，タイに進出した自分たちの企業の事業基盤を強化し，そのことがひいては日本の本社の雇用と利益を支えるというメカニズムを，ここ数年間，肌で感じとっているからである．東アジアを「地域」として認識しているのは彼らであった．その意味では，日本の企業が国内での事業再編や経営改革を進めるためには，彼らの体験と意見にもっと耳を傾ける必要があろう．同時に，「東アジア・コミュニティ構想」を議論する場合にも，日本中心に考えるのではなく，タイのような周縁国に一度身を置いて，周縁から東アジアという地域を眺める「視点の転換」も必要である．そのことによって，日本からはみえなかった東アジアとの協調と共栄の新しい道も見出すことができる可能性があると思うからである．

参考文献

今井宏（2004），「東アジアにおける人材交流の行方」（日本総合研究所調査部『環太平洋ビジネス情報RIM』Vol.4, No.13），4月.

浦田秀次郎・日本経済研究センター編（2002），『日本のFTA（自由貿易協定）戦略』日本経済新聞社.

大泉啓一郎（2004），「タクシン政権の競争力強化策」（日本総合研究所調査部『環太平洋ビジネス情報RIM』Vol.4, No.13），4月.

大蔵省「対外民間投資特集」（『財政金融統計月報』各年版，12月号）.

大辻義弘（2001），「アジア通商戦略の深化：産業協力と新時代経済連携は定着するのか」末廣・山影編（2001），所収.

大庭三枝（2004），『アジア太平洋地域形成の道程：境界国家日豪のアイデンティティ模索と地域主義』ミネルヴァ書房.

川上桃子（2003），「価値連鎖の中の中小企業：台湾パソコン産業の事例」小池洋一・川上桃子編『産業リンケージと中小企業：東アジア電子産業の視点』アジア経済研究所，所収.

黒田篤郎（2001），『メイド・イン・チャイナ』東洋経済新報社.

経済企画庁編『経済白書』各年版.

経済企画庁編『世界経済白書』各年版.

経済企画庁調査局編『アジア経済』（1996年版～2000年版）.

経済産業省（2002），『経済連携の推進』同省，12月.

佐藤考一（2002），「ASEANに接近する中国」（『東亜』2002年7月号）.

末廣昭（2000），『キャッチアップ型工業化論：アジア経済の軌跡と展望』名古屋大学出

版会.
末廣昭（2003a），『進化する多国籍企業：いま，アジアで何が起こっているか？』（新・世界事情シリーズ），岩波書店.
末廣昭（2003b），「多様化するアジア地域協力と『ジャパン・ナッシング論』」（『武蔵大学論集』第 51 巻第 2 号），12 月.
末廣昭（2005）「東南アジアの自動車産業と日本の多国籍企業：産業政策，企業間競争，地域戦略」工藤章・橘川武郎編『現代日本企業 II』有斐閣，所収.
末廣昭・東茂樹編（2000），『タイの経済政策：制度・組織・アクター』アジア経済研究所.
末廣昭・山影進編（2001），『アジア政治経済論：アジアの中の日本をめざして』NTT出版.
関昇（1990），「新アジア工業化総合協力プランの概要」（海外貿易開発協会『JODC』35 号）.
関満博（2003），『現場発　ニッポン空洞化を超えて』日経ビジネス人文庫.
谷浦孝雄編（1989），『アジアの工業化と直接投資』アジア経済研究所.
谷口誠（2004），『東アジア共同体：経済統合のゆくえと日本』岩波新書.
通商産業省（経済産業省）編『通商白書　総論』各年版.
電波新聞社編『電子工業年鑑』各年版.
涂照彦（1990），『東洋資本主義』講談社現代新書.
東洋経済新報社編『海外進出企業総覧：国別編』（週刊東洋経済臨時増刊），各年版.
中川淳司（2006），「対外経済政策：日米構造協議から東アジア共同体へ」東京大学社会科学研究所編『「失われた 10 年」を超えて II：「小泉改革」への時代』東京大学出版会，所収.
日本貿易振興会（日本貿易振興機構）編『ジェトロ白書：投資編　世界と日本の海外直接投資』各年版.
日本貿易振興会（日本貿易振興機構）編『ジェトロ投資白書：世界と日本の海外直接投資』各年版.
入管協会（財団法人）編『出入国管理関係統計概要』各年版.
橋本寿朗（2002），『デフレの進行をどう読むか：見落された利潤圧縮メカニズム』岩波書店.
前田充浩（1986），「New "AID" Plan 新アジア工業化総合協力プラン」（通商産業省『貿易と産業』第 26 巻第 9 号）.
丸川知雄（1999），『市場発生のダイナミクス：移行期の中国経済』（アジアを見る目），アジア経済研究所.
丸川知雄編（2004），『中国産業ハンドブック　2003-2004 年版』蒼蒼社.
森美奈子（2004），「グローバル志向を強めるわが国自動車メーカーの東アジア戦略」日本総合研究所調査部『環太平洋ビジネス情報 RIM』，Vol.4, No.13.
山影進編（2003），『東アジア地域主義と日本外交』日本国際問題研究所.
渡辺利夫（1999），「アジア化するアジア：危機の向こうに見えるもの」『中央公論』6

月.
渡辺利夫編（2004），『東アジア経済連携の時代』東洋経済新報社．

Amsden, Alice (1989), *Asia's Next Giant : South Korea and Late Industrialization,* New York : Oxford University Press.
Amsden, Alice and Wan-wen Chu (2003), *Beyond Late Development : Taiwan's Upgrading Policies,* Cambridge, MA : MIT Press.
Jomo, K.S. ed. (1998), *Tigers in Trouble : Financial Governance, Liberalization and Crises in East Asia,* London : Zed Books.
Kenney, Martin, and Richard Florida eds. (2004), *Locating Global Advantage : Industry Dynamics in the International Economy,* California : Stanford University Press.
Khian Theerawit ed. (2003), *Khwam Samphan Rawang Thai kap Chin—Adit lae Anakhot*（タイ中国関係——過去と未来）, Bangkok : Chulalongkorn University Chinese Study Center.
Naughton, Barry ed. (1997), *The China Circle : Economics and Electronics in the PRC, Taiwan, and Hong Kong,* Washington, D.C. : Brooking Institute Press.
Woo, Wing Thye, Jeffrey D. Sachs, and Klaus Schwab (2000), *The Asian Financial Crisis : Lessons for a Resilient Asia,* Cambridge, MA : MIT Press.
World Bank (1998), *East Asia : The Road to Recovery*（柳原透監訳『東アジア：再生への途』東洋経済新報社，2000 年）．
Yusuf, Shahid, M. Anjum Altaf, and Kaoru Nabshima eds. (2004), *Global Production Networking and Tachnology Change in East Asia,* New York : World Bank.

終章

企業の社会的役割とその限界

●

橘川武郎

1. 本巻が明らかにしたもの

　序章で述べたように，本シリーズ『「失われた10年」を超えて』のねらいは，「失われた10年」と呼ばれた1990年代以降の日本社会を実証的に分析し，そこで行われた対応行動・制度変更を論理一貫性ある視座から評価して，ありうべき選択肢と改革の筋道を改めて明示することにある．その第Ⅰ巻に当たる本巻『経済危機の教訓』は，1990年代に顕在化した日本の経済・企業システムをめぐる諸問題について光を当て，それらを解決する道筋を展望することを課題としていた．第1章～第7章での分析結果は，その課題に照らして，何を明らかにしたであろうか．この点を考察するためには，まず，各章の結論を確認する必要がある．

　第1章～第7章で取り上げた問題は，日本の企業体制，金融システム，中小企業，規制改革，雇用システム，生活保障システム，アジアでの経済的役割であった．企業体制全体に目を向けた第1章「経済危機の本質」（橘川武郎）は，1973年の石油危機以後の30年間にわたる日本経済の局面変化について，生産システムは一貫して頑強だった反面，金融システムは一貫して脆弱であったとする説明モデルを提示し，1990年代に顕在化した日本経済の危機の本質は金融危機であると論じた．その金融システムを検討した第2章「金融危機を生んだ構造」（花崎正晴・Yupana Wiwattanakantang・相馬利行）は，日本の銀行が同業者や保険会社を株主に据えることによって，リスキーな貸付を行う「エン

トレンチメントの状態」に陥っていたことを明らかにし，効果的なコーポレート・ガバナンスの欠如が金融システム危機の大きな要因になったと指摘した．中小企業を分析対象とした第3章「「産業空洞化」・サービス経済化と中小企業問題」（橘川武郎）は，国際分業の深化，開業率の低迷，信用力の後退，という日本の中小企業をめぐる3つの構造的問題を指摘し，市場と産業集積をつなぐリンケージ機能の更新，創業に不可欠な経営資源の不足分を補完するネットワークの構築，地方版メインバンクシステムの形成が，それぞれの問題の解決策になりうると主張した．規制改革に光を当てた第4章「規制改革の成果とその課題」（小川昭・松村敏弘）は，公益産業の自由化や特区制度の導入などのプロセスや成果を検証したうえで，この領域に関してみれば，1990年代は改革が着実に進み始めた「成長への助走期間」と評価することができるとし，問題の焦点が「規制緩和」ではなく，より良い規制への組替え，「規制改革」にあることを明らかにした．雇用システムを取り上げた第5章「雇用システムの継続と変化」（中村圭介）は，(1)人事管理は生産性や業績に直接の影響を及ぼさず，ブルーカラーについては生産管理，ホワイトカラーについては仕事管理のあり様が生産性を決める，(2)知的熟練と生産システムに関しては1990年代を通じて大きな変化が生じず，むしろ一部では生産システムの進化がみられた，(3)ホワイトカラーに導入された成果主義的報酬制度は，人事管理のあり方を変えた，という3つの結論を導いた．生活保障システムを論じた第6章「逆機能に陥った日本型生活保障システム」（大沢真理）は，「男性稼ぎ主」型の家族と企業という2つのサブシステムに支えられてきた従来の日本の生活保障システムが，1990年代以降逆機能に陥り，「少子高齢化のスパイラル」を引き起こしたメカニズムを析出した．日本のアジアでの経済的役割に焦点を合わせた第7章「「アジア化」する日本経済」（末廣昭）は，東アジア域内における経済面での相互依存度の高まりと水平的・相互補完的な国際分業の進展を検証し，1997年の通貨危機後の時期に日本が「地域としてのアジア」への関与を本格化したにもかかわらず，その主導権は後退したことを明らかにした．

　我々は，上記のような各章の結論を，本巻の課題との関係で，どのように整理すべきであろうか．ここで想起していただきたいのは，序章で，次のように述べたことである．

終章　企業の社会的役割とその限界　　　　　　　　　　　　　　243

「1990年代が終り，2000年代にはいって，すでに6年の歳月が経過した．しかし，今日になっても，諸改革の必要性が声高に叫ばれる状況に変りはない．このような閉塞状況が継続しているのは，①改革が進展していないか，それとも，②改革が進展しているにもかかわらずそのことが社会的に認知されていないか，のいずれかである．①であるか②であるかは，領域ごとに異なるであろう」．

　各章の結論をふまえれば，①の改革が進展していない領域としては金融システムと生活保障システムを，②の改革が進展しているが社会的認知が十分でない領域としては規制改革を，それぞれ挙げることができる．雇用システムについては，必要とされる改革（ホワイトカラーを対象にした仕事管理の充実）が端緒についたという意味で②の領域に含めることができるが，成果主義的報酬制度が生産性向上や業績向上に直結しなかった点に注目すれば，適切でない改革策が現実によってチェックされた側面を強調すべきかもしれない．一方，知的熟練や生産管理のあり方が1990年代を通じて変化しなかったことは，企業体制のうちの生産システムが，基本的には頑強さを維持し，抜本的な改革策を必要としなかったことに通じる．強い生産システムに依拠して日本企業は，規模の大小を問わず，アジアで広がった水平的・相互補完的な国際分業に参画していったのである．

2. 経済危機の教訓

　日本が直面した1990年代以降の経済危機について一通りの分析を終えた我々は，危機の教訓として何を学びとるべきであろうか．本巻各章の検討結果は，この点について，いくつかの重要な示唆を与えている．
　第1の教訓は，企業と市場をめぐる制度設計や日本企業の統治構造のあり方が的確な競争戦略の展開を妨げている側面があり，経済再生や企業再生の前提として，企業間競争を促進する制度改革や統治構造改革を進める必要があるというものである．第4章が指摘したように，適切な規制改革が実行され，それが競争促進的な効果をあげるならば，日本経済は，安定的な成長へ向けて，助

走路から離陸することができる．また，経済危機の根源である金融システムの脆弱性を克服するためには，第2章が強調したように，競争促進的な金融行政のもとで，「銀行経営を適切にモニターしていく構造」を形作ることが必要である．さらに，第3章が提唱した資源補完ネットワークの構築や地方版メインバンクシステムの形成にとっても，特区制度導入などの制度改革と，中小企業・地方銀行間関係の改善などの統治構造改革は，重要な意味をもつ．

　序章で論じたように，1990年代の日本においては，市場原理の拡張を本質とするグローバライゼーションが基底的なインパクトを与えた．グローバライゼーションの進行によって日本経済は，市場原理の作用をある程度抑制する従来型の方式によってではなく，市場原理の作用を前提とし，それをむしろ活用する方式によって，成長を実現する道を歩むことになった．経済・企業再生の前提として，競争促進的な制度改革や統治構造改革が必要だというのは，このような文脈をふまえたものである．

　ただし，ここで留意すべき点は，制度・統治構造改革が経済・企業再生の必要条件であっても，十分条件ではないことである．第1章で言及したように，1990年代に日本企業が迷走した原因については，当初，企業統治構造の不備がさかんに指摘されたが，やがて，同じような企業統治構造をとっていても業績に大きな差が生じる同一産業内企業間格差が注目を集めるようになり，最近では研究の焦点が，企業統治構造のあり方から，企業行動のあり方，あるいはそれを決定づける戦略的意思決定のあり方へシフトした．端的に言えば，日本経済と日本企業の再生を実現するためには，企業自身が適切な経営戦略を展開することが十分条件となるのであり，これが，我々が経済危機から学ぶべき第2の教訓である．第5章が指摘したように，企業のパフォーマンスに直接的な影響を及ぼすのは，雇用慣行や人事管理システムではなく，当該企業が採用する経営戦略である．また，第7章が強調したように，東アジアでは「成長メカニズムの地域化と内部化」が進んでいるが，そこで，日本企業が日本経済全体の再生につながるようなパフォーマンスを実現するためには，何よりも経営戦略の練磨が求められている．戦略の適否が再生の成否を決するのである．

3. 日本経済・企業再生へのシナリオ

3.1 問われていた問題

　経済危機の第2の教訓が意味するものは，日本経済再生の方策を明示するためには，日本企業が採用すべき事業戦略，遂行すべき投資プランを明らかにする必要があるということである．このような見地に立って，以下では，本巻の最終的な課題である，「日本の経済・企業システムが直面する諸問題を解決する道筋を展望する」ことに論点を移す．この論点については，第1章で中途まで検討しており，そこでの到達点が議論の出発点となる．

　「失われた10年」と呼ばれた1990年代に顕在化した日本の危機の本質は，経済システム全般（あるいは企業システム全般）の危機ではなく，金融システム（あるいは企業金融のシステム）の危機であった．金融システムが危機に陥る一方で，1990年代以降の時期においても，日本の生産システムは基本的には健全であり続けた．このような歴史認識に立てば，導き出される危機への処方箋＝日本経済・企業再生へのシナリオは，金融システムの改革と生産システムの継続ということになる．

　金融システムの改革と生産システムの継続というシナリオに対しては制度的補完を強調する立場からの反論が予想されるが，この反論は，戦後の日本における経済史と経営史の現実を等閑視したものである．1960年代における生産システムの革新および石油危機後のトヨタにおける企業金融面での改革という2つの事例は，「金融システムと生産システムとは密接不可分の関係にあり，両者を分割して取り扱うことは不可能だ」という議論が成り立たないことを，雄弁に物語っている．制度的補完は存在するとしてもその作用は部分的であり，金融システムの改革と生産システムの継続というシナリオは，実現可能なものなのである．

　金融システムの改革と生産システムの継続という処方箋が実現可能だとしても，具体的にその処方箋を実行することに関しては，さらに次のような疑問が生じる．

(a) 混乱している金融システムをどのように改革するか.
(b) 日本の生産システムが健全であると言っても，日本の製造業は，中国をはじめとするアジア諸国の追上げに直面しており，産業の空洞化は避けられないのではないか.
(c) 日本経済のサービス化が進み製造業のウエートが下がっているのであるから，生産システムのもつ重要性は後退しており，生産システムの維持を強調しても意味がないのではないか.

これらの疑問に答えることは，そのまま，日本経済・企業再生の方策を明示することにつながる．(a)〜(c)の疑問こそ，この終章に「問われていた問題」なのである．

3.2　金融システムの改革

まず，金融システムをどのように改革するのかという，(a)の疑問について．

この点では，何よりも，(I) **事業会社が，エクイティ・ファイナンスのノウハウを身につける**ことが重要である．バブル経済崩壊後の日本で，トヨタ自動車，イトーヨーカ堂グループ（セブン・イレブン-ジャパンを含む），キヤノン，任天堂などは，しばしば例外的な優良企業として言及されることが多いが，これらの企業は，適切な経営戦略をとることによって投資家の支持を獲得し，エクイティ・ファイナンスを首尾よく遂行した点で共通している．

事業会社がエクイティ・ファイナンスのノウハウを身につけるうえで看過できない問題は，バブル経済崩壊後，日本企業のあいだで，「投資抑制メカニズム」とでも呼ぶべきものが，広い範囲で作用したことである．この点は，ROA（Return on Assets，総資産利益率）やROE（Return on Equity，株主資本利益率）の向上を図る際に日本企業がとった姿勢に，典型的な形で示されている．

バブル経済崩壊後の日本企業では，ROAやROEを重視するアメリカ型企業経営への移行が盛んに追求された．1990年代に「ニュー・エコノミー」を謳歌したアメリカでは，企業が積極的に投資を行い，A（Assets，資産）やE（Equity，株主資本）を増やしながら，それを上回る勢いでR（Return，利益）

を増大させて，ROA や ROE の上昇を実現する戦略をとった．これとは対照的に，日本では，多くの企業が投資を抑制し，A や E を縮減して，ROA や ROE の上昇を図ろうとした．ROA や ROE の向上という同じ目標をめざしながらも，日米両国の企業は投資に対して正反対の姿勢をとったのであり，バブル経済崩壊後の日本では，投資抑制メカニズムがきわめて深刻に作用したのである[1]．

しかし，一般的に言って，企業が投資抑制の方針をとり，資金調達を行わないのであれば，当該企業はエクイティ・ファイナンスのノウハウを身につけようがない．資金調達のノウハウの獲得は，資金調達を実施して初めて，可能になるからである[2]．

1990年代以降の日本では，多くの大企業において，企業本来の職務である投資を十分に行うことができない萎縮した経営者の姿と，投資抑制による企業の生き残りに対して積極的に協力する従業員の姿とが観察された．この時期に日本企業が迷走した原因については，当初，企業統治構造の不備がさかんに指摘されたが，やがて，同じような企業統治構造をとっていても業績に大きな差が生じる同一産業内企業間格差（いわゆる「勝ち組」と「負け組」の格差）が注目を集めるようになり，最近では研究の焦点が，企業統治構造のあり方から，企業行動のあり方，あるいはそれを決定づける戦略的意思決定のあり方へシフトした（本巻の第1章参照，以下同様）．また，日本企業の統治構造それ自体には大きな変化がみられず，その最大の特徴である長期コミットメント主義を維持しつつ企業システムの機能回復を図ることは可能であるとの見方が，有力になっている（宮本ほか 2003）．日本の企業統治構造の特徴が端的な形で現れ

---

1) 投資抑制メカニズムが作動した要因としては，バブル経済崩壊後の日本で資産デフレが進行した点をあげることができる．資産デフレ下では企業が，手元余剰資金を，将来へ向けての投資ではなく，目先の債務の償還に充てる傾向が強まる．しかし，投資をきちんと行わないでいると，中長期的には企業の競争力が後退する．1990年代以降の日本では，投資を適切に行った「勝ち組」企業と，投資を行わなかった（ないしは行えなかった）「負け組」企業との格差が広がったのである．
2) 念のために付言すれば，ここで述べていることは，資金調達の実施が資金調達のノウハウ獲得の必要条件だということであって，十分条件だということではない．バブル経済期において多くの日本企業の資金調達行動が実証したように，資金調達を行っても，資金調達のノウハウ獲得に失敗することはありうる．ただし，資金調達を行わない限り，資金調達のノウハウを身につけることはできない．

るのは，不況期に労働者が賃金水準の抑制を容認する代わりに，経営者が雇用確保に全力をつくすという，雇用調整においてである．1990年代以降の時期に日本企業に導入された成果主義的報酬制度は，中高年の賃金プロファイルを寝かせることによって高齢者活用に道を開く可能性をもつ（第5章）が，これについては，賃金水準抑制による雇用確保という日本型雇用調整が別の形で再登場したものとみなすことも可能である．その意味では，「失われた10年」を経たのちにも，日本企業の統治構造の骨格は変わっていないのである．

本巻の第5章が指摘したように，人事管理制度の改革は，正しい仕事管理および適切な経営戦略を前提にして初めて意味をもつ[3]．企業経営を立て直すため労使協調により賃金カットを行う際には，労働者を安心させる投資プランを事前に提示する必要である（第1章）．優良企業がそうしたように，日本の事業会社には，適切な経営戦略をとることによって投資家の支持を獲得するノウハウ，つまりエクイティ・ファイナンスのノウハウを身につけることが求められているのである．

ところで，金融システムをどのように改革するかという(a)の疑問に対しては，事業会社についてだけでなく，金融機関についての回答も用意する必要がある．この面では，(II)**金融ビジネスの改革を進め，①国際競争力をもつユニヴァーサル・バンクと，②きめ細かなモニタリング能力を発揮する優良地方銀行という，2本柱を確立する**ことが重要である．

2本柱中の①のユニヴァーサル・バンクは，大企業のエクイティ・ファイナンス需要に対応するものであり，証券業務と銀行業務の双方に従事するものである．その活動領域は日本市場に限定されず，世界市場に及ぶ．日本興業銀行（興銀）が野村證券との提携を打ち出したとき，日本でも，本格的なユニヴァーサル・バンクが誕生するのではないか，という期待が高まった．しかし，結局，この提携は実現せず，興銀は富士銀行および第一勧業銀行との合併（その結果，みずほ銀行が誕生した）という，メガバンク路線を選択した．しかし，

---

3) たとえば，本巻の第5章でケーススタディの対象とした日本のデパート業界の場合には，委託仕入方式への依存によるマーチャンダイジング能力の減退という構造的弱点をもっている（高岡 1997）．適切な経営戦略を採用し，この弱点を克服しない限り，デパート業界の抜本的な再生は実現しない．

今日存在するメガバンクは，証券業務や国際展開の脆弱性から，①の求めるユニヴァーサル・バンクの母体とはなりえない存在である．最近の日本では，IPO（Initial Public Offering, 株式公開）の盛行など，エクイティ・ファイナンス需要の高まりを背景にして，ユニヴァーサル・バンクの出番が拡大しているが，これらのビジネスチャンスをものにするのは，多くの場合，外資系の金融機関である．しかも，それらの外資系金融機関では，興銀から流出した優秀な人材が大量に活躍しているのである．

日本で国際競争力をもつユニヴァーサル・バンクが出現しない大きな理由は，1990年代中ごろまで競争制限的な護送船団行政下で保護されてきた銀行が，私企業としての活力を失っている（第2章）点に求めることができる．規制改革をさらに推進し，企業間競争を促進する必要性（第4章）は，金融セクターに関してもあてはまる．

一方，②の優良地方銀行は，中小企業や起業しようとする者の融資需要に対応するものである．大企業の場合と異なり，中小企業の場合には，今日でも，資金調達手段に占める銀行借入のウエートが大きい．この点は，起業しようとする者の場合も，同様である．これらの資金借入需要へ的確に対応するためには，銀行が，特定の地域に集中して事業を展開し，濃密な情報のやりとりを行って，きめの細かいモニタリング能力を発揮する必要がある．この面で，宮城県の七十七銀行，静岡銀行，長野県の八十二銀行，滋賀銀行，京都銀行，岡山県の中国銀行，山口銀行などの優良地方銀行は，参考にすべきモデルとなりうる．①のケースとは違って，②については，日本国内に，すでにモデルが存在する．

銀行業経営がエントレンチメントの状態に陥るなかで，地域銀行が，都市銀行に比べれば，リスクの大きな貸出を行わなかった（第2章）理由は，限られた地域内での銀行・事業会社間の情報交換の頻度と精度の高さに求めることができよう．この点を活かし，優良地方銀行を軸に地方版メインバンクシステムを形成すれば，日本の中小企業の再生に大きく貢献することは間違いない（第3章）．

3.3 国際分業の深化

次に，(b)の議論が懸念する産業空洞化に関しては，**(Ⅲ) 製造業が，高付加価値化と結びつけて，国際分業を深化させる**ことによって，問題を解決できる．

本巻の第3章で検討したように，最近の日本市場における中国製品の氾濫は，産業の空洞化というよりは，国際分業の深化を反映したものである．この事実を念頭に置けば，中国を含む東アジアの経済成長は，日本の製造業の発展と矛盾するものではないことがわかる．それどころか，大きな成長力をもつ東アジア諸国の企業と日本企業とのあいだには，経済合理的な国際分業が形成されつつある．この分業が広汎に浸透すれば，産業の空洞化の懸念は減退し，日本経済と日本企業の再生にとって大きな意味をもつことになろう．

東アジア諸国とのあいだで合理的な国際分業を構築するためには，高付加価値工程を日本国内に立地することが，重要な条件となる．「生産システムの維持」と言っても，旧態依然のままで良いことを意味するものでは，けっしてない．東アジア域内で進展する水平的・相互補完的な国際分業に適応できない製造業者は，事業を継続することが困難になる（第7章）．日本の製造業には，高付加価値化と結びつけて国際分業を深化させることが，強く求められているのである．

3.4 サービス経済化への対応

経済のサービス化を指摘する(c)の反論に対する回答としては，**(Ⅳ) 製造業とサービス業との新たな結合を実現する**，**(Ⅴ) 市場に潜在する民需を顕在化させるサービスビジネスや流通ビジネスを開拓する**，の2点をあげることができる．

本巻の第6章は，これまで，家族とともに，日本の生活保障システムを支えてきた企業が，1990年代以降の時期には逆機能をはたすようになったと論じた．次節で掘り下げるように，この指摘自体は，正鵠を射たものである．ただし，今日においても，企業が生活保障面で一定の重要な役割をはたしうることは，見落とされるべきではない．その役割の最たるものは雇用の創出であり，その中心的担い手となるのは，製造業などの第2次産業ではなく，サービス業や流通業などの第3次産業である．

そもそも，経済のサービス化の進展は，製造業の発展と矛盾するものではない．それどころか，「ニュー・エコノミー」を謳歌した1990年代のアメリカで現実化したように，経済の付加価値生産性の高い製造業と雇用吸収力の大きいサービス業とのあいだに，一種の相乗効果を作動させることも可能である[4]．国際競争力をもつ生産システムを維持し，それとサービス業とを新たに結合することができれば，日本経済と日本企業の再生にとって大きな意味をもつことは間違いない．日本における地方経済再生の道筋を示す「滋賀モデル」は，**産業集積の活力維持→製造業の健闘→製造業関連のサービスビジネスの拡大→製造業関連サービス業における雇用拡大→商業・飲食店の雇用拡大→県全体での従業者数の増加**と表記できる（第3章）が，この連関においても，(Ⅳ)の製造業とサービス業との結合（**製造業の健闘→製造業関連のサービスビジネスの拡大→製造業関連サービス業における雇用拡大**）は，要の位置を占めている．

一方，(Ⅴ)の民需立脚型のサービスビジネス・流通ビジネスの開拓は，「生産システムの維持」と，直接的には関係しない．しかし，(Ⅴ)は，日本経済と日本企業の再生のために，欠かすことのできない方策である．規模の点でも精密さの点でも世界有数の水準に達している日本の市場には，さまざまな民需が潜在しており，それを顕在化させるビジネスモデルを開拓して，サービス業者や流通業者が飛躍をとげる可能性は高い．セブン-イレブン-ジャパンのコンビニエンス・ストア，ヤマト運輸の宅配便，関西スーパーのプリパッケージ式食品スーパー[5]，H.I.S.の手配旅行[6]，NTTドコモのi-モードなどは，その典型

---

[4] 1990年代のアメリカにおける製造業の復活は，サービス部門と製造部門との結合強化によるところが大きかった．いわゆる「サービス製造業化の進展」であり，当該期に設備投資を活発化した多くのアメリカの製造業者は，他方でサービス部門の事業規模も拡大し，全体として高い収益率を実現した．橋本（2002）のように，サービス産業の低生産性のみを問題視する見地からは，サービス製造業化による日本の製造業の再生，あるいは，高付加価値サービスの事業化という発想は，生まれてこない．本巻の第1章で，「サービス経済化の進行を付加価値生産性の低下と無批判に結びつけることには，問題がある」，と指摘したゆえんである．

[5] 兵庫県伊丹市に本社をおく関西スーパーマーケットは，プリパッケージ方式を確立することによって，生鮮食料品のセルフ販売という難問を解決した．この点について詳しくは，橘川・高岡（1997）参照．

的な事例である．一般的に言って，イノベーションが軍需から出発することが多いアメリカとは異なり，日本では，民需からイノベーションがしばしば発生するのである．

ここで注目すべき点は，宅配便や手配旅行が，規制による制約を克服して事業化されたことである．本巻の第4章が強調した規制改革による事業活動の自由度拡大の重要性は，民需立脚型のサービスビジネス・流通ビジネスの開拓にとってもあてはまるのである．

これまで，(a)～(c)の疑問に答える形で，日本経済・企業再生の方策を論じてきた．それらを再掲すると，

(I) 事業会社が，エクイティ・ファイナンスのノウハウを身につけること，
(II) 金融ビジネスの改革を進め，①国際競争力をもつユニヴァーサル・バンクと，②きめ細かなモニタリング能力を発揮する優良地方銀行という，2本柱を確立すること，
(III) 製造業が，高付加価値化と結びつけて，国際分業を深化させること，
(IV) 製造業とサービス業との新たな結合を実現すること，
(V) 市場に潜在する民需を顕在化させるサービスビジネスや流通ビジネスを開拓すること，

となる．我々は，「日本の経済・企業システムが直面する諸問題を解決する道筋を展望する」という本巻の課題については，これら5点を指摘することによって，ひとまずはたすことができたと考える．

---

6) H.I.S. が始めた手配旅行は，大手旅行代理店が提供する正社員添乗員付きの主催旅行とは異なって，コスト高要因となる諸規制の対象外であり，価格が低廉である．旅行日程の自由度が高いなどのメリットを発揮して，消費者の大きな支持を獲得した．一方で，海外旅行先でのトラブル発生という消費者が抱く不安に対しても，H.I.S. は，海外支店網の拡充や情報ネットワークの整備によって，それに対処しうる体制を整えた．その結果，H.I.S. のビジネスモデルは，世界市場で競争力をもつものとなった．この点については，橘川（2003）参照．

4. 企業中心社会の黄昏と「会社主義」論

　しかし，ここで直視しなければならないのは，たとえ上記のシナリオが実現されて，日本企業が再生したとしても，生活保障システムを支えるサブシステムとしての企業の役割は，1980年代までと比べて，限界づけられたものにとどまるという点である．さきに，本巻第6章の議論について「正鵠を射たもの」と評価したのはこのためであり，我々が日本の経済危機から学ぶべき第3の教訓は，この点にある．

　1980年代まで日本の企業は，雇用の確保やフリンジ・ベネフィットの提供を通じて，日本人の生活を安定化させる社会的機能をはたしてきた．そのため日本では，「失われた10年」以降の時期に顕在化した企業経営の低迷が，生活保障システムの動揺に直結することになった．動揺した生活保障システムを再構築するためには，政府・地域社会・NPO／NGO・家庭など企業以外の社会的な力に依拠せざるをえない．このような意味で，日本の企業中心社会は黄昏を迎えたのである．

　東京大学社会科学研究所は，1990年代初頭に発表した『現代日本社会』シリーズのなかで，日本の企業中心社会に関して，「会社主義」という見方を打ち出した（東京大学社会科学研究所編 1991-1992）．同シリーズのオピニオン・リーダーとなった馬場宏二は，会社主義を「資本主義的競争と共同体的あるいは社会主義的関係との精妙な結合」と特徴づけたうえで，戦後日本の会社主義企業では，所有者支配が弱い，従業員集団内部の格差や断絶が少ない，現場主義が強い，取引関係が長期化する，という4つの特徴がみられ，それらの特徴はいずれも生産力上昇の契機となったと論じた（馬場 1991, 71-73）．会社主義論は，戦後日本経済の「成功」を論じた一連の説明モデルのなかで，歴史的位置づけの明確化（会社主義を，経営者資本主義に労働者の参加，協力を加えた資本主義の最高の発展形態と位置づけた）という点で最も優れたものであった（橘川 1995, 151）．またそれは，日本資本主義礼賛論というよりは日本資本主義批判論であり，会社主義による生産力上昇の加速化はやがて地球環境の破壊にゆきつくという，「『肯定的理解のうちに否定的理解を含む』最も包括的な日本企業体制の理解」（工藤 2005）であった点に，特徴がある．

しかし，本巻での検討を終えた我々は，すでに経済危機の第2の教訓と関連して指摘したように，1990年代以降の時期になると日本の会社主義企業において投資抑制メカニズムが作動し，生産力上昇の加速化がみられなかったことを知っている．この実態との齟齬は，そもそも企業の成長を，その統治構造に焦点を合わせて論じることの限界を示している．会社主義論も，戦後日本経済の「成功」を論じた他の説明モデルと同様に，企業統治構造から企業成長を説明づけようとした．しかし，「失われた10年」以降に顕在化した「勝ち組」と「負け組」との企業間格差を決定づけたのは，統治構造の差ではなく，経営戦略の差であった[7]．会社主義論は，企業統治構造の分析にとどまり，経営戦略の分析にまで立ち入らなかったことによって，1990年代以降の現実を読み間違えたのである．

5. おわりに

この終章では，経営戦略にまで立ち入って日本経済・企業再生のシナリオを考察すべきだとの観点に立って，前記Ⅰ～Ⅴのシナリオを提示した．一方で，たとえこれらのシナリオが実現され，日本企業が再生をはたしたとしても，もはや企業には社会を編成してゆく力が十分には備わっていないことも明らかにした．

そうであるとすれば，日本社会全体の改革のありうべき選択肢と筋道を明示することをめざす我々は，経済・企業システムの検討だけにとどまっているわけにはゆかない．本巻を超えて，政治システムを主たる分析対象とし，制度変更と変化の担い手に光を当てる第Ⅱ巻（『「失われた10年」を超えてⅡ：「小泉改革」への時代』）へ，駒を進めなければならないのである．

---

[7] 末廣昭は，1980年代後半を境にして，世界的に製造業が，「生産方式の競争」の時代から「ビジネス・モデルの競争」の時代へ移行したと述べている（末廣 2003, 101）．「ビジネス・モデルの競争」の時代には，経営戦略の優劣が，競争の勝敗を分ける決定的な要因となる．

参照文献

橘川武郎（1995），「日本の企業システムと高度成長」橋本寿朗編『20世紀資本主義 I 技術革新と生産システム』東京大学出版会．
橘川武郎（2003），「日本発のビジネスモデル」『週刊エコノミスト』2003年12月23日新年特大号，毎日新聞社（「現代産業史の証言」澤田秀雄・エイチ・アイ・エス社長インタビューの解説）．
橘川武郎・高岡美佳（1997），「スーパー・マーケット・システムの国際移転と日本的変容」森川英正・由井常彦編『国際比較・国際関係の経営史』名古屋大学出版会．
工藤章（2005），「現代日本の企業と企業体制：問題提起」工藤章・橘川武郎・グレン＝フック編『現代日本企業』第1巻，有斐閣．
末廣昭（2003），『進化する多国籍企業』岩波書店．
高岡美佳（1997），「戦後復興期の日本の百貨店と委託仕入：日本的取引慣行の形成過程」『経営史学』第32巻第1号．
東京大学社会科学研究所編（1991-1992），『現代日本社会』（全7巻）東京大学出版会．
橋本寿朗（2002），『デフレの進行をどう読むか』岩波書店．
馬場宏二（1991），「現代世界と日本会社主義」東京大学社会科学研究所編『現代日本社会1 課題と視角』東京大学出版会．
宮本又郎・杉原薫・服部民夫・近藤光男・加護野忠男・猪木武徳・竹内洋（2003），『日本型資本主義 どうなるどうする戦略と組織と人材』有斐閣．

あとがき

　このたび東京大学出版会から刊行することになった『「失われた 10 年」を超えて』シリーズは，東京大学社会科学研究所が 2000 年度から 2004 年度にかけて取り組んだ全所的プロジェクト研究「失われた 10 年？ 90 年代日本をとらえなおす」(The Lost Decade? Re-appraising Contemporary Japan) の成果をまとめたものである．

　東京大学社会科学研究所は，近年，社会科学の研究において不可欠な研究情報を蒐集，保存，公開して利用に供する「インフラストラクチャ型研究所」としての性格を強めつつも（SSJ データアーカイブの発展がその表現である），何よりも，社会科学上の重要テーマを設定し，法学・政治学・経済学・社会学の 4 つのディシプリンにまたがって，世界各地域との"比較"と"関係"という観点から日本社会を社会科学的に分析する学際的な共同研究プロジェクトを重視する研究所，そのような意味で「プロジェクト型研究所」としての性格を，その伝統として大切にしてきた．全所的プロジェクト研究は，このようなプロジェクト型研究所としての特徴を端的な形で表現したものにほかならない．社会科学研究所はこれまで，数年の研究期間を設定し，「基本的人権」，「戦後改革」，「ファシズム期の国家と社会」，「福祉国家」，「転換期の福祉国家」，「現代日本社会」，「20 世紀システム」をテーマにして全所的プロジェクト研究を実施し，それぞれ 2 巻ないし 8 巻から成る成果を，東京大学出版会から刊行してきた．今回の「「失われた 10 年」を超えて」も，このような伝統の一環として位置づけることができる．

　東京大学社会科学研究所が取り組んだ全所的プロジェクト研究「失われた

10年? 90年代日本をとらえなおす」は，1990年代は改革の機会を逃した「喪失の10年」であったとする通説的な見解を批判的に検討しつつ，1990年代の日本において，実際には何が生じ，何が生じなかったのかを実証的に解明し，さまざまな点で長期的な構造変化が生じた1990年代の歴史的位置づけを与えることをつうじて，21世紀の日本のあり方を考えるための基礎的な知的基盤を提供することをねらいとしたものであった．

　このプロジェクト研究は，次のようなテーマを掲げ，カッコ内に記した社会科学研究所のスタッフを代表者とする12の研究グループによって構成された．

　　○「日本企業と産業組織」(橘川武郎・工藤章)
　　○「日本経済と産業組織」(松村敏弘・佐々木弾・中村民雄)
　　○「大企業ホワイトカラーの人事管理と業務管理」(中村圭介)
　　○「教育と若年労働市場の変容」(石田浩)
　　○「グローバライゼーションと福祉国家：生活保障システムの比較総合研究」(大沢真理)
　　○「福祉国家と住宅」(佐藤岩夫)
　　○「先進国の中の日本政治変化」(樋渡展洋・平島健司)
　　○「国際秩序の変容と日本」(樋渡展洋・石田淳)
　　○「90年代日本の思想変容」(平石直昭・宇野重規)
　　○「開発と市場移行のマネジメント」(中川淳司)
　　○「自由化と危機の国際比較」(末廣昭・小森田秋夫)
　　○「中国の移行経済体制」(田中信行)

　これらのグループ研究の成果は，それぞれ学術書として出版されるとともに，東京大学社会科学研究所が発行する紀要『社会科学研究』の特集や『東京大学社会科学研究所研究シリーズ (ISS Research Series)』の特別号として発表されつつある．このような形での研究成果の公刊は，今後，数年にわたって継続するであろう．

　また，このプロジェクトには，9ヵ国11箇所の海外研究協力機関と，12ヵ国50名の海外研究協力者が参加した．2002年11月にヴィッテンベルグで行われたドイツ語圏の現代日本社会科学学会 (Vereinigung fuer sozialwissenschaftliche Japanforschung) の年次総会，および2003年4月にシェフィール

ドで行われたイギリス日本研究学会（The British Association for Japanese Studies）の年次総会では，このプロジェクトの成果が中心テーマとして取り上げられ，プロジェクトを構成するグループ研究の代表者が複数名，ゲストスピーカーとして報告を行うとともに，その内容をまとめた論文を現地発行の学術書や学術誌に発表した．また，これらとは別に，プロジェクトに関連する国際コンファレンスを，日本だけでなくドイツ，イギリス，ブラジル，中国，韓国などで開催した．

　本書『「失われた10年」を超えて』は，上記のグループ研究の成果を土台に，全所的プロジェクト研究「失われた10年？　90年代日本をとらえなおす」の成果全体を集大成したものである．本書の研究方法上の特徴としては，2つの点を指摘することができる．それは，実証性と論理一貫性である．

　「失われた10年」と呼ばれた1990年代以降，日本社会が直面することになった危機の本質を理解し，その解決策を見出すためには，まず，実際に何が起き，何が起きなかったかを見きわめることから出発しなければならない．また，提示された危機克服の処方箋が適切であったか否かを判定するためには，その内容と実行プロセス，帰結について，濃密な観察を行う必要がある．本書は，このような見地に立ち，実証性に重きをおいて諸問題に接近する．そして，具体的な問題解決策を提示する場合にも，それが実態に即したものであることを，とくに重視する．

　一方，本書が論理一貫性を強調するのは，1990年代以降の日本について否定的な評価が支配的である現在の状況と，日本的諸システムに対する肯定的な評価に満ち溢れていた1980年代までの状況とが，あまりに対照的だからである．社会科学に携わる学徒として，このような評価の場当たり的急転換を放置することは許されない．日本の社会システムに関して，1980年代までと1990年代からとを一貫した論理で説明しうる視座を提示することは，日本の社会科学者が等しく負うべき重大な責務である，とわれわれは考えている．

　最後に，本シリーズの刊行にあたっては，黒田拓也さんや奥田修一さんをはじめとする東京大学出版会の関係者の方々，土田とも子助手をはじめとする東

京大学社会科学研究所調査室・プロジェクト企画室のメンバーに，たいへんお世話になった．ここに特記して，謝意を表したい．

2005 年 11 月 28 日

東京大学社会科学研究所所長　　　　小森田秋夫
同全所的プロジェクト研究運営委員長　橘 川 武 郎

経済関係年表

年 月	事 項
1973	第一次石油危機（～1974）
1973.02	固定相場制崩壊
1978	第二次石油危機（～1980）
1980	「円相場高騰関連中小企業対策臨時特措法」，失効
1981	自動車の対米輸出自主規制
1983.05	「高度技術工業集積地域開発促進法（テクノポリス法）」，「特定産業構造改善臨時特措法」公布
1983.05	「特定不況業種・特定不況地域関係労働者の雇用の安定に関する特別措置法」公布
1985	「円高不況」（～1986）
1985	MOSS協議（市場指向型分野別協議）開始（～1986）
1985.04	日本電信電話株式会社・日本たばこ産業株式会社発足
1985.05	「男女雇用機会均等法」制定
1985.05	基礎年金第3号被保険者制度創設
1985.06	「職業能力開発促進法」改正
1985.07	「労働者人材派遣事業法」公布（1997年改正，派遣対象業種拡大（11→26）等）
1985.09	プラザ合意
1986	下請等中小企業対策推進本部設置
1986.04	「高年齢者等雇用安定法」改正（60歳定年の努力義務化等）
1986.05	「民間事業者の能力の活用による特定施設の整備に関する臨時特措法（民活法）」公布
1986.09	GATT，ウルグアイ・ラウンド交渉開始
1987.01	日本，工作機械の対米輸出自主規制実施（～93.10）
1987.03	「産業構造転換円滑化臨時特措法」公布
1987.03	「地域雇用開発等促進法」公布（従来の地域雇用対策を整理・統合）
1987.03	米国，対日経済制裁措置発表
1987.04	国鉄分割，JRグループ発足
1987.06	「第四次全国総合開発計画（四全総）」閣議決定
1987.09	配偶者特別控除導入
1987.09	「労働基準法」改正（週40時間労働への法定労働時間短縮目標，労働時間規制の弾力化）
1988	通産省，第一次「新アジア工業化総合協力プラン」開始
1988.06	日米，牛肉・オレンジ交渉最終決着
1989.04	消費税導入
1989.06	日米構造協議開始（1990年，最終報告）
1989.06	「特定新規事業実施円滑化臨時特措法（新規事業法）」公布
1989.06	「雇用保険法」改正（パートタイム労働者に対する雇用保険適用の拡大）
1990.03	大蔵省，不動産向け融資に総量規制導入
1990.04	太陽神戸三井銀行（後，さくら銀行）発足
1990.06	中小企業政策審議会，「90年代の中小企業ビジョン」発表
1990.10	株価暴落

年月	事項
1991.04	協和埼玉銀行（後，あさひ銀行）発足
1991.05	「育児休業法」公布（育児休業制度を新設，1995年改正：介護休業制度の創設）
1991.06	証券不祥事発覚（大手顧客に対する損失補塡問題）
1992.07	証券取引監視委員会発足
1992.10	「特定中小企業集積の活性化に関する臨時特措法」施行
1992.12	「パイロット自治体制度（地方分権特例制度）」閣議決定・実施（1994.04～1999.03）
1993.06	短時間労働者の雇用管理の改善等に関する法律（「パートタイム労働法」）公布
1993.04	「総合経済対策」閣議決定
1993.07	日米包括経済協議開始（～1996）
1994	この年をピーク（戦後最高の1,270万人）に，労働組合員の絶対数減り始める
1994.06	「雇用保険法」改正（高年齢者雇用継続給付，育児休業給付の創設等）
1994.12	東京都2信用組合（東京協和，安全）の経営危機表面化
1995.01	GATT，ウルグアイ・ラウンド交渉終結，WTO設立
1995.03	「中小企業の創造的事業活動の促進に関する臨時特措法」公布
1995.03	「規制緩和推進計画」策定
1995.04	「電気事業法」全面改正
1995	都市ガス市場，大口需要家向け販売市場の自由化開始
1995.07	コスモ信用組合経営破綻
1995.08	兵庫銀行，木津信用組合経営破綻
1995.09	大和銀行ニューヨーク支店で巨額損失発覚
1995.12	住宅金融専門会社（住専）の処理案閣議決定（6850億円の財政資金投入による処理）
1996.03	「改正中小企業の創造的事業活動の促進に関する臨時特措法（中小創法）」施行
1996.04	東京三菱銀行発足
1996.06	住専処理案が国会通過
1996.11	橋本首相，日本版ビックバン構想を発表
1997.03	「中小集積活性化法」を廃止，「特定産業集積の活性化に関する臨時特措法」施行
1997.04	消費税5%に
1997.06	日銀法，独禁法改正（持株会社解禁）
1997.06	日米規制緩和対話の合意（「規制緩和及び競争政策に関する日米間の強化されたイニシアチブ」）
1997.07	タイで通貨危機発生，その後，香港，マレーシア，インドネシア，韓国へ波及
1997.11	三洋証券，会社更生法適用を申請
1997.11	北海道拓殖銀行経営破綻，山一證券自主廃業
1997.11	徳陽シティ銀行経営破綻
1998.03	「雇用保険法」改正（教育訓練給付，介護休業給付創設等）
1998.03	「規制緩和推進3か年計画」閣議決定
1998.03	大手21行に約1兆8000億円の公的資金注入
1998	街づくり三法（「改正都市計画法」（05）「中心市街地活性化法」（06）「大規模小売店舗立地法」（06））公布
1998.06	東アジア諸国に対する特別資金援助「新宮沢構想」発表

経済関係年表

年 月	事 項
1998.06	大蔵省，国際局の中に「アジア通貨室」新設（現在は「地域協力室」）
1998.06	金融監督庁発足（2000.07～金融庁）
1998.10	日本長期信用銀行経営破綻
1998.12	日本債権信用銀行経営破綻
1998.12	金融再生委員会発足（～2001.01）
1998.12	「新事業創出促進法」公布
1999.03	「中小企業近代化促進法」(1963～)と「新分野進出円滑化法」を廃止し，「経営革新支援法」公布
1999.03	日産自動車に，フランス・ルノー社が資本参加（グループ化）
1999.03	大手15行に公的資金約7兆5000億円注入
1999.07	「中小企業総合事業団」（中小企業信用保険公庫，中小企業事業団，繊維産業構造改善事業協会，を統合）発足
1999.08	「産業活力再生特別措置法」公布
1999.09	中小企業政策審議会，「21世紀に向けた新たな中小企業政策のあり方」答申
1999.12	「中小企業基本法」全面改正（中小企業の定義改正）公布
1999.12	与党，ペイオフ解禁の1年延期を発表
2000.05	東アジア地域内の資金協力枠組みを定めた「チェンマイ・イニシアチブ」発足
2000.06	「大規模小売店舗立地法（大店立地法）」公布（「大店法」からの切り替え）
2000.09	第一勧業銀行，富士銀行，日本興業銀行が経営統合し，みずほホールディングスが発足
2001.03	「規制緩和推進3か年計画」閣議決定
2001.04	さくら銀行と住友銀行が合併し，三井住友銀行発足
2001.06	「成長のための日米経済パートナーシップ」立ち上げ合意，「日米規制改革及び競争政策イニシアチブ」のプロセス開始
2002.01	小泉首相「東アジア・コミュニティ」構想を発表
2002.01	「日本・シンガポール経済連携協定」締結
2002.01	三和銀行と東海銀行が合併し，UFJ銀行発足
2002.08	完全失業率，過去最悪に（5.5%）
2002.11	「日・ASEAN包括的経済連携構想」共同宣言採択（於，日本・ASEAN首脳会議）
2002.12	「構造改革特別区域法（特区法）」公布
2002.12	経済産業省，「東アジアビジネス圏構想」発表
2003.03	大和銀行とあさひ銀行がりそな銀行および埼玉りそな銀行に再編
2003.04	「産業活力再生特別措置法」改正
2004.03	「規制改革・民間開放推進3か年計画」閣議決定
2004.04	規制改革・民間開放推進会議が発足（～2007.03）
2005.04	電力の卸売市場における取引開始
2005.10	東京三菱銀行，UFJ銀行等が統合し，三菱UFJフィナンシャル・グループが発足

石川耕三作成．

索　引

[アルファベット]

APEC　214
ASEAN　210,214,216,218,226,227,235,236
BIS 基準　59
EPA　→経済連携協定
FTA　→自由貿易協定
IMF　222,225
New "AID" Plan　→新アジア工業化総合協力プラン
NGO　3,253
NPO　3,253
NTT　129-131
ODA　214
PDCA サイクル　162,164
QC サークル　36,151-153
ROA　60-64,66,246,247
ROE　246,247
VTR　219,220

[ア行]

青木昌彦　22-34　→二重の裁定モデル
アジア NICs　212
アジア NIES　205,208,210,216,230
アジア・太平洋地域経済　213
アジア通貨危機　205,222,225,228
アジア通貨基金（Asian Monetary Fund）構想　224
天下り　47
アメリカ（市場）　218,219
飯田市　122
異業種交流活動　94,95
イギリス　194
遺族年金　184
委託されたモニター　42
伊丹敬之　22,23
伊藤秀史　25,26

インセンティブ　43,44,46,48,56-60,118
インド　236
植田浩史　26,89
請負労働者　159,160,170
エクイティ・ファイナンス　33,37,246-249,252
エスピン, アンデルセン（Espin-Andersen, G.）　176,178,179,185
円高不況　19
エントレンチメント　9,55,56,58,249
大蔵省　47
大阪市立大学経済研究所　26
大田区　81,89,93
大田市　122
岡山県御津町　122
オーストラリア　194
小田原市　122

[カ行]

開業（率）　83,84,92,94,99,193,242
会社主義（論）　22,24,253,254　→馬場宏二
貝塚啓明　25
外部人材　170
香川県　122
拡大東アジア（東アジア＋日本）　207,210
掛川市　123
貸出　59-61,63,64,66
家族　180-182,186,242
ガバナンス　42,44,57,58,68,69
（大）株主　43,44,49-51,53-60,68,69
カラーテレビ　218,220,228,230
借入金　85
借入金利　85
雁行形態的分業体制　206
官製市場　110,140
管理された競争　130,133
期間工（臨時工）　159

機関投資家　55,56
起業　193,249
企業（体制）　8,241,242,250,253
企業統治構造　244,247
技術革新　136,139
規制改革　9,105-107,109-111,114-116,118,119,124-129,131,133,135,137-142,241-243,249
　　教育分野　122
　　都市農村交流分野　121
　　農業分野　120
　　幼保連携・一体化推進分野　123
規制改革推進3か年計画　140
規制改革・民間開放推進3か年計画　110
規制緩和　9,22,105,106,108,124,242
規制緩和推進計画　106,108
規制緩和推進3か年計画　109,139
基礎年金第3号被保険者制度　185
喜多方市　120
橘川武郎　22,24,31
キャッチアップ型工業化　229
競争　45
競争原理　127
競争制限的規制　46
許認可　138
銀行（業）　45,61
銀行危機　46
銀行経営（者）　45-48,56,58
金融危機　7-9,16,41,45,86
金融システム　6,9,16,34-37,42,46,47,69,70,241-246,248
金融自由化　46
金融セーフティ・ネット　48,57,58
金融ビッグバン構想　46
金利自由化　46
クルーグマン（Kurugman, P.）　78
グローバライゼーション　2,3,94,170,244
群馬県六合村　123
経営危機　254
経営者企業論　22　→チャンドラー，森川英正
経営者資本主義（論）　22,23,253
経営戦略　168,244,248,254
経済安全保障　187
経済危機　243,244

経済合理性　77-80,88
経済システム　2
経済成長率　5,6,17,19-21
経済的規制　112,139,140
経済のバブル化　222
『経済白書』　211,213
経済ブーム　220,221
経済連携協定（Economic Partnership Agreement：EPA）　226,234,235
経常収支　18
公益事業　125,126,128,135,242
航空市場　130
公正取引委員会　133
厚生年金　183
構造改革　135
構造改革特別区域法（特区法）　116
構造改革特区　109,114,116-120,124,139,141
構造変化　6,7
公的資金（制度）　41,183
河野龍太郎　29
高付加価値化　250,252
国際収支の天井　36
国際分業　7,10,75,86,87,92-94,99,227,232,242,243,250,252
護送船団行政　57,66
コーポレート・ガバナンス　23,42,45,47,68,242
雇用　89,92,145
　　——の質　146
　　——の非正規化　194,198
雇用慣行　149
雇用システム　10,241,242,243
雇用縮小　100
雇用生産性　89
雇用保護　182,187
雇用保障付き期限付き賃金カット　30,31,32
コンテスタブルマーケットの理論　127

[サ行]

財テク　33
財務省財務総合政策研究所　25
財務諸表　49
裁量　129,131,133,137,142
相模原市　120
サービス経済化　7,9,16,28,30,31,97,100,250

索引　267

サービスビジネス　251,252
産学官連携　95
産業空洞化　7,16,28,37,75,81,82,86-88,92,250
産業構造調整事業（Industrial Restructuring Plan）　225
産業集積　78,80,81,88-90,92,100,242,251
産業集積パラダイム　9,75-78
自営業者　192,193
ジェンダー　176,178,181,182
滋賀県　91,93,100
滋賀モデル　92,251
資源補完ネットワーク　94,97,99,100,242,244
事後規制　109,129,131,133,139
自己資本比率　59
事後チェック型行政（間接規制）　109
仕事管理　150,161,163,164,166,168-170,242,243,248
自殺（率）　199
資産インフレーション　20
資産デフレーション　20,21
市場化テスト　110,140
市場原理　2,244
市場メカニズム　137
事前規制　109,129,131,133,139
事前規制型行政（直接規制）　109
自然独占市場　126,127
自然独占性　126-128
下請企業　83
失業率　145,146,189
自動車　155
資本市場　48
社会システム　3,4
社会政策　183-185
社会的規制　112,113,139-141
社会的セーフティネット　176
社会保険制度　177
社会保険料　194
集積とマーケットとの連関　78-81
集積内分業の効用　78-81
自由貿易協定（Free Trade Agreement：FTA）　206,226,234,236
熟練　149,150
出生率　196,197
出生力　197
春闘　147,148,171

少子高齢化　7,10,196,242
状態依存型ガバナンス（論）　34
　——の構造　23
消費者物価　21
情報資源　79
情報の非対称性　45,95
職能給　167,169
職能資格制度　169
職能資格手当　167
女性差別撤廃条約　184
所得税　193,194
新アジア工業化総合協力プラン（New Asian Industrial Development Plan, 通称 New "AID" Plan）　213,214,225
新規参入　129-131,133,135
人件費　30,171,196
人材育成　160
人事管理　10,149,150,153,162,168-170,242,248
人本主義論　22,23　→伊丹敬之
新宮沢構想　224
信用力　85,92,95,99,242
水平的分業　233
スウェーデン　181,194,195
スタグフレーション　32
『世界経済白書』　211,213
成果主義　10,149,161,162,167-169
成果主義的報酬制度　163,166,168,242,243,248
生活保障システム　3,10,175,176,181,186,241-243,250,253
　市場志向型——　182
　男性稼ぎ主型——　176,181,185,186,242
　「両立支援」型——　181
正規雇用（者）　188,189
正規従業員　145,146,159,161
生産管理　150-153,155,159,161,162,170,242
生産管理システム　157
生産システム　16,34-36,37,150,153,159,160,170,242,243,245,246,250
政治システム　3
税・社会保障負担　193-195
製造業（企業）　90-92,151,153,218,250-252
成長のトライアングル構造（第二世代）　234
制度改革　244

制度的補完　16
制度疲労　21
世界銀行　225
石油危機　5,15,17,35
セーフティ・ネット　3,69
セルフ方式の給油所　113
全国銀行　51,53,54
創業　80,83,84,95,242
相互補完的な分業体制　206
相対的高成長　6,15,17

[タ行]

タイ　232-234,236,237
第3号被保険者制度　184
第3次産業　250
大店法　111,112
大店立地法　111,112
高岡美佳　78
男女雇用機会均等法　184
地域銀行　51,53,54,249
地域経済　89,92
チェンマイ・イニシアチブ　225
知的熟練　150,152,153,155,156,159,161,170,242,243
千葉県山武町　120
地方版メインバンクシステム　76,95,97,99,100,242,244
地方分権　114
チャンドラー（Chandler Jr., A. D.）　22 →経営者企業論
中国　86,87,210,227,229,231-236,250
中小企業　75,77,81,85,86,94-96,100,214,241,249
中小企業基本法　76
中小企業金融　95,96
中小企業支援（SMEs支援）　225
長期雇用慣行　146
直接投資　208-210,215-218,220
千代田区　122
賃上げ　147,148
賃金格差　190,191,197,198
通貨危機　222,224
『通商白書』　211,213-215
テイラー（Taylor, F. W.）　152,161
テイラーリズム　152

鉄鋼業　153
デフレーション　15,21,28
寺西重郎　26,27
電気事業法　132
電気通信市場（産業）　126,129,133,135
電気・都市ガス市場（産業）　126,132-134
電力市場　135
投資抑制メカニズム　29,247,254
統治構造改革　244
遠野市　122
特別円借款　224
都市銀行　54
トヨタ生産システム（方式）　37,151,157

[ナ行]

内閣府　139
内需拡大　111
長野県青木村　122
長浜市　97,98,99
長浜モデル　99,100
新潟県　120
二国間の経済連携協定（Economic Partnership Agreement : EPA）　206
二重構造パラダイム　9,75-78
二重の利害裁定モデル　22,23 →青木昌彦
日米構造協議　21,111
日中貿易　86,87
日本型（的）雇用慣行　149,182,191
日本企業の競争優位　18
日本経済再生　245
年金の給付水準　183
年金保険料（率）　193,194
年功賃金　169
能力管理　169
能力主義　170

[ハ行]

配偶者控除　185
バイラテラリズム（二国間主義）　226
パイロット自治体制度（地方分権特例制度）　114-116,118,120
橋本寿朗　28-31 →利潤圧縮メカニズム
パーソナルコンピュータ（PC）　228,230,231
破綻リスク　69
パート（非正規の労働者の雇用）　146,190,

191
馬場宏二　22,24,253　→会社主義論
バブル　65
バブル景気　17,20,22
バブル経済　221
　——崩壊　20,222
バンコク・オフショア市場（BIBF）　222
晩婚化　197
東アジア　206,213,214,216,220,235,237,242,
　250
東アジア経済グループ（EAEG）　225
東アジア・コミュニティ（an East Asian
　community）　206,234
　——構想　10,235-237
東アジアビジネス圏（構想）　226,227,235
東大阪市　81,89,93
非関税障壁　111
非金融法人　63,66
非正規雇用　188,191,195
兵庫県　122
評判　81
開かれた地域主義（open regionalism）　225
付加価値額　30-32
付加価値率　88
福祉国家　177-180
福祉レジーム　180
不動産業　60,66
不動産投資　60,66,222
部門別業績管理　163
プラザ合意　19,205,210,212,215
フリー・コミューン　115
不良債権　7,33,41,43,46,69
ブルーカラー　149,150,153,155,157,159,162,
　170,242
プロダクトサイクル・モデル　220
貿易・為替の自由化　36
貿易収支　18,86,87
貿易のトライアングル構造　232,234
貿易摩擦　18
保険会社　51,53,56,57,61,63
ポジティブ・リスト　116

ポスト工業化　186
北海道瀬棚町　120
ボランティア活動　97
ホワイトカラー　149,150,161,162,170,242,243
香港　86,87

［マ行］

マーケットシェア　134,135
マハティール首相　225
三浦まり　179,180
民営化　129
メインバンク　23,25,34,58,85,86,96
モニター　47,48,69,70
モニタリング　23,25,33,34,43,44,46,55-58,60,
　63,66,69,97,248,249,252
モラル・ハザード　55
森川英正　22　→経営者企業論

［ヤ行］

山﨑朗　93
優良地方銀行　252
ユニヴァーサル・バンク　248,249,252
横浜市　122

［ラ行］

利潤圧縮メカニズム　28-31,226　→橋本寿朗
リージョナリズム（地域主義）　226
リストラクチャリング（restructuring）　7,9,
　20,46,58,59
流通ビジネス　251,252
リンケージ企業　79,93
リンケージ機能　92,93,97,99,100,242
ルール　129,131,133,137
労使関係　148,171
労働組合　10,145,147,148,186,189
労働市場政策　179
労働分配率　30,32

［ワ行］

和歌山県白浜町　123
ワン・ストップ化（集約化）　139

執筆者一覧（執筆順，所属は執筆時）

橘川武郎（東京大学社会科学研究所）
花崎正晴（日本政策投資銀行設備投資研究所）
Yupana Wiwattanakantang
　　　　　（一橋大学経済研究所）
相馬利行（京都学園大学経済学部）
小川　昭（日本学術振興会特別研究員）
松村敏弘（東京大学社会科学研究所）
中村圭介（東京大学社会科学研究所）
大沢真理（東京大学社会科学研究所）
末廣　昭（東京大学社会科学研究所）

「失われた10年」を超えて Ⅰ：
経済危機の教訓

2005年12月21日　初　版

［検印廃止］

編　者　東京大学社会科学研究所

発行所　財団法人　東京大学出版会

代 表 者　岡本和夫

113-8654 東京都文京区本郷 7-3-1 東大構内
電話 03-3811-8814・振替 00160-6-59964

印刷所　大日本法令印刷株式会社
製本所　誠製本株式会社

Ⓒ 2005 Institute of Social Science,
　　The University of Tokyo
ISBN 4-13-030204-3　Printed in Japan

Ⓡ〈日本複写権センター委託出版物〉
本書の全部または一部を無断で複写複製（コピー）することは，著作権法上での例外を除き，禁じられています．本書からの複写を希望される場合は，日本複写権センター（03-3401-2382）にご連絡ください．

日本経済の変化の本質を抉出し再生へのシナリオを明示
東京大学社会科学研究所編『「失われた10年」を超えて Ⅰ：経済危機の教訓』
A5判上製・カバー装／288頁　3360円（本体価格3200円＋税）

序章　「失われた10年」の意味－橘川武郎
Ⅰ　危機の実相
1章　経済危機の本質　脆弱な金融システムと頑強な生産システム－橘川武郎
2章　金融危機を生んだ構造－花崎正晴／ユパナ・ウィワッタナカンタン／相馬利行
　　　銀行の所有構造にみるガバナンスの欠如
3章　「産業空洞化」・サービス経済化と中小企業問題－橘川武郎
Ⅱ　改革の地平
4章　規制改革の成果とその課題　経済成長への長い助走－小川　昭／松村敏弘
5章　雇用システムの継続と変化　知的熟練と成果主義－中村圭介
6章　逆機能に陥った日本型生活保障システム－大沢真理
Ⅲ　国際的文脈の変化
7章　「アジア化」する日本経済　生産・消費の地域化と新たな国際分業体制－末廣　昭
終章　企業の社会的役割とその限界－橘川武郎

政策的画期をなす「小泉政権」を起点に1990年代を逆照射
東京大学社会科学研究所編
『「失われた10年」を超えて Ⅱ：小泉改革への時代』
A5判上製・カバー装／376頁　予価3800円（本体価格）　2006年2月刊行予定

序章　政治転回・小泉政権の意味－樋渡展洋
　　　「失われた10年」との断絶，「失われた10年」以降の端緒
Ⅰ　政府制度的課題
1章　小泉改革の位相　比較諸国の中の日本の政治変化と政策対応－樋渡展洋
2章　政治的リーダーシップと構造改革－グレゴリー・W・ノーブル／杉之原真子訳
3章　国家・社会関係　市民セクターの発展と民間非営利法制－佐藤岩夫
Ⅱ　政策的課題
4章　長期経済停滞下の財政運営と銀行部門再建－樋渡展洋
5章　政治的リーダーシップと財政投融資改革　成果と限界
　　　　　　　　　　　　－グレゴリー・W・ノーブル／豊福実紀訳
6章　三位一体改革による中央地方関係の変容－北村　亘
　　　3すくみの対立，2段階の進展，1つの帰結
7章　改革の中の逸脱　労働政策－中村圭介
8章　空洞化する社会的セーフティネット　社会保障改革の失われた15年－大沢真理
Ⅲ　国際的課題
9章　対外経済政策　日米構造協議から東アジア共同体へ－中川淳司
10章　冷戦後の安全保障戦略－樋渡由美